FORSCHUNGSBERICHT DES LANDES NORDRHEIN-WESTFALEN

Nr. 3011 / Fachgruppe Wirtschafts- und Sozialwissenschaften

Herausgegeben vom Minister für Wissenschaft und Forschung

Dr. rer. pol. Hermann Witte
Dipl. -Volkswirt Hans-Jürgen Maue
Prof. Drs. Fritz Voigt
Institut für Industrie- und Verkehrspolitik
der Universität Bonn

Eine Untersuchung der kreditwirtschaftlichen Versorgung der Regionen in Nordrhein-Westfalen

Springer Fachmedien Wiesbaden GmbH 1981

CIP-Kurztitelaufnahme der Deutschen Bibliothek

Witte, Hermann:
Eine Untersuchung der kreditwirtschaftlichen Versorgung der Regionen in Nordrhein-Westfalen / Hermann Witte ; Hans-Jürgen Maue ; Fritz Voigt. - Opladen : Westdeutscher Verlag, 1981.
(Forschungsberichte des Landes Nordrhein-Westfalen ; Nr. 3011 : Fachgruppe Wirtschafts- u. Sozialwiss.)

NE: Maue, Hans-Jürgen:; Voigt, Fritz:; Nordrhein-Westfalen: Forschungsberichte des Landes ...

Ursprünglich erschienen bei Westdeutscher Verlag GmbH, Opladen 1981
Gesamtherstellung: Westdeutscher Verlag

ISBN 978-3-531-03011-1 ISBN 978-3-322-87561-7 (eBook)
DOI 10.1007/978-3-322-87561-7

INHALTSVERZEICHNIS

VERZEICHNIS DER TABELLEN

Seite

Seite

Seite

Seite

Seite

VERZEICHNIS DER ABBILDUNGEN

Seite

Seite

Seite

Seite

Seite

1. LISTE DER KREISNUMERIERUNG:

a) NUMERIERUNG DER KREISE NACH AMTLICHER STATISTIK

1 STADT DÜSSELDORF
2 STADT DUISBURG
3 STADT ESSEN
4 STADT KREFELD
5 STADT MÖNCHENGLADBACH
6 STADT MÜHLHEIM
7 STADT OBERHAUSEN
8 STADT REMSCHEID
9 STADT SOLINGEN
10 STADT WUPPERTAL
11 KREIS KLEVE
12 KREIS DÜSSELDORF-METTMANN
13 KREIS NEUSS
14 KREIS VIERSEN
15 KREIS WESEL
16 STADT AACHEN
17 STADT BONN
18 STADT KÖLN
19 STADT LEVERKUSEN
20 KREIS AACHEN
21 KREIS DÜREN
22 ERFTKREIS
23 KREIS EUSKIRCHEN
24 KREIS HEINSBERG
25 OBERBERGISCHER KREIS
26 RHEINISCH BERGISCHER KREIS
27 RHEIN-SIEG-KREIS
28 STADT BOTTROP
29 STADT GELSENKIRCHEN
30 STADT MÜNSTER
31 KREIS BORKEN
32 KREIS COESFELD
33 KREIS RECKLINGHAUSEN
34 KREIS STEINFURT
35 KREIS WARENDORF
36 STADT BIELEFELD
37 KREIS GÜTERSLOH
38 KREIS HERFORD
39 KREIS HÖXTER
40 KREIS LIPPE
41 KREIS MINDEN-LÜBBECKE
42 KREIS PADERBORN
43 STADT BOCHUM
44 STADT DORTMUND
45 STADT HAGEN
46 STADT HAMM
47 STADT HERNE
48 KREIS ENNEPE-RUHR
49 KREIS HOCHSAUERLAND
50 MÄRKISCHER KREIS
51 KREIS OLPE
52 KREIS SIEGEN
53 KREIS SOEST
54 KREIS UNNA

b) KARTOGRAPHISCHE DARSTELLUNG DER AMTLICHEN KREISNUMERIERUNG[1)]

1) Die in den Kreisen angegebenen Ziffern entsprechen denen der Kreisnumerierung nach der amtlichen Statistik

2. LISTE DER KREISNUMERIERUNG: KREISNUMERIERUNG BEI RANGORDNUNG NACH ES 1975

1 STADT DÜSSELDORF (1)*
2 STADT KÖLN (18)
3 STADT KREFELD (4)
4 STADT REMSCHEID (8)
5 STADT LEVERKUSEN (19)
6 STADT MÜHLHEIM (6)
7 STADT WUPPERTAL (10)
8 STADT ESSEN (3)
9 STADT DUISBURG (2)
10 STADT HAGEN (45)
11 STADT SOLINGEN (9)
12 STADT BONN (17)
13 STADT BIELEFELD (36)
14 STADT DORTMUND (44)
15 MÄRKISCHER KREIS (50)
16 STADT MÜNSTER (30)
17 KREIS ENNEPE-RUHR (48)
18 STADT MÖNCHENGLADBACH (5)
19 KREIS DÜSSELDORF-METTMANN (12)
20 KREIS SIEGEN (52)
21 STADT GELSENKIRCHEN (29)
22 KREIS NEUSS (13)
23 STADT BOCHUM (43)
24 STADT OBERHAUSEN (7)
25 KREIS HERFORD (38)
26 KREIS GÜTERSLOH (37)
27 KREIS RECKLINGHAUSEN (33)
28 STADT AACHEN (16)
29 ERFTKREIS (22)
30 RHEINISCH BERGISCHER KREIS (26)
31 STADT HERNE (47)
32 KREIS VIERSEN (14)
33 STADT HAMM (46)
34 STADT BOTTROP (28)
35 KREIS MINDEN-LÜBBECKE (41)
36 KREIS UNNA (54)
37 KREIS DÜREN (21)
38 KREIS LIPPE (40)
39 KREIS OLPE (51)
40 KREIS WESEL (15)
41 KREIS HOCHSAUERLAND (49)
42 RHEIN-SIEG-KREIS (27)
43 KREIS WARENDORF (35)
44 KREIS PADERBORN (42)
45 OBERBERGISCHER KREIS (25)
46 KREIS AACHEN (20)
47 KREIS EUSKIRCHEN (23)
48 KREIS SOEST (53)
49 KREIS KLEVE (11)
50 KREIS BORKEN (31)
51 KREIS STEINFURT (34)
52 KREIS HEINSBERG (24)
53 KREIS HÖXTER (39)
54 KREIS COESFELD (32)

*Die Zahlen in Klammern geben die Kennziffer des jeweiligen Kreises gemäß der Numerierung nach der amtlichen Statistik an.

3. LISTE DER KREISNUMERIERUNG:

KREISNUMERIERUNG BEI RANGORDNUNG NACH ES 1976

1 STADT DÜSSELDORF (1)*(1)**
2 STADT KÖLN (18) (2)
3 STADT LEVERKUSEN (19) (5)
4 STADT KREFELD (4) (3)
5 STADT REMSCHEID (8) (4)
6 STADT MÜHLHEIM (6) (6)
7 STADT WUPPERTAL (10) (7)
8 STADT DUISBURG (2) (9)
9 STADT ESSEN (3) (8)
10 MÄRKISCHER KREIS (50) (15)
11 STADT BONN (17) (12)
12 STADT HAGEN (45) (10)
13 STADT SOLINGEN (9) (11)
14 STADT BIELEFELD (36) (13)
15 STADT BOCHUM (43) (23)
16 STADT MÜNSTER (30) (16)
17 STADT DORTMUND (44) (14)
18 KREIS ENNEPE-RUHR (48) (17)
19 STADT GELSENKIRCHEN (29) (21)
20 KREIS NEUSS (13) (22)
21 STADT MÖNCHENGLADBACH (5) (18)
22 KREIS SIEGEN (52) (20)
23 KREIS DÜSSELDORF-METTMANN (12) (19)
24 KREIS HERFORD (38) (25)
25 ERFTKREIS (22) (29)
26 KREIS GÜTERSLOH (37) (26)
27 STADT OBERHAUSEN (7) (24)
28 STADT AACHEN (16) (28)
29 KREIS RECKLINGHAUSEN (33) (27)
30 STADT HERNE (47) (31)
31 RHEINISCH BERG. KREIS (26) (30)
32 STADT HAMM (46) (33)
33 KREIS MINDEN-LÜBBECKE (41) (35)
34 KREIS VIERSEN (14) (32)
35 KREIS OLPE (51) (39)
36 OBERBERGISCHER KREIS (25) (45)
37 KREIS WESEL (15) (40)
38 STADT BOTTROP (28) (34)
39 KREIS UNNA (54) (36)
40 KREIS DÜREN (21) (37)
41 KREIS HOCHSAUERLAND (49) (41)
42 KREIS LIPPE (40) (38)
43 KREIS WARENDORF (35) (43)
44 RHEIN-SIEG-KREIS (27) (42)
45 KREIS EUSKIRCHEN (23) (47)
46 KREIS SOEST (53) (48)
47 KREIS AACHEN (20) (46)
48 KREIS PADERBORN (42) (44)
49 KREIS KLEVE (11) (49)
50 KREIS BORKEN (31) (50)
51 KREIS STEINFURT (34) (51)
52 KREIS HEINSBERG (24) (52)
53 KREIS HÖXTER (39) (53)
54 KREIS COESFELD (32) (54)

*Die Zahlen in der ersten Klammer geben die Kennziffer des jeweiligen Kreises gemäß der Numerierung nach der amtlichen Statistik an.

**Die Zahlen in der zweiten Klammer geben die Kennziffer des jeweiligen Kreises gemäß der Numerierung bei der Rangordnung nach ES 1975 an.

LISTE DER VARIABLEN

1. REALWIRTSCHAFTLICHE INDIKATOREN

EF BEVÖLKERUNGSDICHTE

RIF ZAHL DER BETRIEBE JE qkm

RE REALSTEUERAUFBRINGUNGSKRAFT/EINWOHNER (DM)

BE BRUTTOINLANDSPRODUKT (BIP)/EINWOHNER (DM)

ES EINNAHMEN AUS STEUERN DER GEMEINDEN UND GEMEINDEVERBÄNDE/EINW. (DM)

WS WANDERUNGSSALDO JE 1.000 EINWOHNER

2. KREDITWIRTSCHAFTLICHE INDIKATOREN

1975	1976	
AKE1 - 4	BKE1 - 4	KREDIT-EINLAGE-VERHÄLTNIS ALLER INSTITUTE NACH VERFAHREN 1 - 4 (MIO.DM)
AKB1 - 4	BKB1 - 4	KREDITVOLUMEN PRO KOPF ALLER INSTITUTE NACH VERFAHREN 1 - 4 (MIO.DM)
ATE1 - 4	BTE1 - 4	TERMINEINLAGEN ZU GESAMTEINLAGEN ALLER INSTITUTE NACH VERFAHREN 1 - 4 (MIO.DM)
FB5	FB6	FLÄCHE JE BANKSTELLE ALLER INSTITUTE
BB5	BB6	BANKSTELLEN ALLER INSTITUTE JE 1.000 EINWOHNER

3. GESAMTINDIKATOREN

RW REALWIRTSCHAFTLICHE SITUATION

KW1 - 4 KREDITWIRTSCHAFTLICHE SITUATION NACH VERFAHREN 1 - 4

KV1 - 4 KREDITWIRTSCHAFTLICHE VERSORGUNG NACH VERFAHREN 1 - 4

VORWORT

Zur Durchführung der vorliegenden Studie waren wir auf die Mithilfe der im Lande Nordrhein-Westfalen ansässigen Kreditinstitute und ihrer Regionalverbände angewiesen, denn die amtliche Statistik läßt eine Disaggregation der kreditwirtschaftlichen Daten, wie sie im Rahmen des Projektes benötigt wurde, nicht zu. Unser Dank gilt daher ganz besonders den Kreditinstituten und Regionalverbänden, die uns durch ihre Unterstützung die erforderliche Datenaufbereitung ermöglicht haben.

Die Disaggregation von ökonomischen Daten ist nicht ohne Probleme. Sie bestehen sowohl auf theoretischer als auch auf praktischer Seite. So ist es z.B. aus wettbewerbspolitischen Gründen nicht möglich, die Disaggregation vollständig bis auf die kleinste räumliche Einheit durchzuführen. Aus einsichtigen Gründen wird keiner der Betroffenen bereit sein, die erforderlichen Daten zur Verfügung zu stellen. Der wissenschaftlichen Analyse ist somit eine Grenze gesetzt, deren Überwindung unterschiedliche Konsequenzen hat. Für die Wissenschaft ergäbe sich eine bessere Analyse- und Prognosemöglichkeit. Die Betroffenen in der Region hingegen hätten mit einer erheblich verschärften Wettbewerbssituation und daraus ableitbaren Konsequenzen zu rechnen.

Die Entscheidung, diese "Datengrenze" zu überwinden ist eine grundsätzlich politische, die einer systemorientierten Kosten-Nutzen-Abwägung bedarf. Die vorliegende Studie sollte und kann zu dieser Entscheidung keinen Beitrag leisten. Wir haben volles Verständnis für die Betroffenen, die uns bei der erbetenen Hilfestellung zur Datenaufbereitung nur zurückhaltend oder gar nicht unterstützt haben. Wir akzeptieren ihre Entscheidung und sind ihnen für die Auseinandersetzung mit der Problematik und die Hinweise auf die implizierten Schwierigkeiten zu Dank verpflichtet.

Die Verfasser

A. EINLEITUNG: ZUR PROBLEMSTELLUNG UND ZIELSETZUNG DER UNTERSUCHUNG

I. PROBLEMSTELLUNG

Wirtschaftliche Aktivitäten haben auch eine räumliche Komponente; das ist spätestens seit Thünen[1)] bekannt. Doch die Lehren der klassischen Nationalökonomie haben diese Erkenntnis überlagert. Eine staatliche Raumordnungs- und Regionalpolitik konnte sich - trotz verschiedener früherer wissenschaftlicher Ansätze (z.B. Lösch[2)] und Christaller[3)]) - erst sehr spät durchsetzen. In der Bundesrepublik Deutschland beginnt diese Entwicklung mit der Verabschiedung des Raumordnungsgesetzes (ROG)[4)] im Jahre 1965. Ein wesentlich konkreteres Stadium wird mit der Fixierung des Bundesraumordnungsprogramms (BROP)[5)] im Jahre 1975 und der verschiedenen Landesentwicklungspläne erreicht. In diesen Programmen wurden Globalziele zum Abbau der räumlichen Disparitäten festgelegt, deren Erreichung mit Hilfe des Einsatzes der Instrumente verschiedener Fachpolitiken angestrebt wird.

Eine in diesem Rahmen gewichtige Fachpolitik ist z.B. die Verkehrspolitik. Die räumlichen Auswirkungen eines Verkehrssystems sind eine anerkannte Tatsache[6)], die beim Abbau der räumlichen Disparitäten explizite Berücksichtigung findet. Den Auswirkungen des Kreditsystems wird hingegen unter dem Raumwirksamkeitsaspekt wenig Beachtung geschenkt. Dies ist insofern verwunderlich, da sich gerade vom Kreditsystem und damit von der kreditwirtschaftlichen Versorgung ein Einfluß auf die räumlichen Entwicklungsmöglichkeiten vermuten läßt. Denn Entwicklungschancen können nur bei entsprechenden Finanzierungsmöglichkeiten ausgenutzt werden. Die Qualität des Kreditsystems beeinflußt die Finanzierungsmöglichkeiten, so daß räumliche Auswirkungen dieses Systems wahrscheinlich sind und ihre Berücksichtigung im Konzept des Abbaus räumlicher Disparitäten daher sinnvoll erscheint. Um der Bedeutung des Kreditsystems im Rahmen einer Raumordnungs- und Regionalpolitik Rechnung tragen zu können sind zwei Bedingungen zu beachten: Erstens muß bekannt sein, welche räumlichen Auswirkungen von unterschiedlichen kreditwirtschaftlichen Versorgungsgraden ausgehen, und zweitens sollte bekannt sein, zu welchen raumordnungspolitischen Zielen[7] das Kreditsystem einen Zielbeitrag leisten kann.

Die erste Bedingung ist im Rahmen dieser Studie zu untersuchen und zu konkretisieren. Zur zweiten Bedingung kann gesagt werden, daß die kreditwirtschaftliche Versorgung - d.h. ein der Nachfrage angemessenes Leistungsangebot der Kreditinstitute - sich in ihrer Wirksamkeit grundsätzlich vom gezielten raumwirtschaftlichen Einsatz öffentlicher Mittel unterscheidet. Es handelt sich um einen Wirkungsmechanismus auf der Basis privatwirtschaftlicher Initiative,der nicht der direkten staatlichen Einflußnahme unterliegt. Ein Zielbeitrag des Kreditsystems zu raumordnungs- und regionalpolitischen Zielsetzungen kann demnach nur insoweit geleistet werden, wie eine Übereinstimmung der gesellschaftspolitischen mit den privatwirtschaftlichen Zielen der Kreditnachfrager besteht.

Dies gilt insofern, als die private Kreditaufnahme durch die daraus finanzierten Investitionen ebenso wie durch die Verwendung für Konsumausgaben Multiplikatoreffekte auslöst, die wirtschaftliche Entwicklungsimpulse darstellen und somit zu einer Steigerung des regionalen Wirtschaftswachstums führen. Entstehen diese Impulse in solchen Regionen, deren verstärkte wirtschaftliche Entwicklung unter raumordnungspolitischen Gesichtspunkten erwünscht ist, so läßt sich ein Beitrag der kreditwirtschaftlichen Versorgung zur Verbesserung der regionalen Wirtschaftsstruktur, die ein Element des raumordnungs- und regionalpolitischen Zielkataloges darstellt, bestätigen. Der erläuterte Wirkungsmechanismus kann jedoch zu einer Verstärkung der regionalen Ungleichgewichte führen, falls die beschriebenen Entwicklungsimpulse in bereits wirtschaftsstarken Regionen ausgelöst werden. Die Untersuchung hat daher den Zusammenhang von regionaler Wirtschaftsstruktur und kreditwirtschaftlicher Versorgung zu analysieren, um daraus Rückschlüsse auf die Einsatzmöglichkeit der Auswirkungen des Kreditsystems für den Abbau räumlicher Disparitäten abzuleiten.

Der Beitrag der kreditwirtschaftlichen Versorgung zu den übrigen Zielen der Raumordnungs- und Regionalpolitik resultiert aus der

Kreditvergabe an die öffentliche Hand zur Finanzierung von raumwirksamen Investitionen. Da die öffentliche Hand in ihren Kreditaufnahmemöglichkeiten nicht von der Qualität der regionalen Kreditversorgung im Sinne der im Rahmen der vorliegenden Studie gewählten Raumabgrenzung abhängig ist, kann auf eine Untersuchung dieser Komponente der Kreditnachfrage verzichtet werden.

II. ZIELE DER ARBEIT

In den kreditwirtschaftlichen Forschungsaktivitäten wird der raum- und regionalwirtschaftliche Aspekt unterbewertet, während in der Raumordnungs- und Regionalpolitik die Auswirkungen des Kreditsystems zu wenig Beachtung erfahren. Diese Lücke will die vorliegende Studie schließen und damit einer Integration von Kreditpolitik und Raumwirtschaftspolitik Vorschub leisten. Eine Verbindung zwischen kredit- und raumwirtschaftlichen Aspekten wurde bereits auf großräumlicher Ebene hergestellt. Hartmann[8] hat in einer Studie die zentrale Organisation der Kreditwirtschaft am Beispiel Frankreich mit der dezentralen Organisation am Beispiel Bundesrepublik Deutschland verglichen und die raumwirtschaftlichen Implikationen herausgearbeitet. Ausgehend von einem Hypothesenbündel über die räumliche Gestaltungskraft der Kreditwirtschaft und einer Betrachtung der nichtmonetären Einflußfaktoren auf die Struktur eines Wirtschaftsraumes, werden die Auswirkungen der unterschiedlichen Organisationsformen der Kreditwirtschaft auf die Struktur großer Raumeinheiten (Bundesländer bzw. Regionen) empirisch überprüft. Hartmann zeigt, daß die Kreditwirtschaft die räumliche Entwicklung beeinflußt und Differenzierungswirkungen hervorruft, die sich aus der Lenkung der Finanzierungsströme ergeben. Die Differenzierungswirkungen sind bei zentraler Organisation der Kreditwirtschaft ausgeprägter als bei dezentraler.

Die Hartmann-Studie belegt den räumlichen Wirkungsaspekt des Kreditsystems und zeigt, daß diese räumliche Gestaltungskraft von der Organisationsstruktur des Kreditsystems abhängig ist. Die Ergebnisse beziehen sich auf große Raumaggregate. Die vorliegende Studie will die Kenntnisse über den Zusammenhang von Kreditwirtschaft und räumlicher Entwicklung vertiefen und auf kleine Raumaggregate ausdehnen. Dabei beschränkt sich die Studie auf den globalen Untersuchungsraum Nordrhein-Westfalen, der in kleine Raumaggregate gegliedert wird. Die Studie ist damit als Modellfall anzusehen. Die Ergebnisse können keinen Anspruch auf Allgemeingültigkeit erheben, sondern gelten nur für den Untersuchungsraum. Um zu generellen Aussagen zu gelangen wäre eine Untersuchung auf der Basis aller elf Bundesländer notwendig. Dies hätte den zeitlichen und finanziellen Rahmen der vorliegenden Studie gesprengt. Sie kann jedoch zeigen, daß eine bundesweite Analyse der aufgezeigten Beziehung von Kreditwirtschaft und räumlicher Wirtschaftsstruktur auf kleinräumlicher Ebene sinnvoll und auch durchführbar ist.

Die Ziele der vorliegenden Studie lassen sich wie folgt formulieren:

- Es ist die Durchführbarkeit der kleinräumlichen Analyse zu zeigen, d.h. die Datenbeschaffungsprobleme zu lösen. Dies ist notwendig, da die für eine kleinräumliche Analyse erforderlichen Daten nicht in der amtlichen Statistik ausgewiesen werden.

- Das Problem der Datenregionalisierung ist zu lösen.

- Es ist der Zusammenhang von Kreditwirtschaft und räumlicher Wirtschaftsstruktur zu belegen.

- Ferner ist ein Maßstab zur Bestimmung der kreditwirtschaftlichen Versorgung zu finden, um die Auswirkungen der Kreditwirtschaft auf die räumliche Wirtschaftsstruktur in Form einer meßbaren Größe ausdrücken zu können.

- Schließlich sind Konsequenzen für die Raumwirtschafts- und die Kreditpolitik abzuleiten.

III. GANG DER UNTERSUCHUNG

Die Untersuchung des Zusammenhangs von Kreditwirtschaft und räumlicher Wirtschaftsstruktur auf kleinräumlicher Ebene erfordert zunächst die Festlegung der untersuchungsrelevanten Raumaggregate, in die der globale Untersuchungsraum zerlegt wird. Dies erfolgt im Abschnitt B.I.1. Durch die Festlegung der untersuchungsrelevanten Raumaggregate ist in diesem Fall auch gleichzeitig der Untersuchungszeitraum determiniert. Denn aufgrund von Gebietsreformen im Land NRW sind die Daten der amtlichen Statistik erst wieder seit 1975 mit denen der folgenden Jahre vergleichbar. Da aber andererseits für viele Daten ein Statistik-lag existiert, kann der Untersuchungszeitraum nicht bis zur Gegenwart ausgedehnt werden. Für die vorliegende Studie ist das Bruttoinlandsprodukt ein wichtiger Indikator. Er liegt auf Kreisebene in der amtlichen Statistik zur Zeit nur bis 1976 vor und ist erst seit 1975 wieder über die Jahre vergleichbar. Der Untersuchungszeitraum muß daher auf die Jahre 1975 und 1976 begrenzt werden.

Als nächster Schritt ist die Situation in den untersuchungsrelevanten Raumaggregaten zu beschreiben. Dies erfolgt anhand ausgewählter realwirtschaftlicher Indikatoren im Abschnitt B.I.2. Die Situationsbeschreibung anhand der kreditwirtschaftlichen Indikatoren wird dann im Abschnitt B.I.3. vorgenommen, nachdem die Werte für die ausgewählten Indikatoren nach vier verschiedenen Zuordnungsverfahren für die untersuchungsrelevanten Raumeinheiten ermittelt wurden.

Nach dieser Beschreibung der real- und kreditwirtschaftlichen Situation in den Untersuchungsräumen wird in Abschnitt B.II. zunächst der Begriff 'kreditwirtschaftliche Versorgung' abgegrenzt und dann der statistische Zusammenhang von real- und kreditwirtschaftlichen Indikatoren überprüft. Dies erfolgt sowohl auf qualitativer Basis anhand von Kontingenz-Tests als auch auf quantitativer Basis anhand der Korrelationsanalyse. Neben dem statistischen Zusammenhang der einzelnen Indikatoren wird auch der zwischen den Globalgrößen kreditwirtschaftliche Situation und regionaler wirtschaftlicher Entwicklungsstand untersucht. Im Abschnitt

B.III. wird auf der Basis der Untersuchungsergebnisse die regionale Struktur der realwirtschaftlichen, kreditwirtschaftlichen und der Gesamtsituation sowie der kreditwirtschaftlichen Versorgung in den Kreisen des Landes Nordrhein-Westfalen kartographisch dargestellt. Schließlich erfolgt in Abschnitt B.IV. die Ableitung politischer Konsequenzen aus den Untersuchungsergebnissen.

B. HAUPTTEIL: ANALYSE DES ZUSAMMENHANGS VON KREDITWIRTSCHAFTLICHER SITUATION UND WIRTSCHAFTLICHEM ENTWICKLUNGSSTAND DER KREISE DES LANDES NORDRHEIN-WESTFALEN

I. ABGRENZUNG DER UNTERSUCHUNGSREGIONEN UND DARSTELLUNG DER SITUATION IN DEN UNTERSUCHUNGSRELEVANTEN REGIONEN

1. DIE ABGRENZUNG DER REGIONALEN BEZUGSEINHEITEN UND IHRE BEDEUTUNG FÜR DIE ERGEBNISSE DER UNTERSUCHUNG

Die Analyse der räumlichen Auswirkungen des Kreditsystems ist an den Begriff der "Region" gekoppelt. Denn es hat sich in der raumbezogenen Forschung der verschiedenen Wirtschaftsdisziplinen (Ökonomie, Ökologie, Soziologie, Geographie, Politiologie) gezeigt, daß der Raum an sich für viele Fragestellungen eine nicht problemadäquate Bezugseinheit ist. Da der Raum als globale Bezugseinheit nicht homogen, sondern unter diversen Gesichtspunkten unterschiedlich strukturiert ist, wird er für Analysezwecke in kleinere Einheiten (Teilräume) zerlegt. Der allgemeine Begriff für diese kleineren Bezugseinheiten ist "Region", obwohl auch andere Bezeichnungen benutzt werden. In der Literatur besteht diesbezüglich keine Einheitlichkeit. Zudem werden in der Literatur unter verschiedenen fachlichen Aspekten unterschiedliche Bezugseinheiten als "Region" abgegrenzt. So existieren z.B. Verkehrs-, Arbeitsmarkt- und Raumordnungsregionen etc., die nicht identisch sind. Auch ist die "Region" nicht unbedingt die einzige Untergliederungsform des globalen Untersuchungsraumes. Die Verkehrsplanung z.B. kennt als kleinste räumliche Bezugseinheit die "Verkehrszelle". Es existieren also mehrere Ebenen der kleinräumlichen Abgrenzung.

Für die Analyse der räumlichen Wirkungskomponente (des Kreditsystems) ist die problemadäquate Abgrenzung des Untersuchungsraumes bzw. der Region Voraussetzung. Eine allgemeingültige Abgrenzung existiert nicht. Isard[9] hat zwar die theoretische Möglichkeit der Abgrenzung einer 'wahren' Region vertreten. Sie ist jedoch zumindest zur Zeit noch nicht praktikabel. Die Abgrenzung der Untersuchungsregion muß daher nach problemrelevanten Kriterien erfolgen, die durch den Zweck der Untersuchung determiniert werden. Neben dem Zweck, der die Kriterien bestimmt, muß ein Abgrenzungsprinzip fixiert werden, nach dem sich die Disaggregation in kleinere Raumeinheiten vollzieht. In der Literatur[10] sind vor allem zwei Prinzipien bekannt: das Homogenitäts- und das Funktionalprinzip.

Gemäß dem Homogenitätsprinzip werden Elementarräume aufgrund ihrer Gleichheit bzw. Ähnlichkeit bezüglich eines oder mehrerer struktureller Kriterien zu einer Region zusammengefaßt. Die Ähnlichkeit wird bestimmt,indem man für die Kriterien Durchschnittswerte und einen entsprechenden Streuungsbereich festlegt. Der Nachteil dieses Abgrenzungsprinzips ist, daß die Beziehungen zwischen den einzelnen Raumelementen vernachlässigt werden. Eine räumliche Verflechtung kann daher bei Analysen, die ihren Untersuchungsraum und seine Teilräume nach diesem Prinzip abgrenzen, nur schwerlich offengelegt werden. Diesbezüglich operationaler ist das Funktionalitätsprinzip.

Gemäß dem Funktionalitätsprinzip werden Elementarräume zu einer Region zusammengefaßt, die aufgrund einer oder mehrerer Verflechtungs- bzw. Beziehungsebenen als zusammengehörig charakterisiert werden können. Die nach diesem Prinzip ermittelten Regionen haben ein oder mehrere Zentren, die gleich-, über- oder untergeordnet sein können. Die Regionsabgrenzung gemäß dem Funktionalitätsprinzip ist also zweistufig: erstens Fixierung der Zentren und zweitens Festlegung der funktionalen Verflechtungen.

a) DIE BEDEUTUNG DER ABGRENZUNG PROBLEMADÄQUATER REGIONEN

Die Analyse der räumlichen Auswirkungen des Kreditsystems erfordert die Abgrenzung von spezifischen Untersuchungsregionen. Denn nur mit Hilfe einer problembezogenen Regionsabgrenzung ist es möglich,die kreditwirtschaftlichen Auswirkungen in ihrer räumlichen Komponente exakt zu erfassen. Dabei kann je nach Untersuchungszweck auf eine Regionsabgrenzung gemäß dem Homogenitäts- oder dem Funktionalitätsprinzip zurückgegriffen werden.

Da in der vorliegenden Studie der Schwerpunkt auf der Ermittlung der kreditwirtschaftlichen Versorgung liegt, scheint allerdings eine Abgrenzung spezieller kreditwirtschaftlicher Untersuchungsregionen nicht zweckmäßig. Denn der Grad der Versorgung ist nicht nur von der kreditwirtschaftlichen Seite zu bestimmen. Die realwirtschaftliche Seite, die den Bedarf an kreditwirtschaftlicher Versorgung widerspiegelt, muß ebenfalls in die Analyse einbezogen werden. Es müßten also kreditwirtschaftliche Regionen mit realwirtschaftlichen verglichen werden. Da diese beiden Regionstypen aber kaum deckungsgleich wären, würden die Ergebnisse der Untersuchung unvollständig bzw. verzerrt sein. Dies wäre auch der Fall, wenn nur realwirtschaftliche oder nur kreditwirtschaftliche Regionen der Analyse zugrundegelegt würden. Der Vorteil realwirtschaftlicher Regionen besteht allerdings darin, daß sie die erwünschte Versorgung widerspiegeln. Da es politisches und ökonomisches Ziel ist, die tatsächliche Nachfrage möglichst optimal zu befriedigen, scheint es am sinnvollsten, realwirtschaftliche Regionen heranzuziehen und Verzerrungen auf der kreditwirtschaftlichen Seite in Kauf zu nehmen. Zudem bietet diese Kompromißlösung den Vorteil, daß realwirtschaftliche Regionsabgrenzungen bereits existent sind, während für kreditwirtschaftliche Regionen eine eigene Abgrenzung vorgenommen werden müßte.

b) DIE VERWALTUNGSEINHEITEN "KREISE" ALS UNTERSUCHUNGSRELEVANTE REGIONSABGRENZUNG

Nachdem im vorhergehenden Abschnitt die Abgrenzung realwirtschaftlicher Regionen für die anstehende Untersuchungsproblematik als adäquate Kompromißlösung begründet wurde, ist nunmehr zu entscheiden, welche der verschiedenen realwirtschaftlichen Regionsabgrenzungen heranzuziehen ist. Da aber weder Arbeitsmarkt- noch Raumordnungsregionen eine problemadäquate Abrenzung des globalen Untersuchungsraumes in Teilräume gewährleisten, soll auf eine nicht rein realwirtschaftliche Abgrenzung zurückgegriffen werden. Dies sind die Verwaltungseinheiten "Kreise". Sie spiegeln die wirtschaftlichen Beziehungen nur begrenzt wider und berücksichtigen auch historische und vor allem verwaltungsspezifische Aspekte, doch bieten sie zwei Vorteile: Erstens sind die realwirtschaftlichen Größen der amtlichen Statistik auf Kreisebene verfügbar und zweitens kann ein Teil der kreditwirtschaftlichen Maßzahlen auf Kreisbasis ermittelt werden. Damit entfallen Schwierigkeiten bei der Umrechnung der Daten auf andere Regionseinheiten. Zudem ist mit der Wahl der Verwaltungseinheiten als Untersuchungsregionen die Vergleichbarkeit der Ergebnisse der Studie mit denen anderer Studien gewährleistet, da diese Raumeinheiten den meisten Untersuchungen zugrundegelegt werden.

c) IMPLIKATIONEN DER WAHL DER VERWALTUNGSEINHEITEN "KREISE" ALS UNTERSUCHUNGSREGIONEN

Bei der Interpretation der Ergebnisse der Studie muß aufgrund der Kompromißlösung bei der Regionstypenwahl stets berücksichtigt werden, daß weder die realwirtschaftlichen noch die kreditwirtschaftlichen Strukturen und Verflechtungen exakt erfaßt wurden. Verzerrungen in der Abbildung sind unvermeidlich. So kann z.B. den Wirtschaftssubjekten eines Kreises nicht unterstellt werden, daß sie ihre Beziehungen zum Kreditsystem nur auf den Kreis beschränken, in dem sie wohnen bzw. ansässig sind. Andererseits kann für die Kreditinstitute nicht angenommen werden, daß sie ihre Aktivitäten nur auf Wirtschaftssubjekte des Kreises beschränken, in dem ihre Bankstellen liegen. Eine unverzerrte Abbildung dieser Beziehungen wäre nur durch eine spezielle Regionsabgrenzung möglich. Doch sind auch dann Verzerrungen noch nicht ausgeschlossen, da - wie oben ausgeführt - für die Problematik dieser Studie die Ergebnisse aus dem Vergleich zweier unterschiedlich abgegrenzter Regionstypen gewonnen werden müßten. Es ist also unumgänglich, solange die bereits erwähnte, von Isard gesehene Möglichkeit der Abgrenzung einer "wahren" Region noch nicht praktikabel ist, mit Kompromißlösungen zu arbeiten. Sie liefern zugestandenermaßen keine exakte Abbildung der Realität, was stets Verzerrungen in den Ergebnissen bewirkt. Diese Tatsache sollte man bei der Interpretation der Ergebnisse - nicht nur dieser Studie - immer berücksichtigen.

2. DIE BESCHREIBUNG DER REALWIRTSCHAFTLICHEN STRUKTUR DES UNTERSUCHUNGSRAUMES

Der globale Untersuchungsraum, das Land Nordrhein-Westfalen, besteht aus 54 Kreisen, die als eigentliche räumliche Bezugseinheiten dieser Studie gelten. Ausgangspunkt der Untersuchung der kreditwirtschaftlichen Versorgung ist die Beschreibung der realwirtschaftlichen Situation in diesen räumlichen Bezugseinheiten. Dazu bietet die amtliche Statistik eine Vielzahl von Indikatoren, die durch Verknüpfung der ausgewiesenen Daten erweitert werden kann. Der Nachteil einer sich daraus ergebenden komplexen Beschreibung der realwirtschaftlichen Situation in den Kreisen des Landes Nordrhein-Westfalen ist jedoch die mangelnde Operabilität. Daher wurden aus der Vielzahl der in der amtlichen Statistik ausgewiesenen Daten 5 Indikatoren ausgewählt bzw. erzeugt, die sich aufgrund der Ergebnisse anderer Studien zu einem Gesamtindikator 'wirtschaftlicher Entwicklungsstand' bzw. 'Wirtschaftskraft' aggregieren lassen.

So schlägt die Ministerkonferenz für Raumordnung[11)] zur Charakterisierung des regionalen Entwicklungsstandes das Indikatorenbündel

- Einwohnerdichte
- Wanderungssaldo
- Industriebesatz
- Realsteuerkraft je Einwohner und
- Bruttoinlandsprodukt je Person der Wirtschaftsbevölkerung

vor. Die Praktikabilität dieses Indikatorenbündels bestätigt u.a. Klemmer[12)] mit Hilfe faktoranalytischer Untersuchungen. Er weist allerdings auf die bisher nicht befriedigend gelöste Gewichtungsproblematik der Indikatoren hin.

Trotz dieses Problems soll das obige Indikatorenbündel im Prinzip auch dieser Untersuchung zugrundegelegt werden. Es ist jedoch sinnvoll, den Indikator 'Wanderungssaldo' für die hier zu untersuchende Problematik nicht heranzuziehen, da die gewählten kleinräumlichen Bezugseinheiten verwaltungsmäßige Abgrenzungen darstellen. Der Indikator scheint deshalb nicht geeignet, einen Beitrag zur Feststellung der realwirtschaftlichen Situation in den Kreisen zu liefern. In Abschnitt B.II.3. wird die Variable 'Wanderungssaldo' in einer separaten Analyse betrachtet. 'Einnahmen aus Steuern der Gemeinden und Gemeindeverbände' erscheint zur Beschreibung der Gesamtsituation aussagekräftiger und wird folglich im Rahmen dieser Studie in das die wirtschaftliche Entwicklung beschreibende Indikatorenbündel aufgenommen. Ferner wird auf die Größe Bruttoinlandsprodukt pro Kopf zurückgegriffen, da das BIP bezogen auf die Erwerbsbevölkerung in der amtlichen Statistik des Landes Nordrhein-Westfalen nicht auf Kreisebene disaggregiert verfügbar ist. Anhand des so geänderten Indikatorenbündels wird eine Klassifizierung der 54 Kreise des Landes Nordrhein-Westfalen durchgeführt. Für jeden der 5 Indikatoren werden die tatsächlichen Kreiswerte derart transformiert, daß jeder Variablen, deren Wert über dem Landesdurchschnitt liegt eine 1, jeder darunter liegenden eine 0 zugeordnet wird. Die Summe dieser 5 transformierten Werte pro Kreis gibt den Entwicklungsstand des jeweiligen Kreises wieder (Vgl. Tab. 1 und 2; die Kreise sind entsprechend der amtlichen Statistik alphabetisch nach Regierungsbezirken numeriert; zur Identifizierung vgl. die 1. Liste der Kreisnumerierung). Der Entwicklungsstand der Kreise liegt gemäß diesem Qualifizierungsverfahren zwischen 0 und 5. Die Gruppe der am stärksten entwickelten Kreise erhält die Zahl 5, die der zweitstärksten 4 usw. Mit 0 werden die wenig entwickelten Kreise klassifiziert. Die absolute und relative Häufigkeit der Gruppenzugehörigkeit ist aus den Tabellen 3 und 4 zu ersehen. Es zeigt sich, daß die Gruppe der Kreise mit hohem Entwicklungsstand 1975 stark belegt ist. Andererseits ist die Gruppe der wenig entwickelten Kreise noch häufiger besetzt. Im Jahre 1976 veränderte sich die Situation auf 6 Positionen, d.h. es hat eine Umgruppierung von 11,11 % bezogen auf die Gesamtzahl der Kreise stattgefunden. Tabelle 5 zeigt die Wanderungen bzw. Umgruppierungen von 1975 auf 1976.

TAB. 1: KLASSIFIZIERUNG DER KREISE DES LANDES NRW ANHAND FÜNF AUSGEWÄHLTER REALWIRTSCHAFTLICHER INDIKATOREN 1975

Indikator / Kreis	EF	RIF	RE	BE	ES	Σ	Indikator / Kreis	EF	RIF	RE	BE	ES	Σ
1	1	1	1	1	1	5	28	1	0	0	0	0	1
2	1	1	1	1	1	5	29	1	1	1	1	1	5
3	1	1	1	1	1	5	30	0	0	1	1	1	3
4	1	1	1	1	1	5	31	0	0	0	0	0	0
5	1	1	1	1	1	5	32	0	0	0	0	0	0
6	1	1	1	1	1	5	33	0	0	1	0	0	1
7	1	1	0	1	0	3	34	0	0	0	0	0	0
8	1	1	1	1	1	5	35	0	0	0	0	0	0
9	1	1	1	1	1	5	36	1	1	1	1	1	5
10	1	1	1	1	1	5	37	0	0	1	1	0	2
11	0	0	0	0	0	0	38	0	1	1	0	0	2
12	1	1	1	0	1	4	39	0	0	0	0	0	0
13	0	0	1	0	1	2	40	0	0	0	0	0	0
14	0	0	0	0	0	0	41	0	0	0	0	0	0
15	0	0	0	0	0	0	42	0	0	0	0	0	0
16	1	1	0	1	0	3	43	1	1	0	1	1	4
17	1	1	1	1	1	5	44	1	1	1	1	1	5
18	1	1	1	1	1	5	45	1	1	1	1	1	5
19	1	1	1	1	1	5	46	0	0	0	1	0	1
20	0	0	0	0	0	0	47	1	1	0	0	0	2
21	0	0	0	0	0	0	48	0	1	1	0	1	3
22	0	0	0	0	0	0	49	0	0	0	0	0	0
23	0	0	0	0	0	0	50	0	1	1	0	1	3
24	0	0	0	0	0	0	51	0	0	0	0	0	0
25	0	0	0	0	0	0	52	0	0	1	1	1	3
26	0	0	0	0	0	0	53	0	0	0	0	0	0
27	0	0	0	0	0	0	54	0	0	0	0	0	0

Quelle: Eigene Berechnungen aufgrund der in Anhang A ausgewiesenen Daten

TAB. 2: KLASSIFIZIERUNG DER KREISE DES LANDES NRW ANHAND FÜNF AUSGEWÄHLTER REALWIRTSCHAFTLICHER INDIKATOREN 1976

Indikator / Kreis	EF	RIF	RE	BE	ES	∑	Δ
1	1	1	1	1	1	5	±0
2	1	1	1	1	1	5	±0
3	1	1	1	1	1	5	±0
4	1	1	1	1	1	5	±0
5	1	1	1	0	1	4	-1
6	1	1	1	0	1	4	-1
7	1	1	0	1	0	3	±0
8	1	1	1	1	1	5	±0
9	1	1	1	0	1	4	-1
10	1	1	1	1	1	5	±0
11	0	0	0	0	0	0	±0
12	1	1	1	0	0	3	-1
13	0	0	1	0	1	2	±0
14	0	0	0	0	0	0	±0
15	0	0	0	0	0	0	±0
16	1	1	0	1	0	3	±0
17	1	1	1	1	1	5	±0
18	1	1	1	1	1	5	±0
19	1	1	1	1	1	5	±0
20	0	0	0	0	0	0	±0
21	0	0	0	0	0	0	±0
22	0	0	0	0	0	0	±0
23	0	0	0	0	0	0	±0
24	0	0	0	0	0	0	±0
25	0	0	0	0	0	0	±0
26	0	0	0	0	0	0	±0
27	0	0	0	0	0	0	±0

Indikator / Kreis	EF	RIF	RE	BE	ES	∑	Δ
28	1	0	0	0	0	1	±0
29	1	1	1	1	1	5	±0
30	0	0	1	1	1	3	±0
31	0	0	0	0	0	0	±0
32	0	0	0	0	0	0	±0
33	0	0	0	0	0	0	-1
34	0	0	0	0	0	0	±0
35	0	0	0	0	0	0	±0
36	1	1	1	1	1	5	±0
37	0	0	1	1	0	2	±0
38	0	1	1	0	0	2	±0
39	0	0	0	0	0	0	±0
40	0	0	0	0	0	0	±0
41	0	0	0	0	0	0	±0
42	0	0	0	0	0	0	±0
43	1	1	1	1	1	5	+1
44	1	1	1	1	1	5	±0
45	1	1	1	1	1	5	±0
46	0	0	0	1	0	1	±0
47	1	1	0	0	0	2	±0
48	0	1	1	0	1	3	±0
49	0	0	0	0	0	0	±0
50	0	1	1	0	1	3	±0
51	0	0	0	0	0	0	±0
52	0	0	1	1	1	3	±0
53	0	0	0	0	0	0	±0
54	0	0	0	0	0	0	±0

Quelle: Eigene Berechnungen aufgrund der in Anhang A ausgewiesenen Daten

TAB. 3: REALWIRTSCHAFTLICHER ENTWICKLUNGSSTAND DER KREISE DES LANDES NRW 1975

Klasse	Häufigkeit absolut	Häufigkeit relativ in %
5	16	29,63
4	2	3,70
3	6	11,11
2	4	7,41
1	3	5,56
0	23	42,59
∑	54	100,00

Quelle: TAB. 1, eigene Berechnungen

ABB. 1: VERTEILUNG DER KLASSENHÄUFIGKEITEN NACH DEM REALWIRTSCHAFTLICHEN ENTWICKLUNGSSTAND DER KREISE DES LANDES NRW 1975

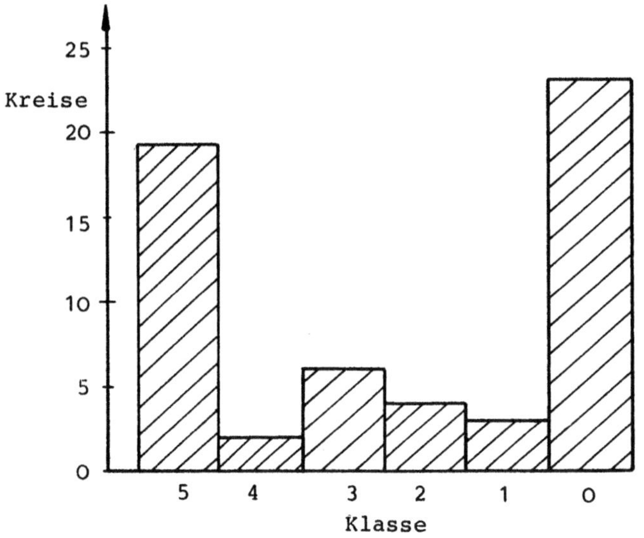

Quelle: TAB. 3

TAB. 4: REALWIRTSCHAFTLICHER ENTWICKLUNGSSTAND DER KREISE DES LANDES NRW 1976

Klasse	Häufigkeit absolut	Häufigkeit relativ in %	Veränderung gegenüber 1975 (absolut)
5	14	25,93	- 2
4	3	5,56	+ 1
3	7	12,96	+ 1
2	4	7,41	± 0
1	2	3,70	- 1
0	24	44,44	+ 1
∑	54	100,00	

Quelle: TAB. 2, eigene Berechnungen

ABB. 2: VERTEILUNG DER KLASSENHÄUFIGKEITEN NACH DEM REALWIRTSCHAFTLICHEN ENTWICKLUNGSSTAND DER KREISE DES LANDES NRW 1976

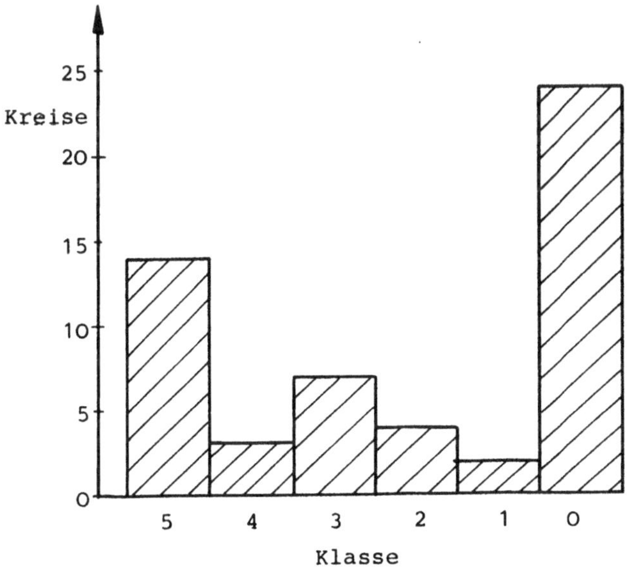

Quelle: TAB. 4

TAB. 5: UMGRUPPIERUNGEN IN DER REALWIRTSCHAFTLICHEN KREISKLASSIFIZIERUNG VON 1975 AUF 1976

		Wanderung von Klasse					
		0	1	2	3	4	5
nach	0	X	1	0	0	0	0
	1	0	X	0	0	0	0
	2	0	0	X	0	0	0
	3	0	0	0	X	1	0
	4	0	0	0	0	X	3
	5	0	0	0	0	1	X

QUELLE: Tabelle 2

3. DIE BESCHREIBUNG DER KREDITWIRTSCHAFTLICHEN SITUATION IN DEN KREISEN DES LANDES NORDRHEIN-WESTFALEN

Eine Aufgabe der Kreditwirtschaft ist die Versorgung der Wirtschaftssubjekte mit Finanzmitteln. Dies erfolgt, indem die Finanzmittelüberschüsse gesammelt und an die Wirtschaftssubjekte vermittelt werden,bei denen ein Defizit vorhanden ist. Man spricht daher von einer Finanzmittlerfunktion der Kreditwirtschaft. Diese Funktion wird direkt von den Geschäftsbanken und den finanziellen "Nicht-Banken" ausgeübt. Indirekt beteiligt sind zudem das Aufsichts- und das Verbandsystem. Das Aufsichtssystem hat für die Einhaltung der gesetzlichen und branchenüblichen Bedingungen Sorge zu tragen. Das Verbandsystem ist die Interessenvertretung der Kreditinstitute gegenüber Staat und Gesellschaft. Diese Interessenvertretung erfolgt für jede Kreditinstitutsgruppe separat. Neben der Interessenvertretung ist eine Beratungsfunktion gegenüber den Mitgliedsinstituten auszuüben.

Im Rahmen dieser Studie zur Bestimmung der kreditwirtschaftlichen Versorgung werden das Aufsichts- und Verbandsystem sowie die finanziellen Nicht-Banken nicht in die Analyse einbezogen.

Das gleiche gilt für das Zentralbanksystem, d.h. für die Landeszentralbank und ihre Zweigstellen, die für die Durchsetzung der staatlichen Geld- und Währungspolitik verantwortlich sind. Analysegegenstand sind allein die Geschäftsbanken.

a) DIE INSTITUTIONELLE STRUKTUR DER KREDITWIRTSCHAFT IM LAND NORDRHEIN-WESTFALEN

Die Geschäftsbanken untergliedern sich im bundesdeutschen Kreditsystem[13)] und damit auch im Land Nordrhein-Westfalen in zwei Gruppen, die Universal- und die Spezialbanken. Die Universalbanken üben außer Hypothekenbankgeschäften und Notenausgabe alle Bankgeschäfte aus. Die Gruppe der Universalbanken wird ihrerseits wiederum in drei Untergruppen unterteilt. Dies sind:

(1) die privaten Kreditbanken, also Großbanken, Regionalbanken und sonstige Kreditbanken, Privatbankiers und Zweigstellen ausländischer Banken;

(2) die öffentlich-rechtlichen Kreditinstitute, also Sparkassen und Girozentralen;

(3) die genossenschaftlichen Kreditinstitute, also Kreditgenossenschaften (Volksbanken und Raiffeisenkassen u.a.) und genossenschaftliche Zentralbanken.

Zu der Gruppe der Spezialbanken zählen private sowie öffentlich-rechtliche Realkreditinstitute, Teilzahlungskreditinstitute, private und öffentlich-rechtliche Kreditinstitute mit Sonderaufgaben, Postscheck- und Postsparkassenämter, private und öffentlich-rechtliche Bausparkassen, Kapitalanlagegesellschaften sowie Wertpapiersammelbanken und Bürgschaftsbanken. In den Tabellen 6 und 7 sind die Bankstellen im Land Nordrhein-Westfalen für die Jahre 1975 und 1976 nach Institutsgruppen aufgeführt. Zudem werden die Anzahl der Institute mit Sitz im Land NRW und die im Land befindlichen Zweigstellen aller in NRW tätigen Kreditinstitute ausgewiesen. Während die Zahl der Bankstellen von

TAB. 6: BANKSTELLEN IM LAND NRW NACH INSTITUTSGRUPPEN 1975

	Kreditinstitute mit Sitz in NRW	Zweigstellen (aller Kreditinstitute in NRW)	Bankstellen
Kreditbanken	43	1.430	1.473
davon Großbanken	1	1.101	1.102
Regionalbanken u. sonst. Kreditbanken	18	306	324
Zweigstellen ausländischer Banken	9	7	16
Privatbankiers	15	16	31
Sparkassen	206	2.973	3.179
Kreditgenossenschaften	646	1.804	2.450
Realkreditinstitute	5	6	11
Teilzahlungskreditinstitute	35	100	135
Sonstige Kreditinstitute[1)]	34	36	70
Geschäftsbanken	969	6.349	7.318
Bausparkassen	4	3	7
Insgesamt	973	6.352	7.325

1) Girozentrale (West LB), Genossenschafts-Zentralbank (WGZ) und Kreditinstitute mit Sonderaufgaben

Quelle: Landeszentralbank in Nordrhein-Westfalen: Bericht über das Jahr 1977, Düsseldorf 1978, S. 36

TAB. 7: BANKSTELLEN IM LAND NRW NACH INSTITUTSGRUPPEN 1976

	Kreditinstitute mit Sitz in NRW	Zweigstellen (aller Kreditinstitute in NRW)	Bankstellen
Kreditbanken	39	1.432	1.471
davon Großbanken	1	1.102	1.103
Regionalbanken und sonst. Kreditbanken	16	306	322
Zweigstellen ausländischer Banken	9	11	20
Privatbankiers	13	13	26
Sparkassen	188	3.038	3.226
Kreditgenossenschaften	621	1.851	2.472
Realkreditinstitute	5	6	11
Teilzahlungskreditinstitute	33	104	137
sonstige Kreditinstitute[1)]	35	35	70
Geschäftsbanken	921	6.466	7.387
Bausparkassen	4	3	7
Insgesamt	925	6.469	7.394

1) Girozentrale (West LB), Genossenschafts-Zentralbank (WGZ) und Kreditinstitute mit Sonderaufgaben

Quelle: Landeszentralbank in Nordrhein-Westfalen: Bericht über das Jahr 1977, Düsseldorf 1978, S. 36

1975 auf 1976 leicht zunahm, sank die Anzahl der Institute mit Sitz in NRW geringfügig. Die Zahl der im Land befindlichen Zweigstellen stieg allerdings leicht an.

Von der Zahl der Bankstellen her ist die Gruppe der Sparkassen im Land NRW am stärksten vertreten. Es folgen die Kreditgenossenschaften und die Kreditbanken. Innerhalb der Kreditbanken sind die Großbanken bei weitem die stärkste Gruppe. Vergleicht man diese Bankstellenstruktur des Landes NRW mit der der Bundesrepublik (Vgl. dazu Tab. 8 und 9) so stellt man Unterschiede fest. In der Bundesrepublik sind die Kreditgenossenschaften die nach Bankstellen stärkste Institutsgruppe. Es folgen die Sparkassen und die Großbanken. Die Stellung der Großbanken innerhalb der Gruppe der Kreditbanken ist bundesweit nicht so dominierend wie im Land NRW.

b) DIE RÄUMLICHE STRUKTUR DER KREDITWIRTSCHAFT IM LAND NORDRHEIN-WESTFALEN

Die räumliche Struktur der Kreditwirtschaft im Land Nordrhein-Westfalen zu beschreiben, ist nicht ohne Probleme möglich. Denn nicht alle der im vorhergehenden Abschnitt dargestellten Krediteinistitute bzw. Gruppen lassen sich den gewählten räumlichen Bezugseinheiten, den Kreisen, direkt zuordnen. Dies ist nur in etwa für zwei Gruppen möglich. Diese Gruppen sind allerdings relativ stark. Für die restlichen Institute muß ein indirektes Zuordnungsverfahren entwickelt werden.

Zunächst mußten kreditwirtschaftliche Indikatoren ausgewählt werden, die in der Lage sind, die Struktur der Kreditwirtschaft im Land NRW zu beschreiben. Diese Indikatoren sind im Anhang B in Tabellenform aufgeführt (Vgl. Liste der kreditwirtschaftlichen Indikatoren). Sie lassen sich analog der Beschreibung der realwirtschaftlichen Situation zu einem Gesamtwert aggregieren:

TAB. 8: VERGLEICH DER BANKSTELLENSTRUKTUR DES LANDES NRW MIT DER DER BUNDESREPUBLIK DEUTSCHLAND 1975

	Bankstellen NRW	Anteil in %	Bankstellen BRD	Anteil in %
Kreditbanken	1.473	20,1	6.109	14,0
davon Großbanken	1.102	15,1	2.997	6,8
Regionalbanken und sonst. Kreditbanken	324	4,4	2.606	6,0
Zweigstellen ausländischer Banken	16	0,2	88	0,2
Privatbankiers	31	0,4	418	1,0
Sparkassen	3.179	43,4	17.057	39,0
Kreditgenossenschaften	2.450	33,5	19.450	44,4
Realkreditinstitute	11	0,2	71	0,2
Teilzahlungskreditinstitute	135	1,8	577	1,3
sonstige Kreditinstitute	70	1,0	502	1,1
Geschäftsbanken	7.318	100,0	43.766	100,0

Quellen: - Landeszentralbank in Nordrhein-Westfalen: Bericht über das Jahr 1977, Düsseldorf 1978, S. 36

- Monatsberichte der Deutschen Bundesbank, 28. Jg. (1976), Heft Juni, S. 41*

TAB. 9: VERGLEICH DER BANKSTELLENSTRUKTUR DES LANDES NRW MIT DER DER BUNDESREPUBLIK DEUTSCHLAND 1976

	Bankstellen NRW	Anteil in %	Bankstellen BRD	Anteil in %
Kreditbanken	1.471	19,9	6.103	14,1
davon Großbanken	1.103	14,9	3.046	7,0
Regionalbanken u. sonst. Kreditbanken	322	4,4	2.590	6,0
Zweigstellen ausländischer Banken	20	0,3	88	0,2
Privatbankiers	26	0,4	379	0,9
Sparkassen	3.226	43,7	16.875	38,9
Kreditgenossenschaften	2.472	33,5	19.279	44,4
Realkreditinstitute	11	0,1	69	0,2
Teilzahlungskreditinstitute	137	1,9	589	1,4
sonstige Kreditinstitute	70	0,9	488	1,1
Geschäftsbanken	7.387	100,0	43.403	100,0

Quellen: - Landeszentralbank in Nordrhein-Westfalen: Bericht über das Jahr 1977, Düsseldorf 1978, S. 36
- Monatsberichte der Deutschen Bundesbank, 29. Jg. (1977), Heft Juni, S. 41*

- Krediteinlageverhältnis
- Kreditvolumen pro Kopf
- Anteil der Termineinlagen an den Gesamteinlagen
- Fläche je Bankstelle und
- Bankstellen je 1.000 Einwohner.

Das Krediteinlageverhältnis beschreibt den für die Kreditvergabe verwendeten Anteil der Einlagen. Es stellt somit einen Indikator für die "Kreditvergabewilligkeit" der Kreditinstitute dar. Das Kreditvolumen pro Kopf ist ein Indikator für die auf die Bevölkerung bezogene Kreditvergabeintensität. Da insbesondere für den Unternehmenssektor aber auch für die privaten und die öffentlichen Haushalte die Möglichkeit, kurzfristig überschüssige Mittel als Termineinlagen anlegen zu können, von großer Bedeutung ist, kann der Anteil der Termineinlagen an den Gesamteinlagen als Indikator der kreditwirtschaftlichen Flexibilität angesehen werden. Durch die Indikatoren Fläche je Bankstelle sowie Bankstellen je 1.000 Einwohner soll die lokale Präsenz der Kreditinstitute als wichtige Komponente der kreditwirtschaftlichen Versorgung erfaßt werden. Damit sind sowohl der räumliche Aspekt als auch der der zu versorgenden Anzahl von Personen berücksichtigt. Dies ist wegen der unterschiedlichen Bevölkerungsdichte innerhalb der Untersuchungsregion NRW von Bedeutung.

Alle ausgewählten Indikatoren bis auf die Zahl der Bankstellen sind für den globalen Untersuchungsraum nicht auf Kreisebene verfügbar. Es muß zur Ermittlung der Indikatorenwerte also das oben erwähnte indirekte Zuordnungsverfahren gefunden werden. Ausgangspunkt ist, daß sich für zwei Institutsgruppen die Werte auf Kreisebene ermitteln lassen. Ein Indikatorwert auf Kreisebene kann demnach aus zwei Komponenten zusammengesetzt werden: erstens aus der jedem Kreis direkt zurechenbaren Komponente zweier Institutsgruppen und zweitens einer Restgröße für die anderen Institute, die über ein indirektes Zuordnungsverfahren aus den Werten ermittelt wird, die auf Landesebene in der amtlichen Statistik ausgewiesen sind. Der Wert eines kreditwirtschaftlichen Indikators I_j im Kreis i setzt sich demnach wie folgt zusammen:

(1) $I_{ij} = K_{ij} + R_{ij}$ $\quad i = 1, \ldots, 54; \; j = 1, \ldots, J;$

mit

(2) $R_{ij} = f\,(k_i;\, R_{Lj})$

wobei

K_{ij} := direkt zurechenbare Komponente des Indikators j im Kreis i

R_{ij} := Restgröße des Indikators j im Kreis i

R_{Lj} := Landeswert der Restgröße des Indikators j

k_i := Wert des Zuordnungskriteriums für den Kreis i

J := Anzahl der Indikatoren

bedeuten.

Zur Aufteilung des Landeswertes der Restgröße eines Indikators auf die einzelnen Kreise wird insbesondere die Zahl der Bankstellen herangezogen, da sie auf Kreisebene bekannt ist und somit als Kontrollgröße dienen kann. Die Aufteilung der Landeswerte für die einzelnen Indikatoren erfolgt gemäß vier verschiedenen Zuordnungsverfahren, um die Ergebnisse in Form einer Sensitivitätsanalyse abzusichern.

Beim ersten Zuordnungsverfahren erfolgt die Aufteilung der Landeswerte gemäß dem auf den Kreis entfallenden Anteil an Bankstellen der Restgröße. Das Verfahren 2 teilt die Landeswerte gemäß der Verteilung des Einlagevolumens pro Kopf der auf Kreisebene berichtenden Institutsgruppen auf. Im Verfahren 3 erfolgt diese Aufteilung gemäß der Verteilung des Einlagevolumens pro Kopf der auf Kreisebene berichtenden Institutsgruppen unter Berücksichtigung der Bankstellenrelation zwischen auf Kreisebene berichtenden Instituten und denen der Restgröße. Das Verfahren 4 nimmt diese Aufteilung ähnlich vor wie Verfahren 3. Es wird ebenfalls die Verteilung des Einlagevolumens pro Kopf herangezogen, jedoch unter Berücksichtigung des Anteils der Bankstellen der Restgröße im Kreis an der Gesamtzahl der Bankstellen im Kreis.

Die gemäß diesen vier Zuordnungsverfahren ermittelten Indikatorwerte werden für die Jahre 1975 und 1976 im Anhang B ausgewiesen. Für die 5 ausgewählten Indikatoren sind die Werte gemäß dem O/1 -Verfahren - analog der Klassifizierung der realwirtschaftlichen Daten - transformiert und dann zusammengefaßt worden. Die Ergebnisse sind getrennt nach den 4 Zuordnungsverfahren in den Tabellen 10 - 13 sowie 18 - 21 dargestellt. Die Numerierung der Kreise folgt der amtlichen Statistik (Vgl. dazu 1. Liste der Kreisnumerierung).

Bei der Zusammenfassung der klassifizierten Werte für die ausgewählten Indikatoren ergeben sich 6 Klassen unterschiedlicher Bewertung. Ein Kreis kann maximal 5 Punkte und minimal O Punkte zugeordnet bekommen. Die Klasse mit 5 Punkten spiegelt die stärkste kreditwirtschaftliche Entwicklung wider. Die Klasse mit O Punkten enthält die Kreise, die kreditwirtschaftlich am schwächsten entwickelt sind. Die absolute und relative Häufigkeit der Klassenzuordnung über die 54 Kreise des Untersuchungsraumes NRW sind über die Zuordnungsverfahren und die Jahre 1975 sowie 1976 aus den Tabellen 14 - 17 und 22 - 25 bzw. aus den entsprechenden Abbildungen zu ersehen.

TAB. 10: KLASSIFIZIERUNG DER KREISE DES LANDES NRW ANHAND FÜNF AUSGEWÄHLTER KREDITWIRTSCHAFTLICHER INDIKATOREN NACH VERFAHREN 1 FÜR 1975

Kreis \ Indikator	AKE1	AKB1	ATE1	FB5	BB5	Σ	Kreis \ Indikator	AKE1	AKB1	ATE1	FB5	BB5	Σ
1	1	1	1	1	O	4	28	O	O	O	1	O	1
2	1	1	1	1	O	4	29	O	O	1	1	O	2
3	1	1	1	1	O	4	30	1	1	1	1	O	4
4	O	1	O	1	O	2	31	1	O	O	O	1	2
5	1	1	1	1	O	4	32	1	O	O	O	1	2
6	O	O	O	1	O	1	33	O	O	O	1	O	1
7	1	1	1	1	O	4	34	1	O	O	O	1	2
8	1	1	1	1	O	4	35	1	1	O	O	1	3
9	1	1	1	1	O	4	36	1	1	1	1	O	4
10	1	1	1	1	O	4	37	1	1	O	O	1	3
11	1	1	1	O	1	4	38	1	1	O	1	1	4
12	1	1	1	1	O	4	39	O	O	O	O	1	1
13	O	O	1	1	O	2	40	O	O	O	O	1	1
14	1	O	O	O	O	1	41	O	O	O	O	1	1
15	1	O	1	O	1	3	42	O	O	O	O	1	1
16	1	1	1	1	O	4	43	1	O	1	1	O	3
17	O	1	1	1	O	3	44	O	O	1	1	O	2
18	1	1	1	1	O	4	45	1	1	1	1	O	4
19	O	1	O	1	O	2	46	1	O	1	1	1	4
20	1	O	1	1	1	4	47	O	O	O	1	O	1
21	O	O	O	O	1	1	48	1	1	1	1	O	4
22	O	O	1	O	O	1	49	1	O	1	O	1	3
23	O	O	O	O	1	1	50	1	1	1	O	1	4
24	O	O	O	1	1	2	51	1	O	O	O	1	2
25	O	O	O	O	1	1	52	1	1	1	O	1	4
26	O	O	1	O	O	1	53	O	O	O	O	1	1
27	O	O	O	O	O	O	54	O	O	O	1	O	1

Quelle: Eigene Berechnungen aufgrund der in Anhang B ausgewiesenen Daten

TAB. 11: KLASSIFIZIERUNG DER KREISE DES LANDES NRW ANHAND FÜNF AUSGEWÄHLTER KREDITWIRTSCHAFTLICHER INDIKATOREN NACH VERFAHREN 2 FÜR 1975

Indikator / Kreis	AKE2	AKB2	ATE2	FB5	BB5	∑	Indikator / Kreis	AKE2	AKB2	ATE2	FB5	BB5	∑
1	0	0	0	1	0	1	28	0	0	0	1	0	1
2	0	0	0	1	0	1	29	0	0	1	1	0	2
3	0	0	0	1	0	1	30	1	1	1	1	0	4
4	0	1	0	1	0	2	31	1	1	0	0	1	3
5	1	1	0	1	0	3	32	1	1	1	0	1	4
6	0	0	0	1	0	1	33	0	0	1	1	0	2
7	1	0	0	1	0	2	34	1	0	0	0	1	2
8	0	1	0	1	0	2	35	1	1	1	0	1	4
9	0	1	0	1	0	2	36	1	1	0	1	0	3
10	0	0	0	1	0	1	37	1	1	1	0	1	4
11	1	1	0	0	1	3	38	1	1	1	1	1	5
12	1	0	0	1	0	2	39	1	1	0	0	1	3
13	0	0	1	1	0	2	40	0	1	0	0	1	2
14	1	0	0	0	0	1	41	0	1	1	0	1	3
15	1	0	1	0	1	3	42	0	1	0	0	1	2
16	1	1	1	1	0	4	43	0	0	0	1	0	1
17	0	1	1	1	0	3	44	0	0	1	1	0	2
18	1	1	1	1	0	4	45	1	0	0	1	0	2
19	0	0	0	1	0	1	46	1	1	1	1	1	5
20	1	1	1	1	1	5	47	0	0	0	1	0	1
21	0	0	0	0	1	1	48	1	0	1	1	0	3
22	0	0	1	0	0	1	49	1	1	1	0	1	4
23	1	1	0	0	1	3	50	1	1	1	0	0	3
24	0	0	1	1	1	3	51	1	1	1	0	1	4
25	0	0	1	0	1	2	52	1	1	1	0	1	4
26	0	1	1	0	0	2	53	1	1	0	0	1	3
27	0	0	0	0	0	0	54	0	0	0	1	0	1

Quelle: Eigene Berechnungen aufgrund der in Anhang B ausgewiesenen Daten

TAB. 12: KLASSIFIZIERUNG DER KREISE DES LANDES NRW ANHAND FÜNF AUSGEWÄHLTER KREDITWIRTSCHAFTLICHER INDIKATOREN NACH VERFAHREN 3 FÜR 1975

Indikator / Kreis	AKE3	AKB3	ATE3	FB5	BB5	∑	Indikator / Kreis	AKE3	AKB3	ATE3	FB5	BB5	∑
1	1	1	1	1	0	4	28	0	0	0	1	0	1
2	1	1	1	1	0	4	29	0	0	1	1	0	2
3	1	1	1	1	0	4	30	1	1	1	1	0	4
4	0	1	1	1	0	3	31	1	0	0	0	1	2
5	1	1	1	1	0	4	32	1	0	0	0	1	2
6	1	1	1	1	0	4	33	0	0	0	1	0	1
7	1	1	1	1	0	4	34	1	0	0	0	1	2
8	1	1	1	1	0	4	35	1	0	0	0	1	2
9	1	1	1	1	0	4	36	1	1	1	1	0	4
10	1	1	1	1	0	4	37	0	0	0	0	1	1
11	0	0	0	0	1	1	38	1	1	0	1	1	4
12	1	1	1	1	0	4	39	0	0	0	0	1	1
13	0	0	0	1	0	1	40	0	0	0	0	1	1
14	0	0	0	0	0	0	41	0	0	0	0	1	1
15	0	0	0	0	1	1	42	0	0	0	0	1	1
16	1	1	1	1	0	4	43	1	1	1	1	0	4
17	0	1	1	1	0	3	44	0	1	1	1	0	3
18	1	1	1	1	0	4	45	1	1	1	1	0	4
19	1	1	1	1	0	4	46	1	0	0	1	1	3
20	1	0	1	1	1	4	47	1	0	1	1	0	3
21	0	0	0	0	1	1	48	1	0	1	1	0	3
22	0	0	1	0	0	1	49	1	0	0	0	1	2
23	0	0	0	0	1	1	50	1	0	1	0	0	2
24	0	0	0	1	1	2	51	1	0	0	0	1	2
25	0	0	0	0	1	1	52	1	0	0	0	1	2
26	0	0	1	0	0	1	53	0	0	0	0	1	1
27	0	0	0	0	0	0	54	0	0	0	1	0	1

Quelle: Eigene Berechnungen aufgrund der in Anhang B ausgewiesenen Daten

TAB. 13: KLASSIFIZIERUNG DER KREISE DES LANDES NRW ANHAND FÜNF AUSGEWÄHLTER KREDITWIRTSCHAFTLICHER INDIKATOREN NACH VERFAHREN 4 FÜR 1975

Indikator / Kreis	AKE4	AKB4	ATE4	FB5	BB5	∑
1	1	1	1	1	0	4
2	1	1	1	1	0	4
3	1	1	1	1	0	4
4	0	1	1	1	0	3
5	1	1	1	1	0	4
6	0	1	1	1	0	3
7	1	1	1	1	0	4
8	1	1	1	1	0	4
9	1	1	1	1	0	4
10	1	1	1	1	0	4
11	0	0	0	0	1	1
12	1	1	1	1	0	4
13	0	0	1	1	0	2
14	0	0	0	0	0	0
15	1	0	0	0	1	2
16	1	1	1	1	0	4
17	0	1	1	1	0	3
18	1	1	1	1	0	4
19	1	1	1	1	0	4
20	1	0	1	1	1	4
21	0	0	0	0	1	1
22	0	0	1	0	0	1
23	0	0	0	0	1	1
24	0	0	0	1	1	2
25	0	0	0	0	1	1
26	0	0	1	0	0	1
27	0	0	0	0	0	0

Indikator / Kreis	AKE4	AKB4	ATE4	FB5	BB5	∑
28	0	0	0	1	0	1
29	0	1	1	1	0	3
30	1	1	1	1	0	4
31	1	0	0	0	1	2
32	1	0	0	0	1	2
33	0	0	0	1	0	1
34	1	0	0	0	1	2
35	1	0	0	0	1	2
36	1	1	1	1	0	4
37	0	0	0	0	1	1
38	1	1	0	1	1	4
39	0	0	0	0	1	1
40	0	0	0	0	1	1
41	0	0	0	0	1	1
42	0	0	0	0	1	1
43	1	1	1	1	0	4
44	0	1	1	1	0	3
45	1	1	1	1	0	4
46	1	0	0	1	1	3
47	1	0	1	1	0	3
48	1	1	1	1	0	4
49	1	0	0	0	1	2
50	1	0	1	0	0	2
51	1	0	0	0	1	2
52	1	0	0	0	1	2
53	0	0	0	0	1	1
54	0	0	0	1	0	1

Quelle: Eigene Berechnungen aufgrund der in Anhang B ausgewiesenen Daten

TAB. 14: KREDITWIRTSCHAFTLICHE SITUATION IN DEN KREISEN DES LANDES NRW NACH VERFAHREN 1 FÜR 1975

Klasse	Häufigkeit absolut	in %
5	0	0,00
4	21	38,89
3	6	11,11
2	10	18,52
1	16	29,62
0	1	1,85
Σ	54	100,00

Quelle: TAB. 10, eigene Berechnungen

ABB. 3: VERTEILUNG DER KLASSENHÄUFIGKEITEN NACH DER KREDITWIRTSCHAFTLICHEN SITUATION DER KREISE DES LANDES NRW NACH VERFAHREN 1 FÜR 1975

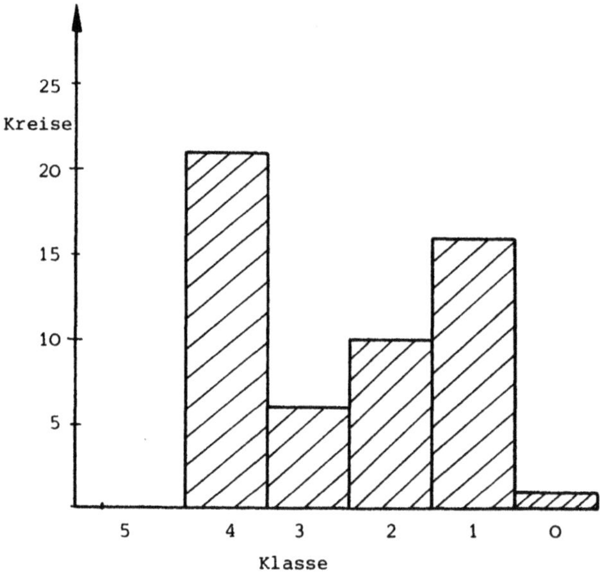

Quelle: TAB. 14

TAB. 15: KREDITWIRTSCHAFTLICHE SITUATION IN DEN KREISEN DES LANDES NRW NACH VERFAHREN 2 FÜR 1975

Klasse	Häufigkeit absolut	in %
5	3	5,56
4	9	16,67
3	13	24,07
2	15	27,78
1	13	24,07
0	1	1,85
∑	54	100,00

Quelle: TAB. 11, eigene Berechnungen

ABB. 4: VERTEILUNG DER KLASSENHÄUFIGKEITEN NACH DER KREDITWIRTSCHAFTLICHEN SITUATION DER KREISE DES LANDES NRW NACH VERFAHREN 2 FÜR 1975

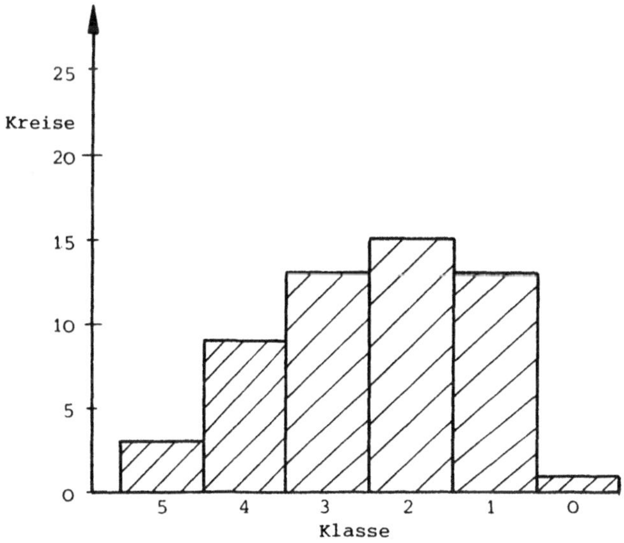

Quelle: TAB. 15

TAB. 16: KREDITWIRTSCHAFTLICHE SITUATION IN DEN KREISEN DES LANDES NRW NACH VERFAHREN 3 FÜR 1975

Klasse	Häufigkeit absolut	in %
5	0	0,00
4	19	35,19
3	6	11,11
2	10	18,52
1	17	31,48
0	2	3,70
$\sum$	54	100,00

Quelle: TAB. 12, eigene Berechnungen

ABB. 5: VERTEILUNG DER KLASSENHÄUFIGKEITEN NACH DER KREDITWIRTSCHAFTLICHEN SITUATION DER KREISE DES LANDES NRW NACH VERFAHREN 3 FÜR 1975

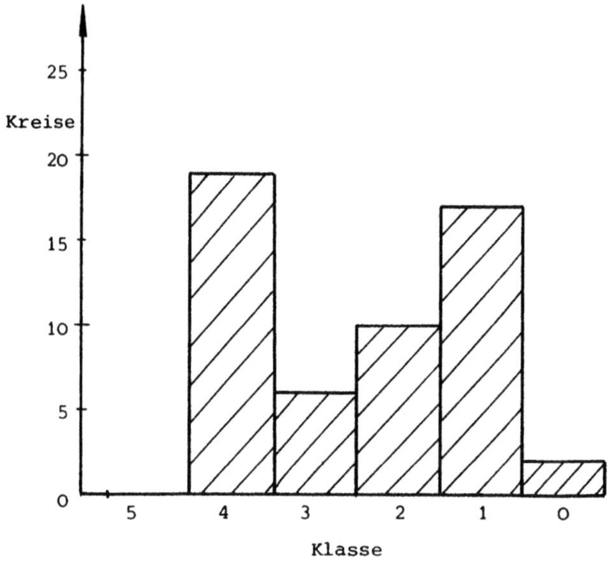

Quelle: TAB. 16

TAB. 17: KREDITWIRTSCHAFTLICHE SITUATION IN DEN KREISEN DES LANDES NRW NACH VERFAHREN 4 FÜR 1975

Klasse	Häufigkeit absolut	in %
5	0	0,00
4	19	35,19
3	7	12,96
2	11	20,37
1	15	27,78
0	2	3,70
∑	54	100,00

Quelle: TAB. 13, eigene Berechnungen

ABB. 6: VERTEILUNG DER KLASSENHÄUFIGKEITEN NACH DER KREDITWIRTSCHAFTLICHEN SITUATION DER KREISE DES LANDES NRW NACH VERFAHREN 4 FÜR 1975

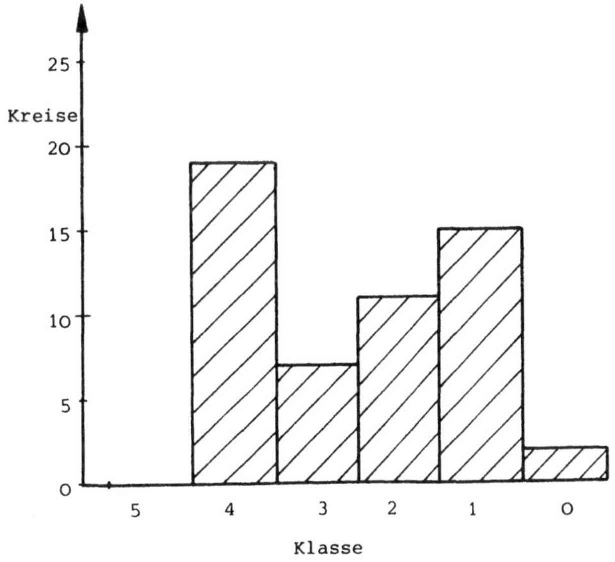

Quelle: TAB. 17

TAB. 18: KLASSIFIZIERUNG DER KREISE DES LANDES NRW ANHAND FÜNF AUSGEWÄHLTER KREDITWIRTSCHAFTLICHER INDIKATOREN NACH VERFAHREN 1 FÜR 1976

Indikator / Kreis	BKE1	BKB1	BTE1	FB6	BB6	Σ
1	1	1	1	1	O	4
2	1	1	1	1	O	4
3	1	1	1	1	O	4
4	O	1	O	1	O	2
5	1	1	1	1	O	4
6	O	O	1	1	O	2
7	1	1	1	1	O	4
8	1	1	1	1	O	4
9	1	1	1	1	O	4
10	1	1	1	1	O	4
11	1	1	1	O	1	4
12	1	O	1	1	O	3
13	O	O	1	1	O	2
14	O	O	O	O	O	O
15	1	O	1	O	O	2
16	1	1	1	1	O	4
17	O	1	1	1	O	3
18	1	1	1	1	O	4
19	O	1	1	1	O	3
20	1	O	1	1	1	4
21	O	O	O	O	1	1
22	O	O	1	O	O	1
23	O	O	O	O	1	1
24	O	O	O	1	1	2
25	O	O	O	O	1	1
26	O	O	1	O	O	1
27	O	O	O	O	O	O
28	O	O	O	1	O	1
29	O	O	1	1	O	2
30	1	1	1	1	O	4
31	1	O	O	O	1	2
32	1	O	O	O	1	2
33	O	O	O	1	O	1
34	1	O	O	O	1	2
35	1	1	O	O	1	3
36	1	1	O	1	O	3
37	1	1	O	O	1	3
38	1	1	O	1	1	4
39	O	O	O	O	1	1
40	O	O	O	O	1	1
41	O	O	O	O	1	1
42	O	O	O	O	1	1
43	1	O	1	1	O	3
44	O	O	1	1	O	2
45	1	1	1	1	O	4
46	1	O	1	1	1	4
47	O	O	1	1	O	2
48	1	1	1	1	O	4
49	1	O	O	O	1	2
50	1	1	1	O	O	3
51	1	O	O	O	1	2
52	1	O	1	O	1	3
53	O	O	O	O	1	1
54	O	O	O	1	O	1

Quelle: Eigene Berechnungen aufgrund der in Anhang B ausgewiesenen Daten

TAB. 19: KLASSIFIZIERUNG DER KREISE DES LANDES NRW ANHAND FÜNF AUSGEWÄHLTER KREDITWIRTSCHAFTLICHER INDIKATOREN NACH VERFAHREN 2 FÜR 1976

Indikator / Kreis	BKE2	BKB2	BTE2	FB6	BB6	∑
1	0	0	1	1	0	2
2	0	0	0	1	0	1
3	0	0	0	1	0	1
4	0	1	0	1	0	2
5	1	1	1	1	0	4
6	0	0	1	1	0	2
7	1	0	0	1	0	2
8	1	1	0	1	0	3
9	0	1	0	1	0	2
10	0	0	0	1	0	1
11	1	1	0	0	1	3
12	1	0	0	1	0	2
13	0	0	1	1	0	2
14	0	0	0	0	0	0
15	1	0	1	0	0	2
16	0	1	1	1	0	3
17	0	1	1	1	0	3
18	1	1	1	1	0	4
19	0	0	0	1	0	1
20	1	1	1	1	1	5
21	0	0	0	0	1	1
22	0	0	1	0	0	1
23	1	1	0	0	1	3
24	0	0	1	1	1	3
25	0	0	1	0	1	2
26	0	1	1	0	0	2
27	0	0	0	0	0	0
28	0	0	0	1	0	1
29	0	0	1	1	0	2
30	1	1	1	1	0	4
31	1	1	0	0	1	3
32	1	1	0	0	1	3
33	0	0	0	1	0	1
34	1	0	0	0	1	2
35	1	1	1	0	1	4
36	1	1	0	1	0	3
37	1	1	1	0	1	4
38	1	1	1	1	1	5
39	0	1	0	0	1	2
40	0	1	0	0	1	2
41	0	1	1	0	1	3
42	1	1	0	0	1	3
43	1	0	0	1	0	2
44	0	0	1	1	0	2
45	0	0	0	1	0	1
46	1	1	1	1	1	5
47	0	0	0	1	0	1
48	1	0	1	1	0	3
49	1	1	1	0	1	4
50	1	1	1	0	0	3
51	1	1	1	0	1	4
52	1	1	1	0	1	4
53	1	1	0	0	1	3
54	0	0	0	1	0	1

Quelle: Eigene Berechnungen aufgrund der in Anhang B ausgewiesenen Daten

TAB. 20: KLASSIFIZIERUNG DER KREISE DES LANDES NRW ANHAND FÜNF AUSGEWÄHLTER KREDITWIRTSCHAFTLICHER INDIKATOREN NACH NACH VERFAHREN 3 FÜR 1976

Indikator / Kreis	BKE3	BKB3	BTE3	FB6	BB6	Σ
1	1	1	1	1	0	4
2	1	1	1	1	0	4
3	1	1	1	1	0	4
4	0	1	1	1	0	3
5	1	1	1	1	0	4
6	0	1	1	1	0	3
7	1	1	1	1	0	4
8	1	1	1	1	0	4
9	1	1	1	1	0	4
10	1	1	1	1	0	4
11	0	0	0	0	1	1
12	1	1	1	1	0	4
13	0	0	0	1	0	1
14	0	0	0	0	0	0
15	1	0	0	0	0	1
16	1	1	1	1	0	4
17	0	1	1	1	0	3
18	1	1	1	1	0	4
19	1	1	1	1	0	4
20	1	0	1	1	1	4
21	0	0	0	0	1	1
22	0	0	0	0	0	0
23	0	0	0	0	1	1
24	0	0	0	1	1	2
25	0	0	0	0	1	1
26	0	0	1	0	0	1
27	0	0	0	0	0	0
28	0	0	0	1	0	1
29	0	0	1	1	0	2
30	1	1	1	1	0	4
31	1	0	0	0	1	2
32	1	0	0	0	1	2
33	0	0	0	1	0	1
34	1	0	0	0	1	2
35	1	0	0	0	1	2
36	1	1	1	1	0	4
37	0	0	0	0	1	1
38	1	1	0	1	1	4
39	0	0	0	0	1	1
40	0	0	0	0	1	1
41	0	0	0	0	1	1
42	0	0	0	0	1	1
43	1	1	1	1	0	4
44	0	0	1	1	0	2
45	1	1	1	1	0	4
46	1	0	1	1	1	4
47	0	0	1	1	0	2
48	1	0	1	1	0	3
49	1	0	0	0	1	2
50	1	0	1	0	0	2
51	1	0	0	0	1	2
52	1	0	0	0	1	2
53	0	0	0	0	1	1
54	0	0	0	1	0	1

Quelle: Eigene Berechnungen aufgrund der in Anhang B ausgewiesenen Daten

TAB. 21: KLASSIFIZIERUNG DER KREISE DES LANDES NRW ANHAND FÜNF AUSGEWÄHLTER KREDITWIRTSCHAFTLICHER INDIKATOREN NACH VERFAHREN 4 FÜR 1976

Indikator / Kreis	BKE4	BKB4	BTE4	FB6	BB6	Σ
1	1	1	1	1	0	4
2	1	1	1	1	0	4
3	1	1	1	1	0	4
4	0	1	1	1	0	3
5	1	1	1	1	0	4
6	0	1	1	1	0	3
7	1	1	1	1	0	4
8	1	1	1	1	0	4
9	1	1	1	1	0	4
10	1	1	1	1	0	4
11	0	0	0	0	1	1
12	1	1	1	1	0	4
13	0	0	0	1	0	1
14	0	0	0	0	0	0
15	1	0	0	0	0	1
16	1	1	1	1	0	4
17	0	1	1	1	0	3
18	1	1	1	1	0	4
19	1	1	1	1	0	4
20	1	0	1	1	1	4
21	0	0	0	0	1	1
22	0	0	1	0	0	1
23	0	0	0	0	1	1
24	0	0	0	1	1	2
25	0	0	0	0	1	1
26	0	0	1	0	0	1
27	0	0	0	0	0	0
28	0	0	0	1	0	1
29	0	1	1	1	0	3
30	1	1	1	1	0	4
31	1	0	0	0	1	2
32	1	0	0	0	1	2
33	0	0	0	1	0	1
34	1	0	0	0	1	2
35	1	0	0	0	1	2
36	1	1	1	1	0	4
37	0	0	0	0	1	1
38	1	1	0	1	1	4
39	0	0	0	0	1	1
40	0	0	0	0	1	1
41	0	0	0	0	1	1
42	0	0	0	0	1	1
43	1	1	1	1	0	4
44	0	1	1	1	0	3
45	1	1	1	1	0	4
46	1	0	1	1	1	4
47	0	0	1	1	0	2
48	1	1	1	1	0	4
49	1	0	0	0	1	2
50	1	1	1	0	0	3
51	1	0	0	0	1	2
52	1	0	0	0	1	2
53	0	0	0	0	1	1
54	0	0	0	1	0	1

Quelle: Eigene Berechnungen aufgrund der in Anhang B ausgewiesenen Daten

TAB. 22: KREDITWIRTSCHAFTLICHE SITUATION IN DEN KREISEN DES LANDES NRW NACH VERFAHREN 1 FÜR 1976

Klasse	Häufigkeit absolut	in %
5	0	0,00
4	17	31,48
3	9	16,67
2	13	24,07
1	13	24,07
0	2	3,71
Σ	54	100,00

Quelle: TAB. 18, eigene Berechnungen

ABB. 7: VERTEILUNG DER KLASSENHÄUFIGKEITEN NACH DER KREDITWIRTSCHAFTLICHEN SITUATION DER KREISE DES LANDES NRW NACH VERFAHREN 1 FÜR 1976

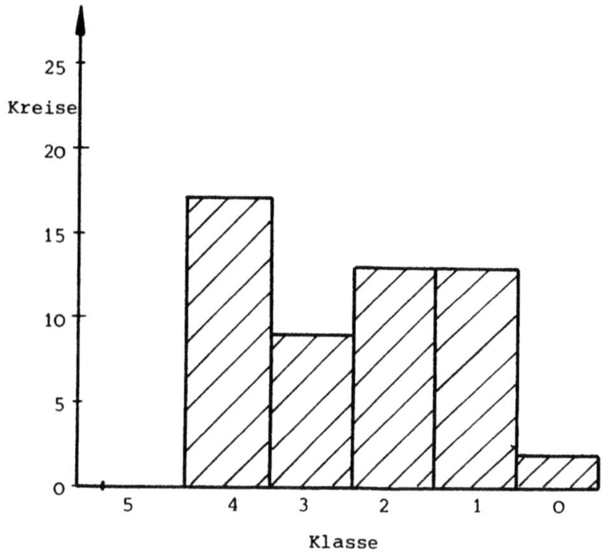

Quelle: TAB. 22

TAB. 23: KREDITWIRTSCHAFTLICHE SITUATION IN DEN KREISEN DES LANDES NRW NACH VERFAHREN 2 FÜR 1976

Klasse	Häufigkeit absolut	in %
5	3	5,55
4	8	14,81
3	14	25,92
2	16	29,63
1	11	20,37
0	2	3,71
Σ	54	100,00

Quelle: TAB. 19, eigene Berechnungen

ABB. 8: VERTEILUNG DER KLASSENHÄUFIGKEITEN NACH DER KREDITWIRTSCHAFTLICHEN SITUATION DER KREISE DES LANDES NRW NACH VERFAHREN 2 FÜR 1976

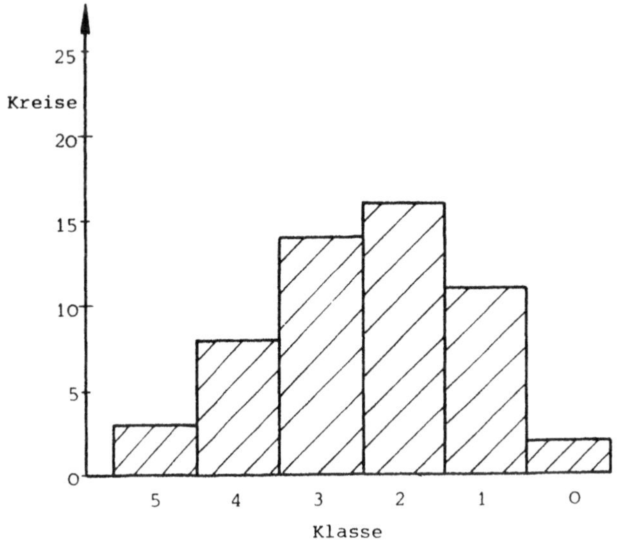

Quelle: TAB. 23

TAB. 24: KREDITWIRTSCHAFTLICHE SITUATION IN DEN KREISEN DES LANDES NRW NACH VERFAHREN 3 FÜR 1976

Klasse	Häufigkeit absolut	in %
5	0	0,00
4	19	35,18
3	4	7,41
2	12	22,22
1	16	29,63
0	3	5,55
Σ	54	100,00

Quelle: TAB. 20, eigene Berechnungen

ABB. 9: VERTEILUNG DER KLASSENHÄUFIGKEITEN NACH DER KREDITWIRTSCHAFTLICHEN SITUATION DER KREISE DES LANDES NRW NACH VERFAHREN 3 FÜR 1976

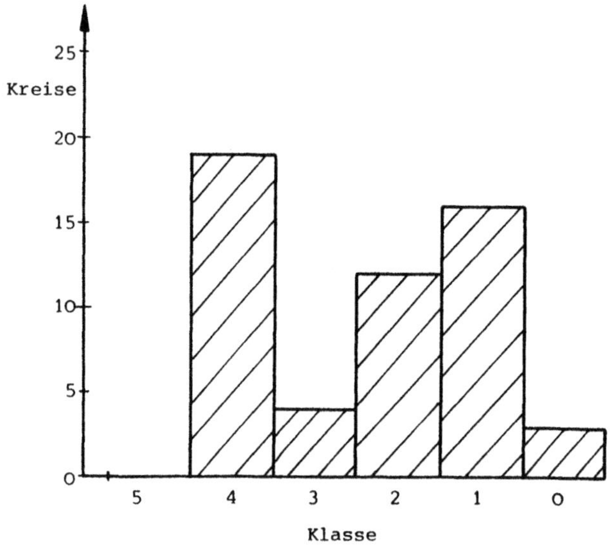

Quelle: TAB. 24

TAB. 25: KREDITWIRTSCHAFTLICHE SITUATION IN DEN KREISEN DES LANDES NRW NACH VERFAHREN 4 FÜR 1976

Klasse	Häufigkeit absolut	in %
5	0	0,00
4	20	37,04
3	6	11,11
2	9	16,67
1	17	31,48
0	2	3,71
∑	54	100,00

Quelle: TAB. 21, eigene Berechnungen

ABB. 10: VERTEILUNG DER KLASSENHÄUFIGKEITEN NACH DER KREDITWIRTSCHAFTLICHEN SITUATION DER KREISE DES LANDES NRW NACH VERFAHREN 4 FÜR 1976

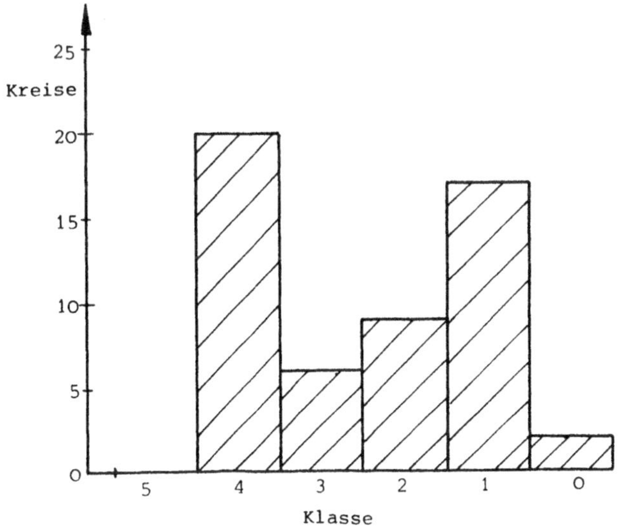

Quelle: TAB. 25

II. DIE UNTERSUCHUNG DER KREDITWIRTSCHAFTLICHEN VERSORGUNG IN DEN KREISEN DES LANDES NORDRHEIN-WESTFALEN

Zur Untersuchung der kreditwirtschaftlichen Versorgung ist zunächst einmal der Begriff selbst zu klären und auf die Problematik seiner empirischen Bestimmung einzugehen. Dies erfolgt in den nächsten Abschnitten. Dann wird der die kreditwirtschaftliche Versorgung repräsentierende Zusammenhang von kredit- und realwirtschaftlichem Entwicklungsstand in den Kreisen des Landes NRW analysiert. Hier wird zweistufig vorgegangen. Einmal wird der qualitative und quantitative Zusammenhang zwischen den einzelnen real- und kreditwirtschaftlichen Indikatoren untersucht, zum anderen ist der Zusammenhang zwischen den Globalgrössen real- und kreditwirtschaftliche Situation Untersuchungsgegenstand.

1. DER BEGRIFF DER KREDITWIRTSCHAFTLICHEN VERSORGUNG

Unter dem Begriff der kreditwirtschaftlichen Versorgung soll im Rahmen dieser Studie die Fähigkeit der Kreditwirtschaft verstanden werden, die Nachfrage des realwirtschaftlichen Sektors in allen Bereichen der Geschäftstätigkeit eines Kreditinstituts zu befriedigen. Die Qualität der kreditwirtschaftlichen Versorgung läßt sich somit als die Funktionsfähigkeit des Marktes für Bankgeschäfte beschreiben. Dabei kann die Nachfrageseite als weitgehend durch exogene, das heißt im realwirtschaftlichen Bereich begründete Faktoren bestimmt angesehen werden. Das kreditwirtschaftliche Angebot läßt sich durch mehrere Komponenten charakterisieren. Unter dem Aspekt des Einflusses der Kreditwirtschaft auf die regionale Wirtschaftsentwicklung sind im Rahmen der vorliegenden Studie zwei von besonderer Bedeutung: Die lokale Präsenz, also die auf die Fläche und die Bevölkerung bezogene Anzahl der Bankstellen in einer Region. Eine weitere wichtige Komponente ist das Kreditangebot, das jedoch für die Kreditwirtschaft keine beliebig variierbare Größe darstellt, da es seinem Umfang nach durch das Einlagevolumen begrenzt ist.

Eine weitere Begrenzung stellt die Bereitschaft der Kreditinstitute dar, die zur Verfügung stehenden Finanzmittel tatsächlich zur Kreditvergabe zu verwenden, statt z.B. in Wertpapieren anzulegen. Für die Untersuchung der Existenz regional wachstumshemmender bzw. -fördernder Effekte des kreditwirtschaftlichen Leistungsangebotes ist es entscheidend, ob diese Portefeuille-Entscheidungen von räumlichen Aspekten beeinflußt sind.

Der Begriff Versorgung wird im allgemeinen im Sinne von Bereitstellung, also Befriedigung einer existenten, durch exogene Faktoren determinierten Nachfrage gebraucht. Gemäß der im Rahmen dieser Studie zu behandelnden Problematik ist jedoch festzustellen, daß Entwicklungsstand und Qualität des Kreditsystems, sowie die Organisation der Kreditwirtschaft sowohl die wirtschaftliche Entwicklung einer Region als auch ihre räumliche Struktur beeinflussen. Deshalb läßt sich der Begriff der kreditwirtschaftlichen Versorgung in dem Sinne erweitern, daß die Kreditwirtschaft nicht nur bezüglich ihres Leistungsangebotes einem gegebenen realwirtschaftlichen Entwicklungsstand gerecht wird, sondern darüber hinaus raumwirtschaftliche Effekte im Sinne einer politisch erwünschten, regional ausgewogenen wirtschaftlichen Entwicklung auslösen kann.

2. DIE PROBLEMATIK DER EMPIRISCHEN BESTIMMUNG DER KREDITWIRTSCHAFTLICHEN VERSORGUNG

Versteht man, wie oben ausgeführt, die kreditwirtschaftliche Versorgung einer Region als die Funktionsfähigkeit des Marktes für Bankgeschäfte, so stößt eine empirische Untersuchung dieses Sachverhaltes auf die Schwierigkeit der Selektierung der Marktseiten. Weder Kreditnachfrage noch Kreditangebot lassen sich getrennt unmittelbar empirisch ermitteln, so daß von dieser Seite keine Aussagen über die Existenz eines Marktgleichgewichtes zu treffen sind. Aufgrund des verfügbaren Datenmaterials läßt sich lediglich die tatsächliche Marktsituation beschreiben. Etwaige regionale Marktungleichgewichte, deren Ermittlung und Untersuchung im Rahmen dieser Studie von zentraler

Bedeutung sind, bleiben unaufgedeckt. Ein Angebots- bzw. Nachfrageüberhang läßt sich nicht unmittelbar nachweisen. Es stellt sich somit das Problem, auf der Basis der vorhandenen statistischen Daten geeignete Indikatoren zu ermitteln, die die Qualität der regionalen kreditwirtschaftlichen Versorgung widerspiegeln. Unterstellt man, daß die realwirtschaftlichen Entwicklungschancen einer Region unter anderem vom Entwicklungsstand der Kreditwirtschaft, also dem kreditwirtschaftlichen Angebot in dieser Region abhängen, so läßt sich daraus umgekehrt die Hypothese formulieren, daß die Nachfrage nach Leistungen der Kreditwirtschaft vom Stand der realwirtschaftlichen Entwicklung abhängt. Ein Indikatorenbündel, das die realwirtschaftliche Situation einer Teilregion beschreibt, läßt sich somit zumindest im Rahmen einer Querschnittsanalyse in der räumlichen Relation als ein Gradmesser des regionalen kreditwirtschaftlichen Nachfragepotentials interpretieren.

Um im Rahmen der empirischen Analyse zu Aussagen über das regionale kreditwirtschaftliche Angebot zu gelangen, ist es notwendig, auf die von der Kreditwirtschaft veröffentlichten Daten der Geschäftstätigkeit bzw. der lokalen Präsenz zurückzugreifen. Dies erscheint zulässig, da wegen der vielfältigen Möglichkeiten der Portefeuille-Strukturierung der Kreditinstitute ein regionaler kreditwirtschaftlicher Angebotsüberhang unwahrscheinlich ist oder zumindest keine realen Auswirkungen auf die Ertragslage der Institute hätte, so daß die anhand der vorhandenen kreditwirtschaftlichen Daten empirisch zu beschreibende Marktsituation als ein Indikator des kreditwirtschaftlichen Angebots angesehen werden kann.

Auf der Basis der weiter oben gegebenen Definition des Begriffes der kreditwirtschaftlichen Versorgung sowie der Argumentation bezüglich der empirischen Untersuchung des regionalen Versorgungsgrades erscheint eine Gegenüberstellung der realwirtschaftlichen und der kreditwirtschaftlichen Entwicklungsstände der Teilregionen angesichts der Beschränkungen hinsichtlich des verfügbaren Datenmaterials als die geeignetste Methode zur Untersuchung der regionalen Kreditversorgung. Obwohl vor allem wegen der qualitativen Bewertungs- und Aggregationsverfahren keine globalen quantitativen Aussagen zu erwarten sind, erlaubt dieses Vorgehen doch die Feststellung auf die Gesamtregion NRW bezogener relativer Versorgungsgrade der Kreise. Darüber hinaus lassen sich quantitative Zusammenhänge zwischen einzelnen realwirtschaftlichen Indikatoren untersuchen, die die Ergebnisse der qualitativen Analyse ergänzen können.

3. ANALYSE DES ZUSAMMENHANGS VON KREDIT- UND REALWIRTSCHAFTLICHEM ENTWICKLUNGSSTAND ZUR ERMITTLUNG DES KREDITWIRTSCHAFTLICHEN VERSORGUNGSGRADES

a) UNTERSUCHUNG DES QUALITATIVEN UND QUANTITATIVEN ZUSAMMENHANGS ZWISCHEN EINZELNEN INDIKATOREN

Anhand des χ^2-Tests läßt sich zwischen qualitativen oder als solche behandelten Größen ein Zusammenhang feststellen. Es wird überprüft, ob bei einer vorgegebenen Irrtumswahrscheinlichkeit die Hypothese der Unabhängigkeit zwischen den untersuchten Größen (Nullhypothese) verworfen werden kann. Die Gravität des Zusammenhangs wird durch den Kontingenzkoeffizienten angegeben. Der Zusammenhang kann als um so stärker angenommen werden, je mehr sich der Wert des Kontingenzkoeffizienten dem entsprechenden Maximalwert nähert. Im Falle von Vierfeldertafeln beträgt der maximale, einen vollständigen Zusammenhang darstellende Wert des Kontingenzkoeffizienten 0,707.

Die Durchführung des χ^2-Texts erfolgt für zwei Größen anhand einer Vierfeldertafel, in der die festgestellten Kombinationen von über- und unterdurchschnittlichen Ausprägungen der beiden untersuchten Indikatoren erfaßt sind.

Aus der Vierfeldertafel läßt sich die quadratische Kontingenz berechnen:

$$(3) \qquad \chi^2 = \frac{(ad-bc)^2 \cdot n}{(a+b)(a+c)(b+d)(c+d)}$$

$$\text{mit} \qquad 0 \leq \chi^2 \leq n$$

ABB. 11: SCHEMATISCHE DARSTELLUNG DER VIERFELDERTAFEL

Indikator I / Indikator II	unterdurchschnittlicher Wert	überdurchschnittlicher Wert	
unterdurchschnittlicher Wert	a	b	a + b
überdurchschnittlicher Wert	c	d	c + d
	a + c	b + d	n

Die Nullhypothese ist nunmehr zu verwerfen, wenn bei vorgegebener Anzahl von Freiheitsgraden und Irrtumswahrscheinlichkeit der ermittelte Wert für χ^2 größer ist als der entsprechende kritische Wert der χ^2-Verteilung[14]. Ferner läßt sich aus der Vierfeldertafel das Assoziationsmaß Phi errechnen. Es soll hier statt des Kontingenzkoeffizienten benutzt werden, da es auch für den Fall der Vierfeldertafel einen Wertebereich von $0 \leq \phi \leq 1$ hat.

(4) $$\phi = \frac{ad - bc}{\sqrt{(a+b)(a+c)(b+d)(c+d)}} = \sqrt{\frac{\chi^2}{n}}$$

mit $0 < \phi < 1$.

Das Maß Phi ist im Gegensatz zu χ^2 unabhängig von der Zahl der beobachteten Fälle.

Außer dem χ^2-Text zur Analyse des qualitativen statistischen Zusammenhangs zwischen den kredit- und realwirtschaftlichen Indikatoren, soll mit Hilfe der Korrelationsanalyse versucht werden, diesen Zusammenhang auch quantitativ zu belegen. Es wird daher im Gegensatz zu den Kontingenz-Texts keine Klassifizierung der Daten vorgenommen, sondern der Zusammenhang zwischen den Originärdaten untersucht. Die Korrelationsanalyse schätzt hierzu mit Hilfe der Methode der kleinsten Quadrate die Strenge des linearen Zusammenhangs der kredit- und realwirtschaftlichen Indikatoren.

Der Zusammenhang wird ausgedrückt durch den Pearson'schen Korrelationskoeffizienten r:

(5) $$r = \frac{\sum_{i=1}^{n} (x_i - \bar{x})(y_i - \bar{y})}{\{[\sum_{t=1}^{n} (x_i - \bar{x})^2][\sum_{i=1}^{n} (y_i - \bar{y})^2]\}^{\frac{1}{2}}}$$

mit $-1 \leq r \leq 1$

wobei

x, y := Variablen

$\bar{x}, \bar{y}$:= Mittelwert der Variablen, $\sum_{i=1}^{n} \frac{x_i}{n}$ bzw. $\sum_{i=1}^{n} \frac{y_i}{n}$

n := Anzahl der Beobachtungen

i := Index, $i=1, \ldots, n$

bedeuten.

Ein negativer Wert bezeichnet einen gegenläufigen Zusammenhang, während ein positiver Wert einen gleichläufigen Zusammenhang ausweist. Ein vollständiger statistischer Zusammenhang ist bei + 1 und - 1 gegeben. Aus r = 0 folgt nicht notwendigerweise Unabhängigkeit der Variablen, die Unabhängigkeit führt hingegen zu r = 0.

Der qualitative statistische Zusammenhang zwischen den ausgewählten real- und kreditwirtschaftlichen Indikatoren ist in den Tabellen 26 - 33 dargestellt. Dabei wurden in den verschiedenen Tabellen unterschiedliche Signifikanzniveaus zugrundegelegt. Durch die Symbole + bzw.- wird ausgewiesen, ob das jeweilige χ^2 den der vorgegebenen Irrtumswahrscheinlichkeit entsprechenden kritischen Wert für χ^2 über- oder unterschreitet. Liegt das tatsächliche χ^2 über dem kritischen Wert, so kann die oben bezeichnete Nullhypothese mit der durch die vorgegebene Irrtumswahrscheinlichkeit determinierten Sicherheit verworfen und somit ein signifikanter statistischer Zusammenhang zwischen den in der Matrix ausgewiesenen Indikatoren gefolgert werden.

Aus den Kontingenz-Tests ist zu ersehen, daß sich für das Krediteinlageverhältnis nach allen vier Zuordnungsverfahren (AKE1 - AKE4) zu den ausgewählten realwirtschaftlichen Indikatoren nur ein schwacher statistischer Zusammenhang ergibt. Dies läßt die Vermutung zu, daß die Portefeuille-Entscheidungen der Kreditinstitute von regionalen Gesichtspunkten weitgehend unabhängig sind. Insofern würden die regionalen Entwicklungschancen nicht durch restriktive Kreditvergabemodalitäten der Kreditinstitute beeinträchtigt. Dieses Ergebnis der qualitativen Analyse wird auch quantitativ durch das der Korrelationsanalyse bestätigt (Vgl. dazu Tab. 34 - 41).

Für das Kreditvolumen pro Kopf ergibt sich qualitativ und quantitativ ein starker statistischer Zusammenhang mit den realwirtschaftlichen Indikatoren. Dieses Ergebnis bestätigt die plausible Vermutung, daß die Intensität der Geschäftstätigkeit auf dem Kreditvergabesektor ein Spiegelbild der realwirtschaftlichen Situation in der Untersuchungsregion ist.

Für den Indikator 'Anteil der Termineinlagen an den Gesamteinlagen' läßt sich sowohl anhand der qualitativen als auch der quantitativen Untersuchung ein starker statistischer Zusammenhang mit den realwirtschaftlichen Indikatoren belegen. Dieses Ergebnis beschreibt gemäß der oben ausgeführten Interpretation des Termineinlagenanteils den Zusammenhang zwischen kreditwirtschaftlicher Flexibilität und wirtschaftlichem Entwicklungsstand.

Die vier verschiedenen Zuordnungsverfahren unterscheiden sich hinsichtlich der Ergebnisse der Kontingenz-Tests und der Korrelationsanalyse zum Teil erheblich voneinander. Insbesondere bei Verfahren 2 lassen sich die vermuteten Zusammenhänge nicht oder nur sehr beschränkt belegen, wobei die Korrelationsrechnungen zum Teil gegenläufige Zusammenhänge ausweisen. Diese auf den ersten Blick unplausiblen Ergebnisse lassen sich jedoch durch das die Besonderheiten spezieller Institutsgruppen berücksichtigende Zuordnungsverfahren erklären. Generell ist festzustellen, daß bei allen Ergebnissen sowohl der Kontingenz-Tests als auch der Korrelationsanalyse Verfahren 3 und 4 den stärksten Zusammenhang zwischen realwirtschaftlichen und kreditwirtschaftlichen Indikatoren ausweisen.

Eine Untersuchung des Zusammenhanges zwischen den Indikatoren FB5, BB5 bzw. FB6, BB6, die das regionale Einzugsgebiet einer Bankstelle und die personelle Bankstellendichte angeben, und den einzelnen Indikatoren der regionalen Wirtschaftskraft erscheint hinsichtlich der Aussagefähigkeit der zu erwartenden Ergebnisse problematisch. Denn die genannten Indikatoren sind in erster Linie von geographischen und demographischen Größen abhängig. Diese Zusammenhänge werden im folgenden Abschnitt untersucht. Da die Variablen FB5 und BB5 bzw. FB6 und BB6 jedoch ohne Zweifel wichtige Komponenten des kreditwirtschaftlichen Angebots sowie der kreditwirtschaftlichen Versorgung darstellen, sollen die Ergebnisse der Kontingenz-Tests und Korrelationsanalyse mit den Indikatoren der realwirtschaftlichen Situation aus Gründen der Vollständigkeit aufgeführt werden.

TAB. 26: DIE ERGEBNISSE DER KONTINGENZ-TESTS AUSGEWÄHLTER KREDIT- UND REALWIRTSCHAFTLICHER INDIKATOREN BEI EINER IRRTUMSWAHRSCHEINLICHKEIT VON 5 % FÜR 1975 (α = 0,05; KRITISCHES χ^2 = 3,84)

	EF	RIF	RE	BE	ES
AKE 1	-	-	-	+	-
AKE 2	+	-	-	-	-
AKE 3	+	+	+	+	+
AKE 4	+	+	-	+	+
AKB 1	+	+	+	+	+
AKB 2	-	-	-	-	-
AKB 3	+	+	+	+	+
AKB 4	+	+	+	+	+
ATE 1	+	+	+	+	+
ATE 2	+	-	-	-	-
ATE 3	+	+	+	+	+
ATE 4	+	+	+	+	+
FB 5	+	+	+	+	+
BB 5	+	+	+	+	+

\+ := Signifikanter statistischer Zusammenhang

\- := kein signifikanter statistischer Zusammenhang

α := Irrtumswahrscheinlichkeit

χ^2 := kritischer χ^2-Wert bei vorgegebenem α

Quelle: Eigene Berechnungen

TAB. 27: DIE ERGEBNISSE DER KONTINGENZ-TESTS AUSGEWÄHLTER KREDIT- UND REALWIRTSCHAFTLICHER INDIKATOREN BEI EINER IRRTUMSWAHRSCHEINLICHKEIT VON 1 % FÜR 1975 (α = 0,01; KRITISCHES χ^2 = 6,64)

	EF	RIF	RE	BE	ES
AKE 1	-	-	-	-	-
AKE 2	-	-	-	-	-
AKE 3	+	+	-	+	+
AKE 4	-	+	-	-	-
AKB 1	+	+	+	+	+
AKB 2	-	-	-	-	-
AKB 3	+	+	+	+	+
AKB 4	+	+	+	+	+
ATE 1	+	+	+	+	+
ATE 2	+	-	-	-	-
ATE 3	+	+	+	+	+
ATE 4	+	+	+	+	+
FB 5	+	+	+	+	+
BB 5	+	+	+	+	+

\+ := signifikanter statistischer Zusammenhang

\- := kein signifikanter statistischer Zusammenhang

α := Irrtumswahrscheinlichkeit

χ^2 := kritischer χ^2-Wert bei vorgegebenem α

Quelle: Eigene Berechnungen

TAB. 28: DIE ERGEBNISSE DER KONTINGENZ-TESTS AUSGEWÄHLTER KREDIT- UND REALWIRTSCHAFTLICHER INDIKATOREN BEI EINER IRRTUMSWAHRSCHEINLICHKEIT VON 0,1 % FÜR 1975 (α = 0,001; KRITISCHES χ^2 = 10,83)

	EF	RIF	RE	BE	ES
AKE 1	-	-	-	-	-
AKE 2	-	-	-	-	-
AKE 3	-	+	-	-	-
AKE 4	-	-	-	-	-
AKB 1	+	+	+	+	+
AKB 2	-	-	-	-	-
AKB 3	+	+	+	+	+
AKB 4	+	+	+	+	+
ATE 1	-	+	-	+	+
ATE 2	-	-	-	-	-
ATE 3	+	+	+	+	+
ATE 4	+	+	+	+	+
FB 5	+	+	+	+	+
BB 5	+	+	+	+	+

+ := signifikanter statistischer Zusammenhang

- := kein signifikanter statistischer Zusammenhang

α := Irrtumswahrscheinlichkeit

χ^2 := kritischer χ^2-Wert bei vorgegebenem α

Quelle: Eigene Berechnungen

TAB. 29: DIE ERGEBNISSE DER KONTINGENZ-TESTS AUSGEWÄHLTER KREDIT- UND REALWIRTSCHAFTLICHER INDIKATOREN BEI EINER IRRTUMSWAHRSCHEINLICHKEIT VON 0,001 % FÜR 1975 ($\alpha = 0{,}00001$; KRITISCHES $\chi^2 = 16{,}47$)

	EF	RIF	RE	BE	ES
AKE 1	-	-	-	-	-
AKE 2	-	-	-	-	-
AKE 3	-	-	-	-	-
AKE 4	-	-	-	-	-
AKB 1	-	+	+	+	+
AKB 2	-	-	-	-	-
AKB 3	+	+	+	+	+
AKB 4	+	+	+	+	+
ATE 1	-	-	-	-	-
ATE 2	-	-	-	-	-
ATE 3	+	+	+	+	+
ATE 4	+	+	+	+	+
FB 5	+	+	+	+	+
BB 5	+	+	-	-	+

\+ := signifikanter statistischer Zusammenhang

\- := kein signifikanter statistischer Zusammenhang

α := Irrtumswahrscheinlichkeit

χ^2 := kritischer χ^2-Wert bei vorgegebenem α

Quelle: Eigene Berechnungen

TAB. 30: DIE ERGEBNISSE DER KONTINGENZ-TESTS AUSGEWÄHLTER KREDIT- UND REALWIRTSCHAFTLICHER INDIKATOREN BEI EINER IRRTUMSWAHRSCHEINLICHKEIT VON 5 % FÜR 1976 (α = 0,05; KRITISCHES χ^2 = 3,84)

	EF	RIF	RE	BE	ES
BKE 1	-	+	+	+	-
BKE 2	+	-	-	-	-
BKE 3	-	+	+	+	+
BKE 4	-	+	+	+	+
BKB 1	+	+	+	+	+
BKB 2	-	-	-	-	-
BKB 3	+	+	+	+	+
BKB 4	+	+	+	+	+
BTE 1	+	+	+	+	+
BTE 2	-	-	-	-	-
BTE 3	+	+	+	+	+
BTE 4	+	+	+	+	+
FB 6	+	+	+	+	+
BB 6	+	+	+	+	+

\+ := signifikanter statistischer Zusammenhang

\- := kein signifikanter statistischer Zusammenhang

α := Irrtumswahrscheinlichkeit

χ^2 := kritischer χ^2-Wert bei vorgegebenem α

Quelle: Eigene Berechnungen

TAB. 31: DIE ERGEBNISSE DER KONTINGENZ-TESTS AUSGEWÄHLTER KREDIT- UND REALWIRTSCHAFTLICHER INDIKATOREN BEI EINER IRRTUMSWAHRSCHEINLICHKEIT VON 1 % FÜR 1976 (α = 0,01; KRITISCHES χ^2 = 6,64)

	EF	RIF	RE	BE	ES
BKE 1	-	-	-	-	-
BKE 2	-	-	-	-	-
BKE 3	-	+	-	-	-
BKE 4	-	+	-	-	-
BKB 1	+	+	+	+	+
BKB 2	-	-	-	-	-
BKB 3	+	+	+	+	+
BKB 4	+	+	+	+	+
BTE 1	+	+	+	+	+
BTE 2	-	-	-	-	-
BTE 3	+	+	+	+	+
BTE 4	+	+	+	+	+
FB 6	+	+	+	+	+
BB 6	+	+	+	+	+

\+ := signifikanter statistischer Zusammenhang

\- := kein signifikanter statistischer Zusammenhang

α := Irrtumswahrscheinlichkeit

χ^2 := kritischer χ^2-Wert bei vorgegebenem α

Quelle: Eigene Berechnungen.

TAB. 32: DIE ERGEBNISSE DER KONTINGENZ-TESTS AUSGEWÄHLTER KREDIT- UND REALWIRTSCHAFTLICHER INDIKATOREN BEI EINER IRRTUMSWAHRSCHEINLICHKEIT VON 0,1 % FÜR 1976 (α = 0,001; KRITISCHES χ^2 = 10,83)

	EF	RIF	RE	BE	ES
BKE 1	-	-	-	-	-
BKE 2	-	-	-	-	-
BKE 3	-	-	-	-	-
BKE 4	-	-	-	-	-
BKB 1	+	+	+	+	+
BKB 2	-	-	-	-	-
BKB 3	+	+	+	+	+
BKB 4	+	+	+	+	+
BTE 1	+	+	+	+	+
BTE 2	-	-	-	-	-
BTE 3	+	+	+	+	+
BTE 4	+	+	+	+	+
FB 6	+	+	+	+	+
BB 6	+	+	+	-	+

\+ := signifikanter statistischer Zusammenhang

\- := kein signifikanter statistischer Zusammenhang

α := Irrtumswahrscheinlichkeit

χ^2 := kritischer χ^2-Wert bei vorgegebenem α

Quelle: Eigene Berechnungen

TAB. 33: DIE ERGEBNISSE DER KONTINGENZ-TESTS AUSGEWÄHLTER KREDIT- UND REALWIRTSCHAFTLICHER INDIKATOREN BEI EINER IRRTUMSWAHRSCHEINLICHKEIT VON 0,001 % FÜR 1976 (α = 0,00001; KRITISCHES χ^2 = 16,47)

	EF	RIF	RE	BE	ES
BKE 1	-	-	-	-	-
BKE 2	-	-	-	-	-
BKE 3	-	-	-	-	-
BKE 4	-	-	-	-	-
BKB 1	-	+	+	-	-
BKB 2	-	-	-	-	-
BKB 3	+	+	+	+	+
BKB 4	+	+	+	+	+
BTE 1	-	+	-	-	+
BTE 2	-	-	-	-	-
BTE 3	+	+	+	+	+
BTE 4	+	+	+	+	+
FB 6	+	+	+	-	+
BB 6	+	+	-	-	+

\+ := signifikanter statistischer Zusammenhang

\- := kein signifikanter statistischer Zusammenhang

α := Irrtumswahrscheinlichkeit

χ^2 := kritischer χ^2-Wert bei vorgegebenem α

Quelle: Eigene Berechnungen

TAB. 34: KORRELATIONSMATRIX AUSGEWÄHLTER KREDIT- UND REALWIRTSCHAFTLICHER INDIKATOREN NACH VERFAHREN 1 FÜR 1975

	AKE1	AKB1	ATE1	FB5	BB5
EF	0.0701 (54) P=0.307	0.3284 (54) P=0.008	0.5667 (54) P=0.000	-0.8061 (54) P=0.000	-0.7263 (54) P=0.000
RIF	0.1267 (54) P=0.181	0.4667 (54) P=0.000	0.4270 (54) P=0.001	-0.6205 (54) P=0.000	-0.5361 (54) P=0.000
RE	0.2163 (54) P=0.058	0.7074 (54) P=0.000	0.5945 (54) P=0.000	-0.6613 (54) P=0.000	-0.4671 (54) P=0.000
BE	0.2516 (54) P=0.033	0.7189 (54) P=0.000	0.6450 (54) P=0.000	-0.6703 (54) P=0.000	-0.4105 (54) P=0.001
ES	0.1611 (54) P=0.122	0.6959 (54) P=0.000	0.6409 (54) P=0.000	-0.7180 (54) P=0.000	-0.5415 (54) P=0.000

Quelle: In Anhang A und B ausgewiesene Daten, eigene Berechnungen

TAB. 35: KORRELATIONSMATRIX AUSGEWÄHLTER KREDIT- UND REALWIRTSCHAFTLICHER INDIKATOREN NACH VERFAHREN 2 FÜR 1975

	AKE2	AKB2	ATE2	FB5	BB5
EF	-0.4927 (54) P=0.000	-0.4594 (54) P=0.000	-0.3054 (54) P=0.012	-0.8061 (54) P=0.000	-0.7263 (54) P=0.000
RIF	-0.3092 (54) P=0.011	-0.0888 (54) P=0.262	-0.2527 (54) P=0.033	-0.6205 (54) P=0.000	-0.5361 (54) P=0.000
RE	-0.2608 (54) P=0.028	0.0445 (54) P=0.375	-0.0522 (54) P=0.354	-0.6613 (54) P=0.000	-0.4671 (54) P=0.000
BE	-0.2447 (54) P=0.037	0.0253 (54) P=0.428	0.0189 (54) P=0.446	-0.6703 (54) P=0.000	-0.4105 (54) P=0.001
ES	-0.3586 (54) P=0.004	-0.0354 (54) P=0.400	-0.0581 (54) P=0.338	-0.7180 (54) P=0.000	-0.5415 (54) P=0.000

Quelle: In Anhang A und B ausgewiesene Daten, eigene Berechnungen

TAB. 36: KORRELATIONSMATRIX AUSGEWÄHLTER KREDIT- UND REALWIRTSCHAFTLICHER INDIKATOREN NACH VERFAHREN 3 FÜR 1975

	AKE3	AKB3	ATE3	FB5	BB5
EF	0.4088 (54) P=0.001	0.5974 (54) P=0.000	0.7936 (54) P=0.000	-0.8061 (54) P=0.000	-0.7263 (54) P=0.000
RIF	0.4400 (54) P=0.000	0.6851 (54) P=0.000	0.6632 (54) P=0.000	-0.6205 (54) P=0.000	-0.5361 (54) P=0.000
RE	0.4933 (54) P=0.000	0.8359 (54) P=0.000	0.7373 (54) P=0.000	-0.6613 (54) P=0.000	-0.4671 (54) P=0.000
BE	0.4955 (54) P=0.000	0.8174 (54) P=0.000	0.7422 (54) P=0.000	-0.6703 (54) P=0.000	-0.4105 (54) P=0.001
ES	0.4678 (54) P=0.000	0.8652 (54) P=0.000	0.8027 (54) P=0.000	-0.7180 (54) P=0.000	-0.5415 (54) P=0.000

Quelle: In Anhang A und B ausgewiesene Daten, eigene Berechnungen

TAB. 37: KORRELATIONSMATRIX AUSGEWÄHLTER KREDIT- UND REALWIRTSCHAFTLICHER INDIKATOREN NACH VERFAHREN 4 FÜR 1975

	AKE4	AKB4	ATE4	FB5	BB5
EF	0.3176 (54) P=0.010	0.5286 (54) P=0.000	0.7371 (54) P=0.000	-0.8061 (54) P=0.000	-0.7263 (54) P=0.000
RIF	0.3656 (54) P=0.003	0.6767 (54) P=0.000	0.6173 (54) P=0.000	-0.6205 (54) P=0.000	-0.5361 (54) P=0.000
RE	0.4239 (54) P=0.001	0.7991 (54) P=0.000	0.7060 (54) P=0.000	-0.6613 (54) P=0.000	-0.4671 (54) P=0.000
BE	0.4177 (54) P=0.001	0.7521 (54) P=0.000	0.7005 (54) P=0.000	-0.6703 (54) P=0.000	-0.4105 (54) P=0.001
ES	0.3837 (54) P=0.002	0.8078 (54) P=0.000	0.7622 (54) P=0.000	-0.7180 (54) P=0.000	-0.5415 (54) P=0.000

Quelle: In Anhang A und B ausgewiesene Daten, eigene Berechnungen

TAB. 38: KORRELATIONSMATRIX AUSGEWÄHLTER KREDIT- UND REALWIRTSCHAFTLICHER INDIKATOREN NACH VERFAHREN 1 FÜR 1976

	BKE1	BKB1	BTE1	FB6	BB6
EF	-0.0337 (54) P=0.404	0.3795 (54) P=0.002	0.6505 (54) P=0.000	-0.8079 (54) P=0.000	-0.7084 (54) P=0.000
RIF	0.0885 (54) P=0.262	0.4860 (54) P=0.000	0.4903 (54) P=0.000	-0.6205 (54) P=0.000	-0.5371 (54) P=0.000
RE	0.1574 (54) P=0.128	0.7103 (54) P=0.000	0.6422 (54) P=0.000	-0.6280 (54) P=0.000	-0.4491 (54) P=0.000
BE	0.1834 (54) P=0.092	0.7440 (54) P=0.000	0.6133 (54) P=0.000	-0.5984 (54) P=0.000	-0.3398 (54) P=0.006
ES	0.0632 (54) P=0.325	0.7167 (54) P=0.000	0.6825 (54) P=0.000	-0.7030 (54) P=0.000	-0.5242 (54) P=0.000

Quelle: In Anhang A und B ausgewiesene Daten, eigene Berechnungen

TAB. 39: KORRELATIONSMATRIX AUSGEWÄHLTER KREDIT- UND REALWIRTSCHAFTLICHER INDIKATOREN NACH VERFAHREN 2 FÜR 1976

	BKE2	BKB2	BTE2	FB6	BB6
EF	-0.5459 (54) P=0.000	-0.4497 (54) P=0.000	-0.1564 (54) P=0.129	-0.8079 (54) P=0.000	-0.7084 (54) P=0.000
RIF	-0.2963 (54) P=0.015	-0.0998 (54) P=0.236	-0.1679 (54) P=0.112	-0.6205 (54) P=0.000	-0.5371 (54) P=0.000
RE	-0.2588 (54) P=0.029	0.0263 (54) P=0.425	0.0960 (54) P=0.245	-0.6280 (54) P=0.000	-0.4491 (54) P=0.000
BE	-0.2348 (54) P=0.044	0.0615 (54) P=0.329	0.1124 (54) P=0.209	-0.5984 (54) P=0.000	-0.3398 (54) P=0.006
ES	-0.3865 (54) P=0.002	-0.0297 (54) P=0.416	0.0947 (54) P=0.248	-0.7030 (54) P=0.000	-0.5242 (54) P=0.000

Quelle: In Anhang A und B ausgewiesene Daten, eigene Berechnungen

TAB. 40: KORRELATIONSMATRIX AUSGEWÄHLTER KREDIT- UND REALWIRTSCHAFTLICHER INDIKATOREN NACH VERFAHREN 3 FÜR 1976

	BKE3	BKB3	BTE3	FB6	BB6
EF	0.3090 (54) P=0.011	0.6240 (54) P=0.000	0.8334 (54) P=0.000	-0.8079 (54) P=0.000	-0.7084 (54) P=0.000
RIF	0.3890 (54) P=0.002	0.6813 (54) P=0.000	0.6890 (54) P=0.000	-0.6205 (54) P=0.000	-0.5371 (54) P=0.000
RE	0.4237 (54) P=0.001	0.8192 (54) P=0.000	0.7415 (54) P=0.000	-0.6280 (54) P=0.000	-0.4491 (54) P=0.000
BE	0.4013 (54) P=0.001	0.8063 (54) P=0.000	0.6722 (54) P=0.000	-0.5984 (54) P=0.000	-0.3398 (54) P=0.006
ES	0.3640 (54) P=0.003	0.8573 (54) P=0.000	0.8053 (54) P=0.000	-0.7030 (54) P=0.000	-0.5242 (54) P=0.000

Quelle: In Anhang A und B ausgewiesene Daten, eigene Berechnungen

TAB. 41: KORRELATIONSMATRIX AUSGEWÄHLTER KREDIT- UND REALWIRTSCHAFTLICHER INDIKATOREN NACH VERFAHREN 4 FÜR 1976

	BKE4	BKB4	BTE4	FB6	BB6
EF	0.2065 (54) P=0.067	0.5806 (54) P=0.000	0.7895 (54) P=0.000	-0.8079 (54) P=0.000	-0.7084 (54) P=0.000
RIF	0.3107 (54) P=0.011	0.6936 (54) P=0.000	0.6510 (54) P=0.000	-0.6205 (54) P=0.000	-0.5371 (54) P=0.000
RE	0.3492 (54) P=0.005	0.7924 (54) P=0.000	0.7188 (54) P=0.000	-0.6280 (54) P=0.000	-0.4491 (54) P=0.000
BE	0.3190 (54) P=0.009	0.7450 (54) P=0.000	0.6366 (54) P=0.000	-0.5984 (54) P=0.000	-0.3398 (54) P=0.006
ES	0.2760 (54) P=0.022	0.8252 (54) P=0.000	0.7778 (54) P=0.000	-0.7030 (54) P=0.000	-0.5242 (54) P=0.000

Quelle: In Anhang A und B ausgewiesene Daten, eigene Berechnungen

b) DIE ANALYSE DER LOKALEN PRÄSENZ DER KREDITINSTITUTE

Eine wichtige Komponente der regionalen kreditwirtschaftlichen Versorgung ist, wie bereits weiter oben ausgeführt, die lokale Präsenz der Kreditinstitute, also die Verteilung der Bankstellen über die Region. Die Problematik einer im Sinne zufriedenstellender kreditwirtschaftlicher Versorgung anzustrebenden Bankstellendichte ist sowohl unter einem flächenbezogenen Aspekt wie unter dem der potentiellen Kundenzahl (Bevölkerungszahl) zu sehen. Unter dem flächenbezogenen Aspekt ist eine Bankstellendichte anzustreben, bei der den Kunden keine unzumutbar langen Anfahrtswege bis zur nächsten erreichbaren Bankstelle entstehen. Die Berücksichtigung des kundenzahlbezogenen Aspektes bedeutet eine Bankstellendichte, die eine für die Bankkunden problemlose, also z.B. ohne durch lange Schalterwartezeiten behinderte Geschäftsabwicklung gestattet. Allerdings sind die Kreditinstitute aufgrund des Rentabilitätszieles daran interessiert, eine Kapazitätsunterauslastung der Bankstellen zu vermeiden.

Aufgrund der unterschiedlichen Bevölkerungsdichte in den Teilregionen weicht die Bedeutung der genannten Aspekte der lokalen Präsenz voneinander ab. So wird in den dünner besiedelten ländlichen Kreisen die flächenbezogene Komponente stärker hervortreten, wobei das Problem der Kapazitätsunterauslastung der Bankstellen entstehen kann.

In den dichtbesiedelten Stadtkreisen dagegen stellt für die einzelne Bankstelle die maximal zu versorgende Kundenzahl den Engpaßfaktor dar. Aus den Abbildungen 12 - 15 wird die Wechselwirkung der unterschiedlichen Komponenten deutlich. Zwar ist, wie aus den Abbildungen 12 und 14 hervorgeht, in den dünnerbesiedelten Kreisen die von jeder Bankstelle im Durchschnitt versorgte Fläche deutlich größer als in den dichtbesiedelten Kreisen, doch liegt die Zahl der Bankstellen je tausend Einwohner in den Kreisen mit geringer Bevölkerungsdichte erheblich höher. Es läßt sich somit feststellen, daß sich in den dicht besiedelten Kreisen die Bankstellendichte in erster Linie nach der kundenzahlbezogenen Kapazität der einzelnen Bankstelle

TAB. 42: KORRELATIONSMATRIX EF - FB5, BB5 FÜR 1975

	EF	FB5	BB5
EF	1.0000 (0) P=*****	-0.8061 (54) P=0.000	-0.7263 (54) P=0.000
FB5	-0.8061 (54) P=0.000	1.0000 (0) P=*****	0.6971 (54) P=0.000
BB5	-0.7263 (54) P=0.000	0.6971 (54) P=0.000	1.0000 (0) P=*****

Quelle: In Anhang A und B ausgewiesene Daten

TAB. 43: KORRELATIONSMATRIX EF - FB6, BB6 FÜR 1976

	EF	FB6	BB6
EF	1.0000 (0) P=*****	-0.8079 (54) P=0.000	-0.7084 (54) P=0.000
FB6	-0.8079 (54) P=0.000	1.0000 (0) P=*****	0.6876 (54) P=0.000
BB6	-0.7084 (54) P=0.000	0.6876 (54) P=0.000	1.0000 (0) P=*****

Quelle: In Anhang A und B ausgewiesene Daten

ABB. 12: DIE BEZIEHUNG ZWISCHEN REGIONALEM EINZUGSGEBIET PRO BANKSTELLE UND BEVÖLKERUNGSDICHTE IN DEN KREISEN DES LANDES NRW 1975

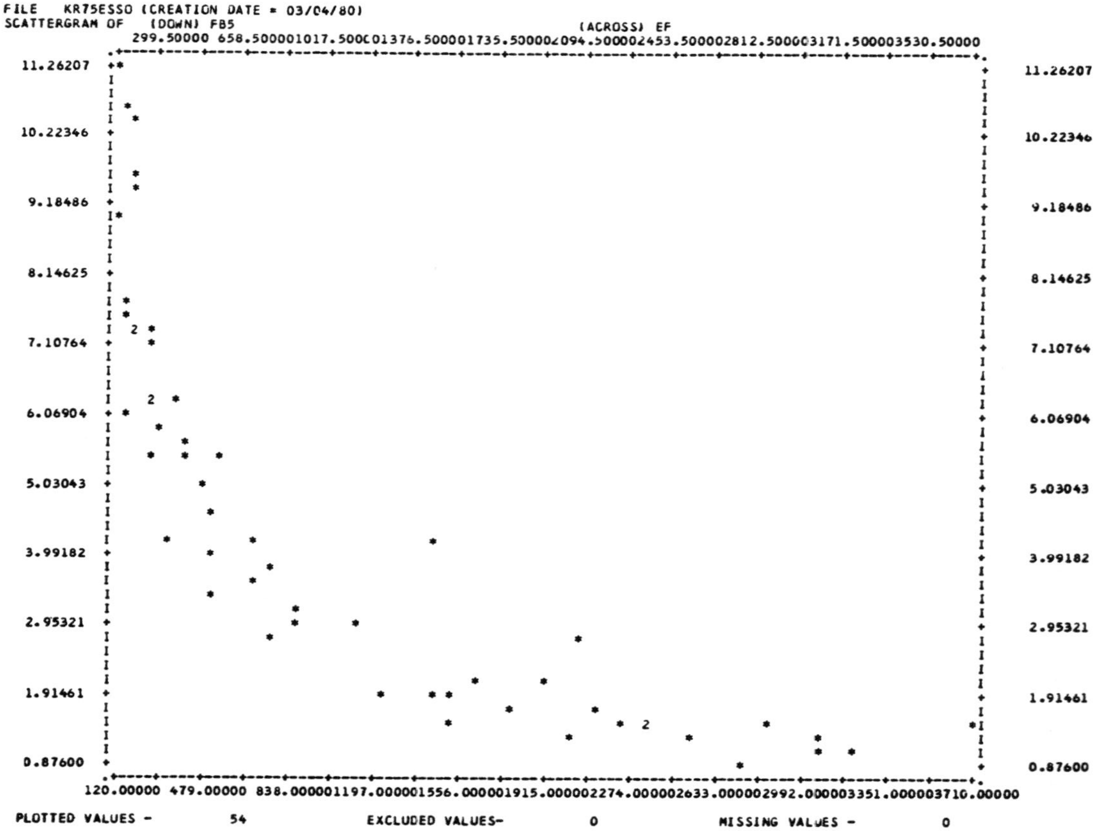

Quelle: In Anhang A und B ausgewiesene Daten, eigene Berechnungen

ABB. 13: DIE BEZIEHUNG ZWISCHEN PERSONELLER BANKSTELLENDICHTE UND BEVÖLKERUNGSDICHTE IN DEN KREISEN DES LANDES NRW 1975

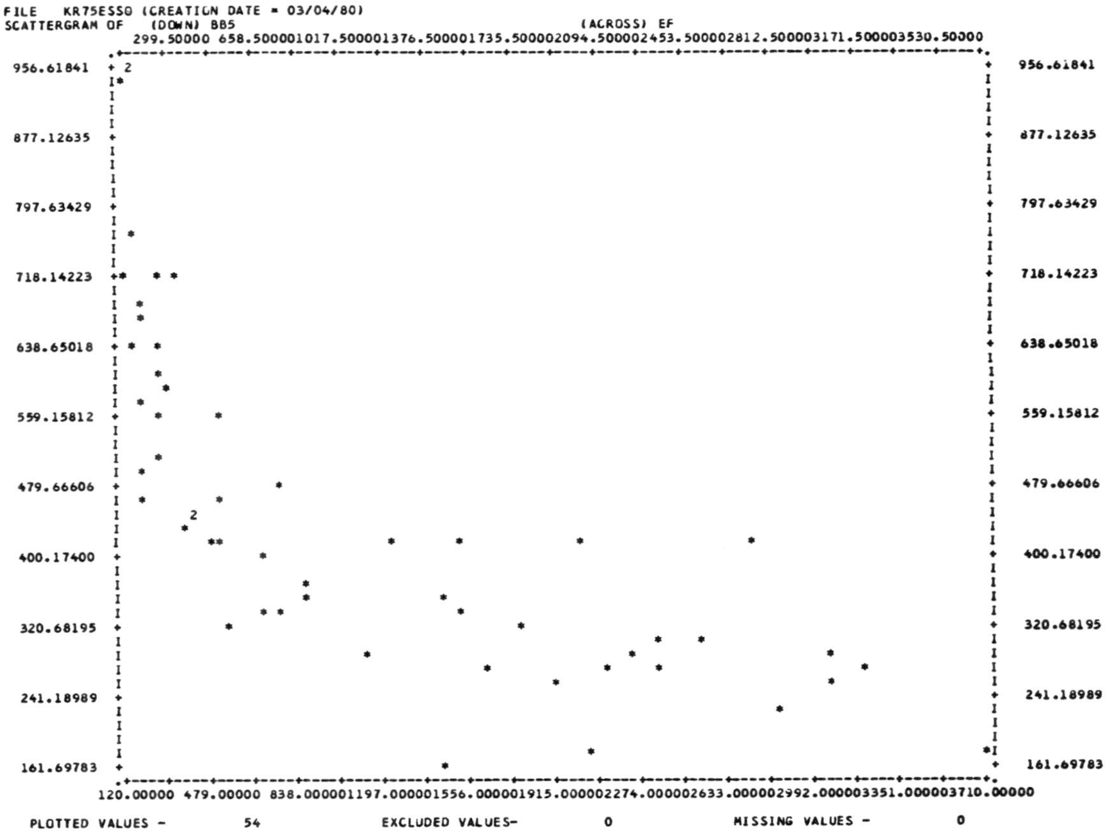

Quelle: In Anhang A und B ausgewiesene Daten, eigene Berechnungen

ABB. 14: DIE BEZIEHUNG ZWISCHEN REGIONALEM EINZUGSGEBIET PRO BANKSTELLE UND BEVÖLKERUNGSDICHTE IN DEN KREISEN DES LANDES NRW 1976

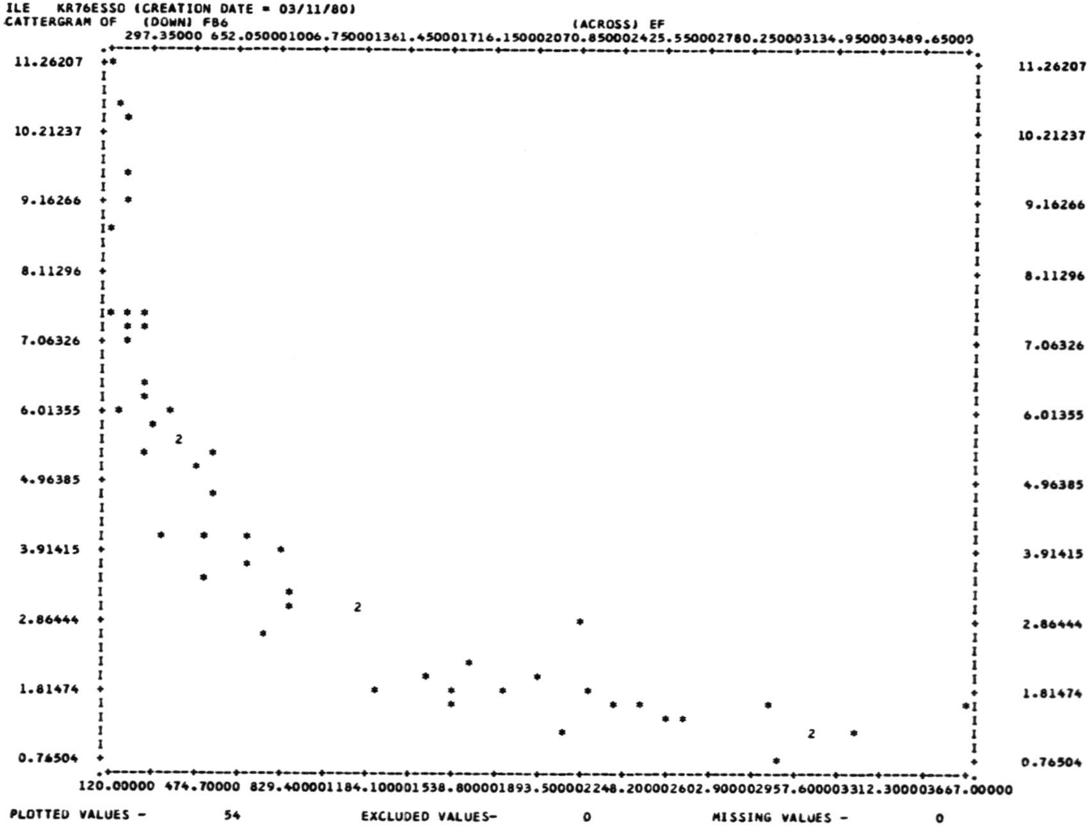

Quelle: In Anhang A und B ausgewiesene Daten, eigene Berechnungen

ABB. 15: DIE BEZIEHUNG ZWISCHEN PERSONELLER BANKSTELLENDICHTE UND BEVÖLKERUNGSDICHTE IN DEN KREISEN DES LANDES NRW 1976

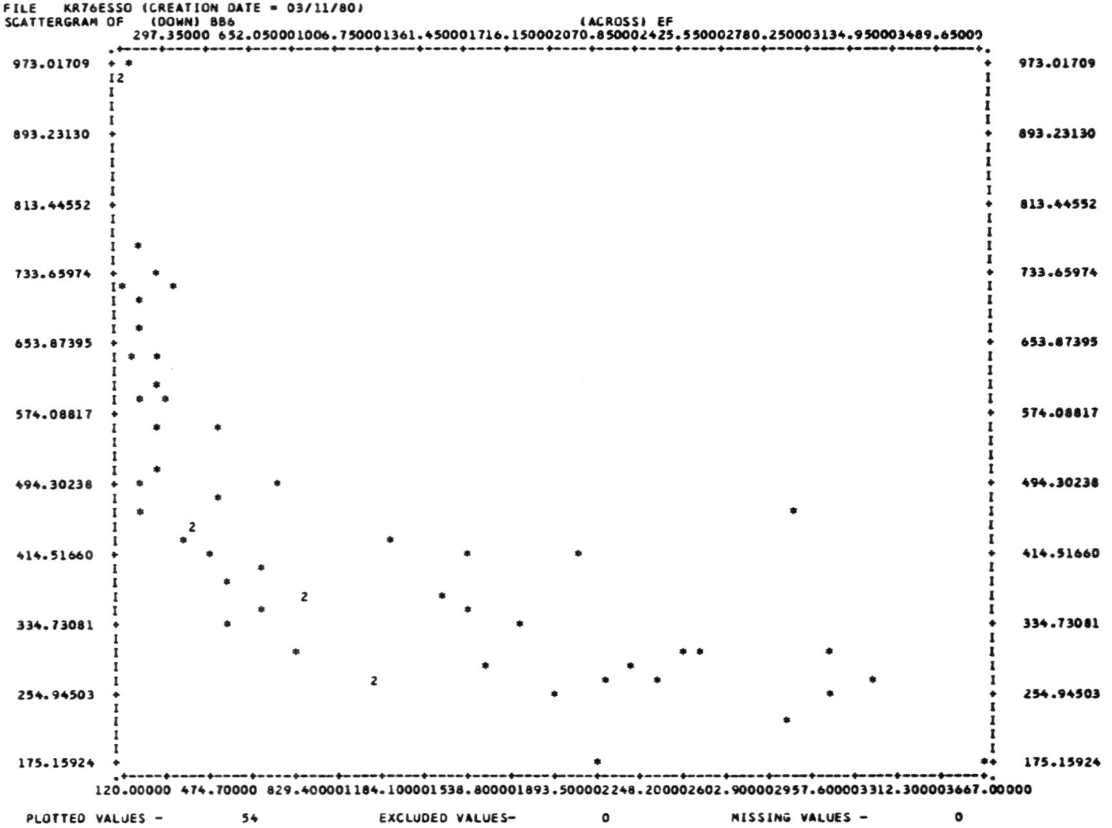

<u>Quelle:</u> In Anhang A und B ausgewiesene Daten, eigene Berechnungen

ABB. 16: DAS VERHÄLTNIS VON BEVÖLKERUNGSDICHTE ZU REGIONALEM EINZUGSGEBIET PRO BANKSTELLE ÜBER DIE KREISE DES LANDES NRW 1975

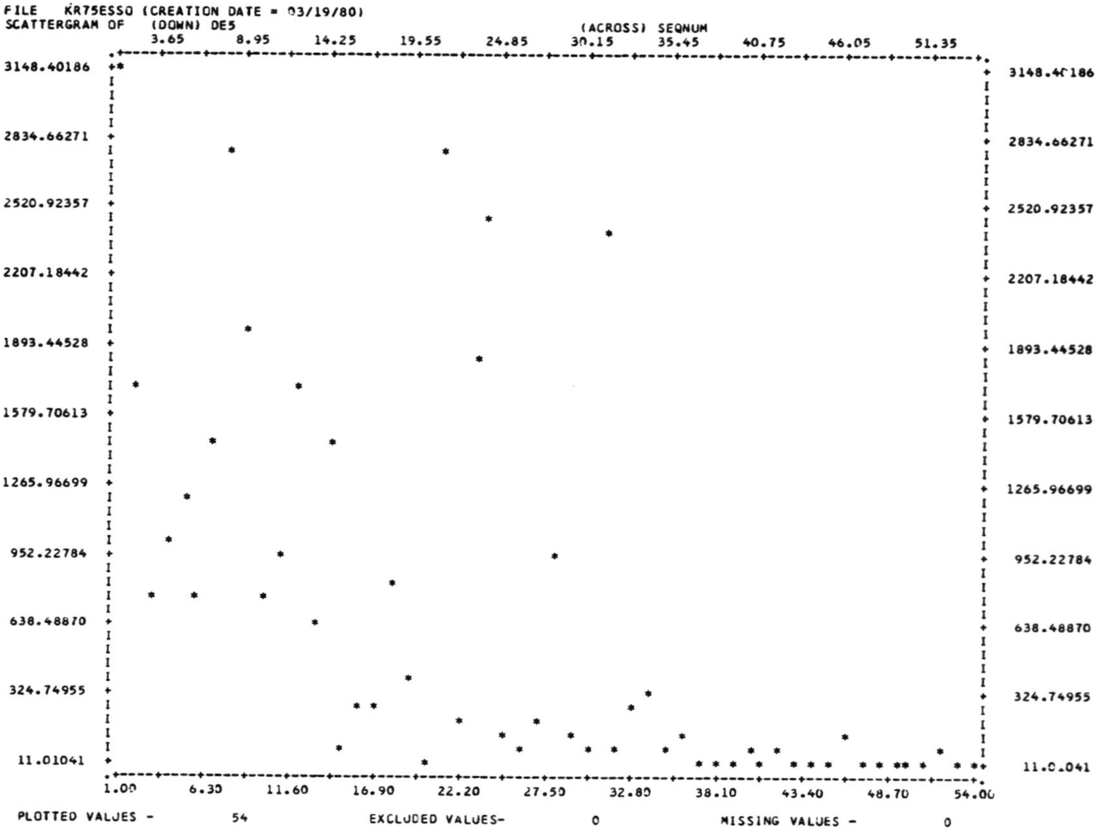

Quelle: In Anhang A und B ausgewiesene Daten, eigene Berechnungen

ABB. 17: DAS VERHÄLTNIS VON BEVÖLKERUNGSDICHTE ZU PERSONELLER BANKSTELLENDICHTE ÜBER DIE KREISE DES LANDES NRW 1975

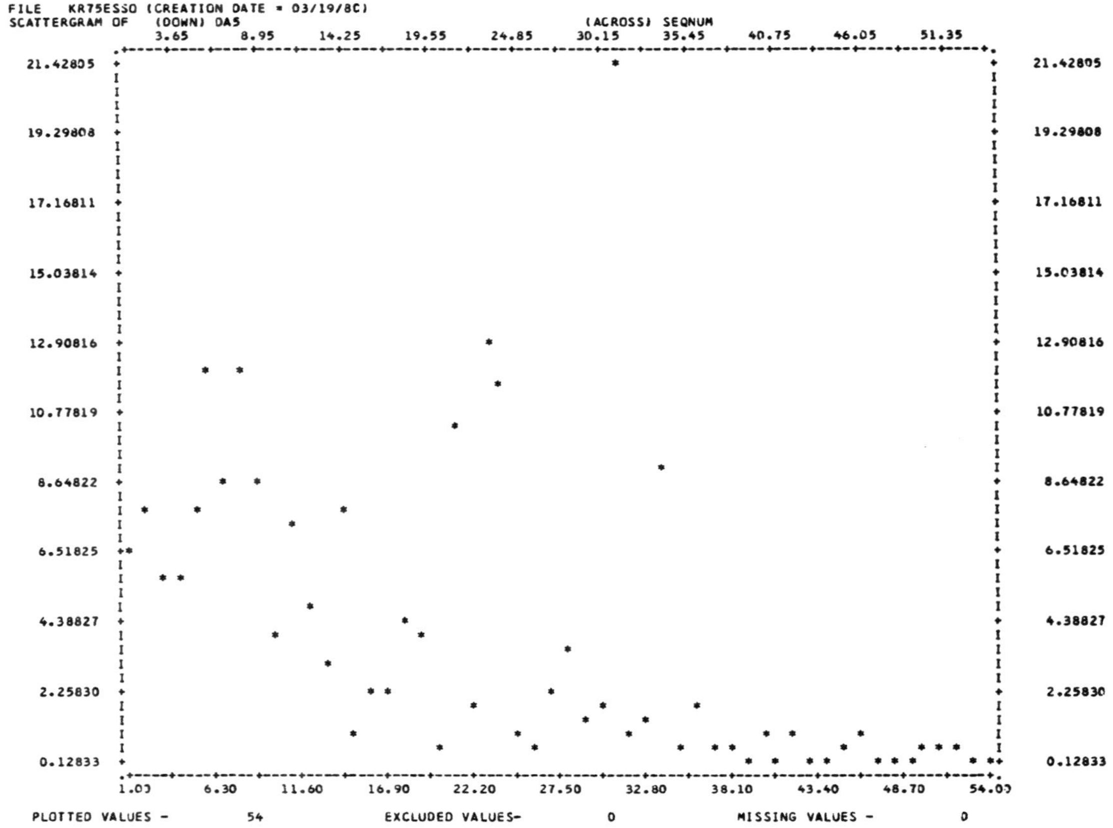

Quelle: In Anhang A und B ausgewiesene Daten, eigene Berechnungen

ABB. 18: DAS VERHÄLTNIS VON BEVÖLKERUNGSDICHTE ZU REGIONALEM EINZUGSGEBIET PRO BANKSTELLE ÜBER DIE KREISE DES LANDES NRW 1976

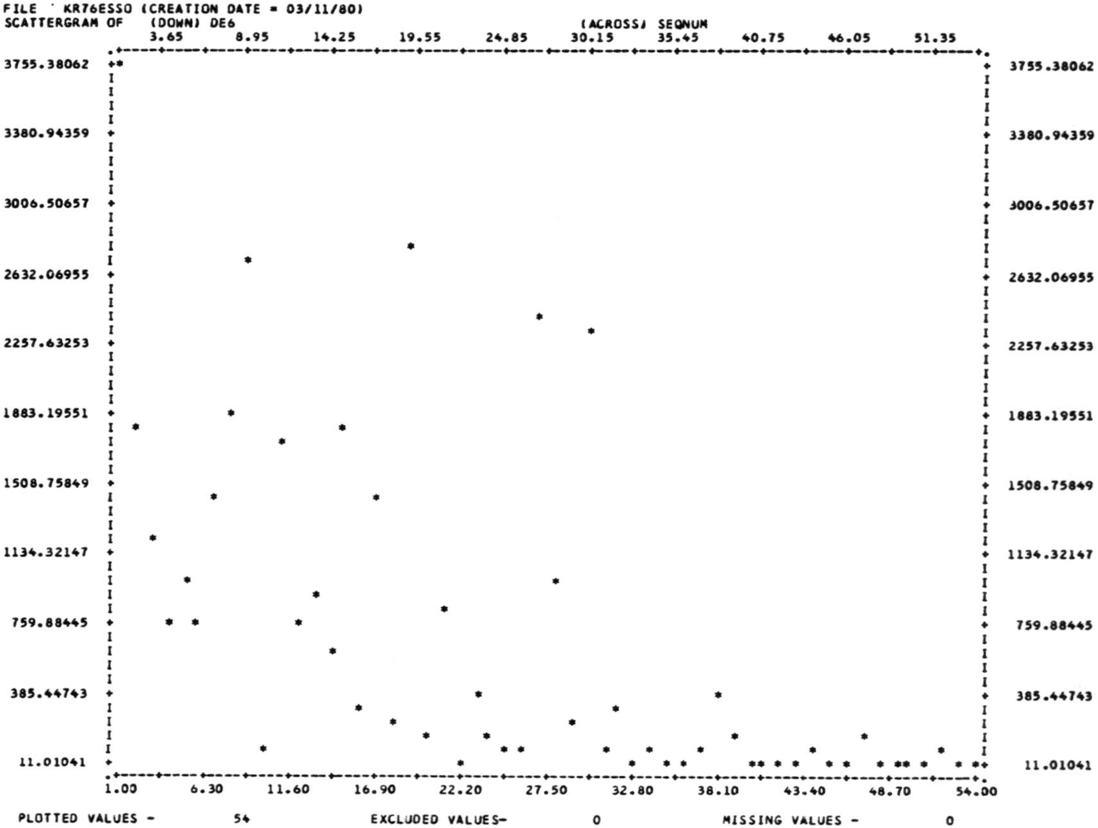

Quelle: In Anhang A und B ausgewiesene Daten, eigene Berechnungen

ABB. 19: DAS VERHÄLTNIS VON BEVÖLKERUNGSDICHTE ZU PERSONELLER BANKSTELLENDICHTE ÜBER DIE KREISE DES LANDES NRW 1976

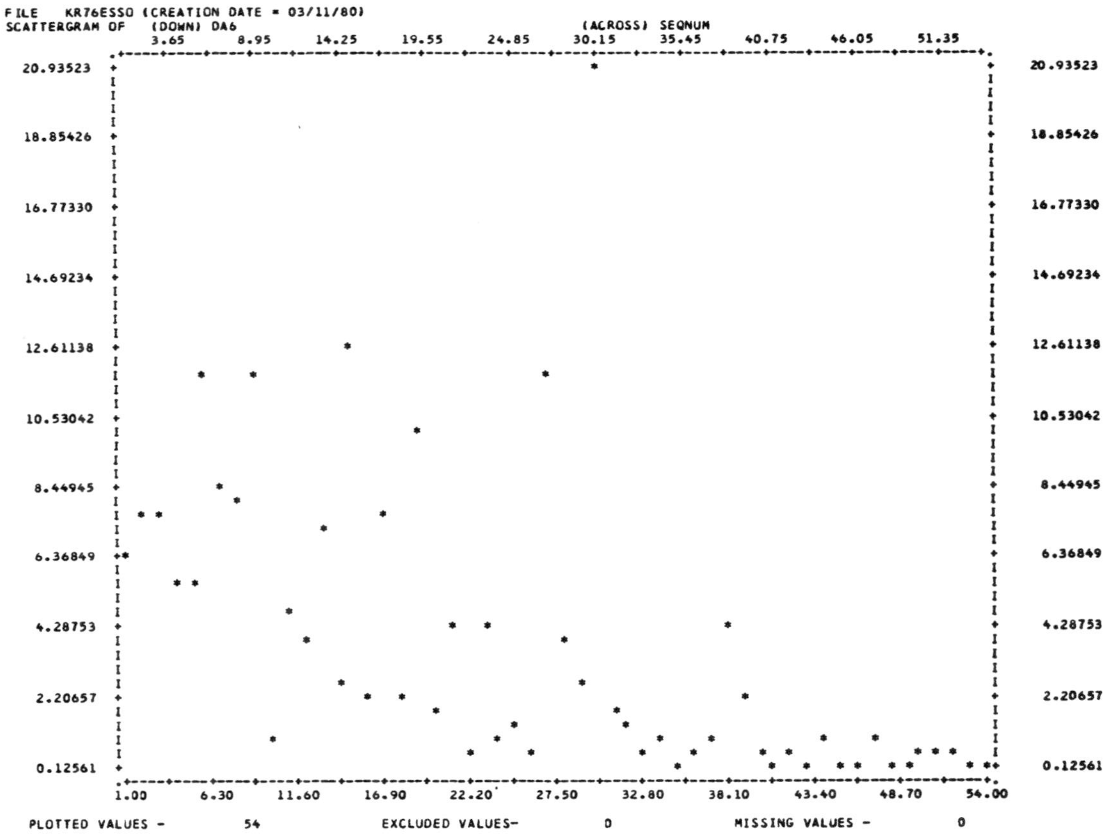

Quelle: In Anhang A und B ausgewiesene Daten, eigene Berechnungen

richtet, während in den Kreisen mit geringer Bevölkerungsdichte eine möglichst dichte Besetzung des Raumes mit Bankstellen aus den obengenannten Gründen eine wichtige Nebenbedingung der Kapazitätsauslastung darstellt. Der geschilderte Sachverhalt läßt sich auch quantitativ anhand der hohen und gut gesicherten negativen Korrelation zwischen den Variablen EF und FB5 bzw. FB6 sowie zwischen EF und BB5 bzw. BB6 belegen (Vgl. Tab. 42 und 43). Die Abbildungen 16 und 18 stellen die Verteilung des Verhältnisses von Bevölkerungsdichte und regionalem Einzugsgebiet der Bankstellen über die Kreise des Landes NRW dar. Analog dazu zeigen die Abbildungen 17 und 19 die Verteilung des Verhältnisses von Bevölkerungsdichte und personeller Bankstellendichte.

c) UNTERSUCHUNG DES GESAMTZUSAMMENHANGS

Zur Analyse des Zusammenhangs von real- und kreditwirtschaftlicher Entwicklung in den Kreisen des Landes NRW ist nicht nur die Beziehung zwischen den einzelnen Indikatoren von Bedeutung, sondern auch die Abhängigkeit, die zwischen den die Entwicklungsstände beschreibenden Globalgrößen besteht. Zur Beschreibung der Gesamtsituation sind zunächst einmal die nach den jeweils 5 ausgewählten Indikatoren ermittelten real- und kreditwirtschaftlichen Bewertungsergebnisse zusammenzufassen. Die Ergebnisse sind für die Jahre 1975 und 1976 jeweils über die vier Zuordnungsverfahren des kreditwirtschaftlichen Bereichs in den Tabellen 44, 45, 48, 49, 52, 53, 56 und 57 nach Kreisen ausgewiesen. Die Kreise sind gemäß der amtlichen Statistik numeriert (zur Numerierung der Kreise vgl. die 1. Liste der Kreisnumerierung). Durch die Addition der Punktwerte der real- und kreditwirtschaftlichen Indikatoren sind nunmehr 11 Bewertungsklassen entstanden. Die höchste Punktzahl ist 10. Sie beschreibt die gemäß beiden Indikatorengruppen am stärksten entwickelten Kreise. Die Klasse mit der Punktzahl 0 enthält die am schwächsten entwickelten Kreise. In den Tabellen 46, 47, 50, 51, 54, 55, 58 und 59 sind die absoluten und relativen Häufigkeiten der Zuordnung zu den einzelnen Bewertungsklassen dargestellt. Dies erfolgt jeweils für die Jahre 1975 und 1976 sowie die unterschiedlichen Gesamtbewertungen aufgrund der vier verschiedenen Zuordnungsverfahren im kreditwirtschaftlichen Sektor. Die Verteilungen der Häufigkeiten der Klassenzuordnung sind in den Abbildungen 20 - 27 graphisch veranschaulicht.

Außer der Addition der real- und kreditwirtschaftlichen Bewertungsergebnisse ist in den Tabellen 44, 45, 48, 49, 52, 53, 56 und 57 die Differenz KV dieser Werte ausgewiesen. Die Differenz zwischen real- und kreditwirtschaftlicher Bewertung gibt - wie eingangs erklärt - die kreditwirtschaftliche Versorgung der Kreise des Landes NRW an. Die kreditwirtschaftliche Versorgung wird aufgrund der Zusammenfassung der real- und kreditwirtschaftlichen Bewertungsergebnisse genau wie der Gesamtentwicklungsstand in 11 Bewertungsklassen gemessen. Die Klasse mit der Punktzahl +5 gibt die stärkste kreditwirtschaftliche Versorgung an. Die Punktzahl -5 repräsentiert die Klasse mit der schwächsten Versorgung. Eigentlich wäre die Klasse mit der Punktzahl 0 diejenige, die die Gleichgewichtssituation von real- und kreditwirtschaftlicher Struktur widerspiegelt und somit eine angemessene kreditwirtschaftliche Versorgung repräsentiert. Da jedoch das Klassifizierungsverfahren grob ist und zudem die Auswahl der kreditwirtschaftlichen Indikatoren so erfolgte, daß sich im Normalfall die zwei mit den Bankstellen gebildeten Indikatoren gegenseitig aufheben (Vgl. dazu Abschnitt B.II.3.b), scheint es sinnvoller, die Klassen mit den Punktzahlen -1, 0 und +1 als Repräsentanten der angemessenen kreditwirtschaftlichen Versorgung anzusehen. Damit ergibt sich ab der Punktzahl -2 eine kreditwirtschaftliche Unter- und ab der Punktzahl +2 eine Überversorgung.

Die absoluten und relativen Häufigkeiten der Zuordnung zu den 11 Klassen der kreditwirtschaftlichen Versorgung sind in den Tabellen 60 bis 67 wiederum für die Jahre 1975 und 1976 jeweils gemäß den vier Zuordnungsverfahren dargestellt. Die entsprechenden Häufigkeitsverteilungen sind aus den Abbildungen 28 bis 35 zu ersehen. Es ergibt sich auch hier wieder eine relativ geringe Abweichung der Ergebnisse über die Jahre und für die Verfahren 1, 3 und 4. Das Verfahren 2 führt wiederum zu merklichen Abweichungen. So liegen gemäß den Verfahren 1, 3

TAB. 44: GESAMTKLASSIFIZIERUNG DER KREISE DES LANDES NRW NACH VERFAHREN 1 FÜR 1975

Indikator / Kreis	RW	KW1	∑	KV1	WS
1	5	4	9	-1	O
2	5	4	9	-1	O
3	5	4	9	-1	O
4	5	2	7	-3	O
5	5	4	9	-1	O
6	5	1	6	-4	1
7	3	4	7	+1	O
8	5	4	9	-1	O
9	5	4	9	-1	O
10	5	4	9	-1	O
11	O	4	4	+4	1
12	4	4	8	±O	1
13	2	2	4	±O	1
14	O	1	1	+1	1
15	O	3	3	+3	1
16	3	4	7	+1	1
17	5	3	8	-2	1
18	5	4	9	-1	O
19	5	2	7	-3	O
20	O	4	4	+4	O
21	O	1	1	+1	O
22	O	1	1	+1	1
23	O	1	1	+1	1
24	O	2	2	+2	1
25	O	1	1	+1	1
26	O	1	1	+1	1
27	O	O	O	±O	1

Indikator / Kreis	RW	KW1	∑	KV1	WS
28	1	1	2	±O	1
29	5	2	7	-3	O
30	3	4	7	+1	1
31	O	2	2	+2	O
32	O	2	2	+2	1
33	1	1	2	±O	1
34	O	2	2	+2	1
35	O	3	3	+3	O
36	5	4	9	-1	O
37	2	3	5	+1	O
38	2	4	6	+2	O
39	O	1	1	+1	1
40	O	1	1	+1	1
41	O	1	1	+1	1
42	O	1	1	+1	1
43	4	3	7	-1	1
44	5	2	7	-3	O
45	5	4	9	-1	O
46	1	4	5	+3	1
47	2	1	3	-1	O
48	3	4	7	+1	O
49	O	3	3	+3	O
50	3	4	7	+1	O
51	O	2	2	+2	O
52	3	4	7	+1	O
53	O	1	1	+1	O
54	O	1	1	+1	1

Quelle: TAB. 1, TAB. 10, in Anhang A ausgewiesene Daten, eigene Berechnungen

TAB. 45: GESAMTKLASSIFIZIERUNG DER KREISE DES LANDES NRW NACH VERFAHREN 2 FÜR 1975

Indikator / Kreis	RW	KW2	∑	KV2	WS
1	5	1	6	-4	0
2	5	1	6	-4	0
3	5	1	6	-4	0
4	5	2	7	-3	0
5	5	3	8	-2	0
6	5	1	6	-4	1
7	3	2	5	-1	0
8	5	2	7	-3	0
9	5	2	7	-3	0
10	5	1	6	-4	0
11	0	3	3	+3	1
12	4	2	6	-2	1
13	2	2	4	±0	1
14	0	1	1	+1	1
15	0	3	3	+3	1
16	3	4	7	+1	1
17	5	3	8	-2	1
18	5	4	9	-1	0
19	5	1	6	-4	0
20	0	5	5	+5	0
21	0	1	1	+1	0
22	0	1	1	+1	1
23	0	3	3	+3	1
24	0	3	3	+3	1
25	0	2	2	+2	1
26	0	2	2	+2	1
27	0	0	0	±0	1
28	1	1	2	±0	1
29	5	2	7	-3	0
30	3	4	7	+1	1
31	0	3	3	+3	0
32	0	4	4	+4	1
33	1	2	3	+1	1
34	0	2	2	+2	1
35	0	4	4	+4	0
36	5	3	8	-2	0
37	2	4	6	+2	0
38	2	5	7	+3	0
39	0	3	3	+3	1
40	0	2	2	+2	1
41	0	3	3	+3	1
42	0	2	2	+2	1
43	4	1	5	-3	1
44	5	2	7	-3	0
45	5	2	7	-3	0
46	1	5	6	+4	1
47	2	1	3	-1	0
48	3	3	6	±0	0
49	0	4	4	+4	0
50	3	3	6	±0	0
51	0	4	4	+4	0
52	3	4	7	+1	0
53	0	3	3	+3	0
54	0	1	1	+1	1

Quelle: TAB. 1, TAB. 11, in Anhang A ausgewiesene Daten, eigene Berechnungen

TAB. 46: GESAMTSITUATION IN DEN KREISEN DES LANDES NRW NACH VERFAHREN 1 FÜR 1975

Klasse	Häufigkeit absolut	Häufigkeit relativ (in %)
10	0	0
9	10	18,52
8	2	3,70
7	9	16,67
6	4	7,41
5	2	3,70
4	3	5,56
3	4	7,41
2	7	12,96
1	12	22,22
0	1	1,85
∑	54	100,00

Quelle: TAB. 44, eigene Berechnungen

ABB. 20: VERTEILUNG DER KLASSENHÄUFIGKEITEN NACH DER GESAMTSITUATION IN DEN KREISEN DES LANDES NRW 1975 NACH VERFAHREN 1

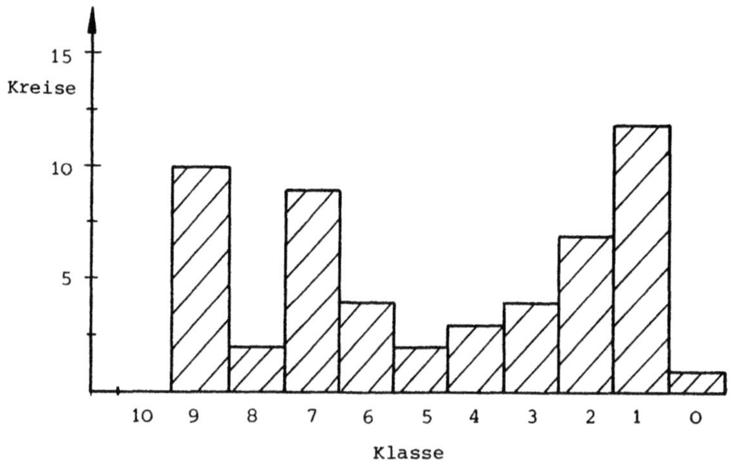

Quelle: TAB. 46

TAB. 47: GESAMTSITUATION IN DEN KREISEN DES LANDES NRW NACH VERFAHREN 2 FÜR 1975

Klasse	Häufigkeit absolut	Häufigkeit relativ (in %)
10	0	0
9	1	1,85
8	3	5,56
7	10	18,52
6	11	20,37
5	3	5,56
4	5	9,26
3	10	18,52
2	6	11,11
1	4	7,41
0	1	1,85
∑	54	100,00

Quelle: TAB. 45, eigene Berechnungen

ABB. 21: VERTEILUNG DER KLASSENHÄUFIGKEITEN NACH DER GESAMTSITUATION IN DEN KREISEN DES LANDES NRW 1975 NACH VERFAHREN 2

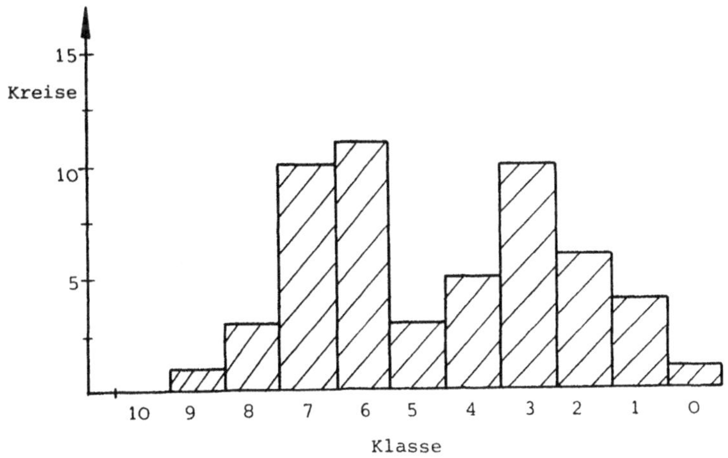

Quelle: TAB. 47

TAB. 48: GESAMTKLASSIFIZIERUNG DER KREISE DES LANDES NRW NACH VERFAHREN 3 FÜR 1975

Indikator / Kreis	RW	KW3	∑	KV3	WS
1	5	4	9	-1	O
2	5	4	9	-1	O
3	5	4	9	-1	O
4	5	3	8	-2	O
5	5	4	9	-1	O
6	5	4	9	-1	1
7	3	4	7	+1	O
8	5	4	9	-1	O
9	5	4	9	-1	O
10	5	4	9	-1	O
11	O	1	1	+1	1
12	4	4	8	±O	1
13	2	1	3	-1	1
14	O	O	O	±O	1
15	O	1	1	+1	1
16	3	4	7	+1	1
17	5	3	8	-2	1
18	5	4	9	-1	O
19	5	4	9	-1	O
20	O	4	4	+4	O
21	O	1	1	+1	O
22	O	1	1	+1	1
23	O	1	1	+1	1
24	O	2	2	+2	1
25	O	1	1	+1	1
26	O	1	1	+1	1
27	O	O	O	±O	1

Indikator / Kreis	RW	KW3	∑	KV3	WS
28	1	1	2	±O	1
29	5	2	7	-3	O
30	3	4	7	+1	1
31	O	2	2	+2	O
32	O	2	2	+2	1
33	1	1	2	±O	1
34	O	2	2	+2	1
35	O	2	2	+2	O
36	5	4	9	-1	O
37	2	1	3	-1	O
38	2	4	6	+2	O
39	O	1	1	+1	1
40	O	1	1	+1	1
41	O	1	1	+1	1
42	O	1	1	+1	1
43	4	4	8	±O	1
44	5	3	8	-2	O
45	5	4	9	-1	O
46	1	3	4	+2	1
47	2	3	5	+1	O
48	3	3	6	±O	O
49	O	2	2	+2	O
50	3	2	5	-1	O
51	O	2	2	+2	O
52	3	2	5	-1	O
53	O	1	1	+1	O
54	O	1	1	+1	1

Quelle: TAB. 1, TAB. 12, in Anhang A ausgewiesene Daten, eigene Berechnungen

TAB. 49: GESAMTKLASSIFIZIERUNG DER KREISE DES LANDES NRW NACH VERFAHREN 4 FÜR 1975

Indikator / Kreis	RW	KW4	∑	KV4	WS
1	5	4	9	-1	0
2	5	4	9	-1	0
3	5	4	9	-1	0
4	5	3	8	-2	0
5	5	4	9	-1	0
6	5	3	8	-2	1
7	3	4	7	+1	0
8	5	4	9	-1	0
9	5	4	9	-1	0
10	5	4	9	-1	0
11	0	1	1	+1	1
12	4	4	8	±0	1
13	2	2	4	±0	1
14	0	0	0	±0	1
15	0	2	2	+2	1
16	3	4	7	+1	1
17	5	3	8	-2	1
18	5	4	9	-1	0
19	5	4	9	-1	0
20	0	4	4	+4	0
21	0	1	1	+1	0
22	0	1	1	+1	1
23	0	1	1	+1	1
24	0	2	2	+2	1
25	0	1	1	+1	1
26	0	1	1	+1	1
27	0	0	0	±0	1
28	1	1	2	±0	1
29	5	3	8	-2	0
30	3	4	7	+1	1
31	0	2	2	+2	0
32	0	2	2	+2	1
33	1	1	2	±0	1
34	0	2	2	+2	1
35	0	2	2	+2	0
36	5	4	9	-1	0
37	2	1	3	-1	0
38	2	4	6	+2	0
39	0	1	1	+1	1
40	0	1	1	+1	1
41	0	1	1	+1	1
42	0	1	1	+1	1
43	4	4	8	±0	1
44	5	3	8	-2	0
45	5	4	9	-1	0
46	1	3	4	+2	1
47	2	3	5	+1	0
48	3	4	7	+1	0
49	0	2	2	+2	0
50	3	2	5	-1	0
51	0	2	2	+2	0
52	3	2	5	-1	0
53	0	1	1	+1	0
54	0	1	1	+1	1

Quelle: TAB. 1, TAB. 13, in Anhang A ausgewiesene Daten, eigene Berechnungen

TAB. 50: GESAMTSITUATION IN DEN KREISEN DES LANDES NRW NACH VERFAHREN 3 FÜR 1975

Klasse	Häufigkeit absolut	Häufigkeit relativ (in %)
10	0	0
9	12	22,22
8	5	9,26
7	4	7,41
6	2	3,71
5	3	5,55
4	2	3,71
3	2	3,71
2	9	16,67
1	13	24,07
0	2	3,70
Σ	54	100,00

Quelle: TAB. 48, eigene Berechnungen

ABB. 22: VERTEILUNG DER KLASSENHÄUFIGKEITEN NACH DER GESAMTSITUATION IN DEN KREISEN DES LANDES NRW 1975 NACH VERFAHREN 3

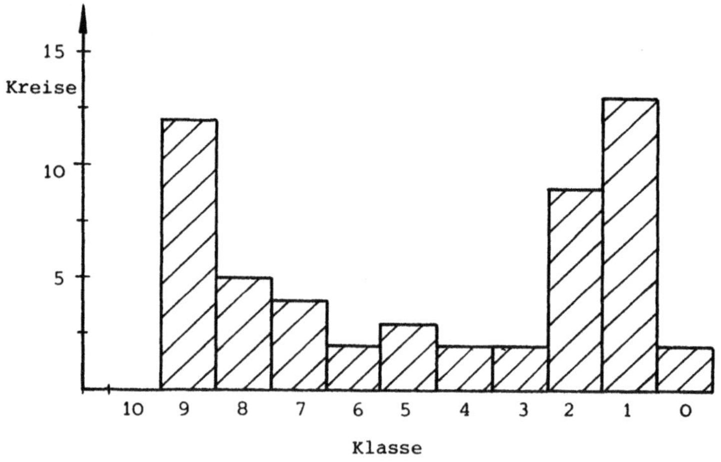

Quelle: TAB. 50

TAB. 51: GESAMTSITUATION IN DEN KREISEN DES LANDES NRW NACH VERFAHREN 4 FÜR 1975

Klasse	Häufigkeit absolut	relativ (in %)
10	0	0
9	11	20,37
8	7	12,96
7	4	7,41
6	1	1,85
5	3	5,55
4	3	5,55
3	1	1,85
2	10	18,52
1	12	22,22
0	2	3,71
∑	54	100,00

Quelle: TAB. 49, eigene Berechnungen

ABB. 23: VERTEILUNG DER KLASSENHÄUFIGKEITEN NACH DER GESAMT-SITUATION IN DEN KREISEN DES LANDES NRW 1975 NACH VERFAHREN 4

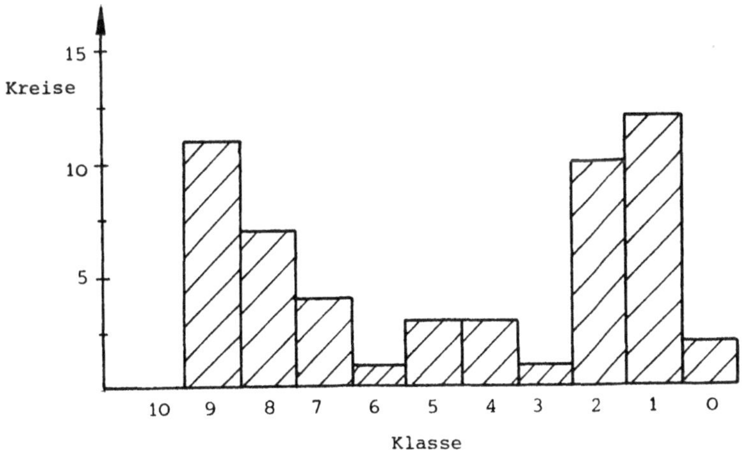

Quelle: TAB. 51

TAB. 52: GESAMTKLASSIFIZIERUNG DER KREISE DES LANDES NRW NACH VERFAHREN 1 FÜR 1976

Indikator / Kreis	RW	KW 1	Σ	KV1	WS
1	5	4	9	-1	0
2	5	4	9	-1	0
3	5	4	9	-1	0
4	5	2	7	-3	0
5	4	4	8	±0	0
6	4	2	6	-2	0
7	3	4	7	+1	0
8	5	4	9	-1	0
9	4	4	8	±0	0
10	5	4	9	-1	0
11	0	4	4	+4	1
12	3	3	6	±0	1
13	2	2	4	±0	1
14	0	0	0	±0	1
15	0	2	2	+2	1
16	3	4	7	+1	1
17	5	3	8	-2	1
18	5	4	9	-1	0
19	5	3	8	-2	0
20	0	4	4	+4	0
21	0	1	1	+1	1
22	0	1	1	+1	1
23	0	1	1	+1	1
24	0	2	2	+2	1
25	0	1	1	+1	1
26	0	1	1	+1	1
27	0	0	0	±0	1

Indikator / Kreis	RW	KW 1	Σ	KV1	WS
28	1	1	2	±0	0
29	5	2	7	-3	0
30	3	4	7	+1	1
31	0	2	2	+2	1
32	0	2	2	+2	1
33	0	1	1	+1	1
34	0	2	2	+2	1
35	0	3	3	+3	0
36	5	3	8	-2	0
37	2	3	5	+1	1
38	2	4	6	+2	0
39	0	1	1	+1	1
40	0	1	1	+1	1
41	0	1	1	+1	1
42	0	1	1	+1	1
43	5	3	8	-2	1
44	5	2	7	-3	0
45	5	4	9	-1	0
46	1	4	5	+3	0
47	2	2	4	±0	0
48	3	4	7	+1	0
49	0	2	2	+2	0
50	3	3	6	±0	0
51	0	2	2	+2	0
52	3	3	6	±0	0
53	0	1	1	+1	0
54	0	1	1	+1	1

Quelle: TAB. 2, TAB. 18, in Anhang A ausgewiesene Daten, eigene Berechnungen

TAB. 53: GESAMTKLASSIFIZIERUNG DER KREISE DES LANDES NRW NACH VERFAHREN 2 FÜR 1976

Indikator / Kreis	RW	KW2	∑	KV2	WS
1	5	2	7	-3	0
2	5	1	6	-4	0
3	5	1	6	-4	0
4	5	2	7	-3	0
5	4	4	8	±0	0
6	4	2	6	-2	0
7	3	2	5	-1	0
8	5	3	8	-2	0
9	4	2	6	-2	0
10	5	1	6	-4	0
11	0	3	3	+3	1
12	3	2	5	-1	1
13	2	2	4	±0	1
14	0	0	0	±0	1
15	0	2	2	+2	1
16	3	3	6	±0	1
17	5	3	8	-2	1
18	5	4	9	-1	0
19	5	1	6	-4	0
20	0	5	5	+5	0
21	0	1	1	+1	1
22	0	1	1	+1	1
23	0	3	3	+3	1
24	0	3	3	+3	1
25	0	2	2	+2	1
26	0	2	2	+2	1
27	0	0	0	±0	1
28	1	1	2	±0	0
29	5	2	7	-3	0
30	3	4	7	+1	1
31	0	3	3	+3	1
32	0	3	3	+3	1
33	0	1	1	+1	1
34	0	2	2	+2	1
35	0	4	4	+4	0
36	5	3	8	-2	0
37	2	4	6	+2	1
38	2	5	7	+3	0
39	0	2	2	+2	1
40	0	2	2	+2	1
41	0	3	3	+3	1
42	0	3	3	+3	1
43	5	2	7	-3	1
44	5	2	7	-3	0
45	5	1	6	-4	0
46	1	5	6	+4	0
47	2	1	3	-1	0
48	3	3	6	±0	0
49	0	4	4	+4	0
50	3	3	6	±0	0
51	0	4	4	+4	0
52	3	4	7	+1	0
53	0	3	3	+3	0
54	0	1	1	+1	1

Quelle: TAB. 2, TAB. 18, in Anhang A ausgewiesene Daten, eigene Berechnungen

TAB. 54: GESAMTSITUATION IN DEN KREISEN DES LANDES NRW NACH VERFAHREN 1 FÜR 1976

Klasse	Häufigkeit absolut	Häufigkeit relativ (in %)
10	0	0
9	7	12,96
8	6	11,11
7	7	12,96
6	5	9,26
5	2	3,71
4	4	7,41
3	1	1,85
2	8	14,81
1	12	22,22
0	2	3,71
∑	54	100,00

Quelle: TAB. 52, eigene Berechnungen

ABB. 24: VERTEILUNG DER KLASSENHÄUFIGKEITEN NACH DER GESAMTSITUATION IN DEN KREISEN DES LANDES NRW 1976 NACH VERFAHREN 1

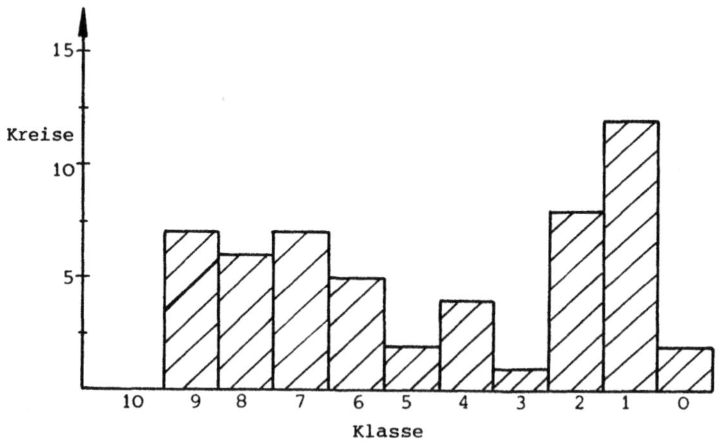

Quelle: TAB. 54

TAB. 55: GESAMTSITUATION IN DEN KREISEN DES LANDES NRW NACH VERFAHREN 2 FÜR 1976

Klasse	Häufigkeit absolute	Häufigkeit relative (in %)
10	0	0
9	1	1,85
8	4	7,41
7	8	14,81
6	12	22,22
5	3	5,55
4	4	7,41
3	9	16,67
2	7	12,96
1	4	7,41
0	2	3,71
∑	54	100,00

Quelle: TAB. 53, eigene Berechnungen

ABB. 25: VERTEILUNG DER KLASSENHÄUFIGKEITEN NACH DER GESAMTSITUATION IN DEN KREISEN DES LANDES NRW 1976 NACH VERFAHREN 2

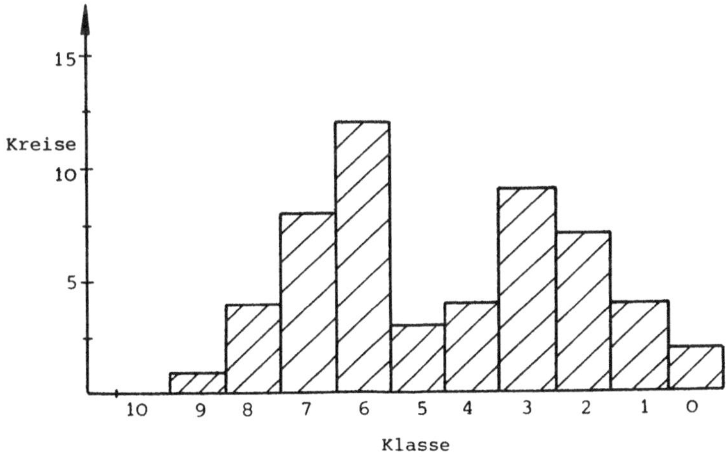

Quelle: TAB. 55

TAB. 56: GESAMTKLASSIFIZIERUNG DER KREISE DES LANDES NRW NACH VERFAHREN 3 FÜR 1976

Indikator / Kreis	RW	KW3	∑	KV3	WS	Indikator / Kreis	RW	KW3	∑	KV3	WS
1	5	4	9	-1	0	28	1	1	2	±0	0
2	5	4	9	-1	0	29	5	2	7	-3	0
3	5	4	9	-1	0	30	3	4	7	+1	1
4	5	3	8	-2	0	31	0	2	2	+2	1
5	4	4	8	±0	0	32	0	2	2	+2	1
6	4	3	7	-1	0	33	0	1	1	+1	1
7	3	4	7	+1	0	34	0	2	2	+2	1
8	5	4	9	-1	0	35	0	2	2	+2	0
9	4	4	8	±0	0	36	5	4	9	-1	0
10	5	4	9	-1	0	37	2	1	3	-1	1
11	0	1	1	+1	1	38	2	4	6	+2	0
12	3	4	7	+1	1	39	0	1	1	+1	1
13	2	1	3	-1	1	40	0	1	1	+1	1
14	0	0	0	±0	1	41	0	1	1	+1	1
15	0	1	1	+1	1	42	0	1	1	+1	1
16	3	4	7	+1	1	43	5	4	9	-1	1
17	5	3	8	-2	1	44	5	2	7	-3	0
18	5	4	9	-1	0	45	5	4	9	-1	0
19	5	4	9	-1	0	46	1	4	6	+3	0
20	0	4	4	+4	0	47	2	2	4	±0	0
21	0	1	1	+1	1	48	3	3	6	±0	0
22	0	0	0	±0	1	49	0	2	2	+2	0
23	0	1	1	+1	1	50	3	2	5	-1	0
24	0	2	2	+2	1	51	0	2	2	+2	0
25	0	1	1	+1	1	52	3	2	5	-1	0
26	0	1	1	+1	1	53	0	1	1	+1	0
27	0	0	0	±0	1	54	0	1	1	+1	1

Quelle: TAB. 2, TAB. 20, in Anhang A ausgewiesene Daten, eigene Berechnungen

TAB. 57: GESAMTKLASSIFIZIERUNG DER KREISE DES LANDES NRW NACH VERFAHREN 4 FÜR 1976

Indikator / Kreis	RW	KW4	∑	KV4	WS
1	5	4	9	-1	0
2	5	4	9	-1	0
3	5	4	9	-1	0
4	5	3	8	-2	0
5	4	4	8	±0	0
6	4	3	7	-1	0
7	3	4	7	+1	0
8	5	4	9	-1	0
9	4	4	8	±0	0
10	5	4	9	-1	0
11	0	1	1	+1	1
12	3	4	7	+1	1
13	2	1	3	-1	1
14	0	0	0	±0	1
15	0	1	1	+1	1
16	3	4	7	+1	1
17	5	3	8	-2	1
18	5	4	9	-1	0
19	5	4	9	-1	0
20	0	4	4	+4	0
21	0	1	1	+1	1
22	0	1	1	+1	1
23	0	1	1	+1	1
24	0	2	2	+2	1
25	0	1	1	+1	1
26	0	1	1	+1	1
27	0	0	0	±0	1
28	1	1	2	±0	0
29	5	3	8	-2	0
30	3	4	7	+1	1
31	0	2	2	+2	1
32	0	2	2	+2	1
33	0	1	1	+1	1
34	0	2	2	+2	1
35	0	2	2	+2	0
36	5	4	9	-1	0
37	2	1	3	-1	1
38	2	4	6	+2	0
39	0	1	1	+1	1
40	0	1	1	+1	1
41	0	1	1	+1	1
42	0	1	1	+1	1
43	5	4	9	-1	1
44	5	3	8	-2	0
45	5	4	9	-1	0
46	1	4	5	+3	0
47	2	2	4	±0	0
48	3	4	7	+1	0
49	0	2	2	+2	0
50	3	3	6	±0	0
51	0	2	2	+2	0
52	3	2	5	-1	0
53	0	1	1	+1	0
54	0	1	1	+1	1

Quelle: TAB. 2, TAB. 21, in Anhang A ausgewiesene Daten, eigene Berechnungen

TAB. 58: GESAMTSITUATION IN DEN KREISEN DES LANDES NRW NACH VERFAHREN 3 FÜR 1976

Klasse	Häufigkeit absolute	Häufigkeit relative (in %)
10	0	0
9	10	18,52
8	4	7,41
7	7	12,96
6	3	5,55
5	2	3,71
4	2	3,71
3	2	3,71
2	8	14,81
1	13	24,07
0	3	5,55
∑	54	100,00

Quelle: TAB. 56, eigene Berechnungen

ABB. 26: VERTEILUNG DER KLASSENHÄUFIGKEITEN NACH DER GESAMTSITUATION IN DEN KREISEN DES LANDES NRW 1976 NACH VERFAHREN 3

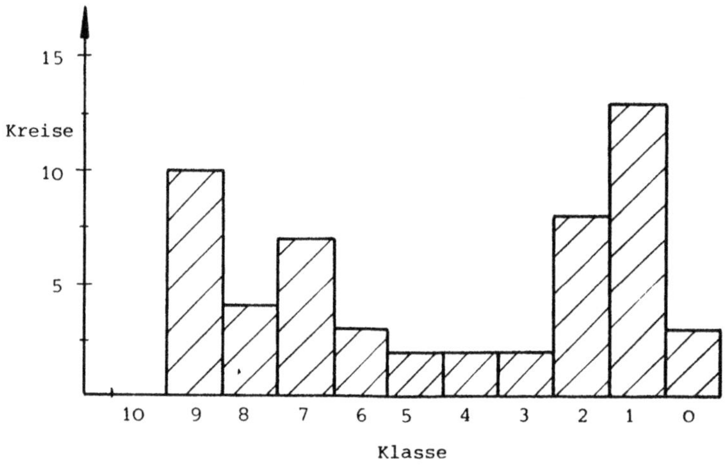

Quelle: TAB. 58

TAB. 59: GESAMTSITUATION IN DEN KREISEN DES LANDES NRW NACH VERFAHREN 4 FÜR 1976

Klasse	Häufigkeit absolute	Häufigkeit relative (in %)
10	0	0
9	10	18,52
8	6	11,11
7	6	11,11
6	2	3,71
5	2	3,71
4	2	3,71
3	2	3,71
2	8	14,81
1	14	25,92
0	2	3,71
∑	54	100,00

Quelle: TAB. 57, eigene Berechnungen

ABB. 27: VERTEILUNG DER KLASSENHÄUFIGKEITEN NACH DER GESAMTSITUATION IN DEN KREISEN DES LANDES NRW 1976 NACH VERFAHREN 4

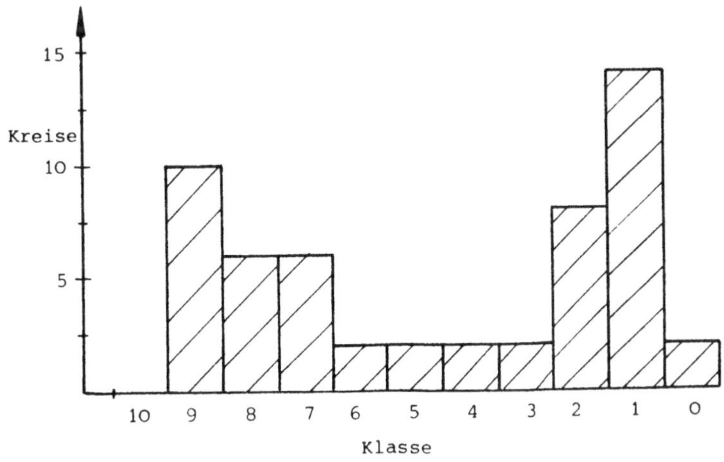

Quelle: TAB. 59

und 4 nur wenige Kreise in den Bereichen der kreditwirtschaftlichen Über- und Unterversorgung. Das Verfahren 2 weist hingegen eine stärkere Besetzung dieser beiden Bereiche und damit eine wesentlich geringere Anzahl von kreditwirtschaftlich angemessen versorgten Kreisen aus.

Der qualitative Zusammenhang der real- und kreditwirtschaftlichen Gesamtgrößen wurde wiederum mit Hilfe von Kontingenz-Tests untersucht. Die gemäß der Klassifizierung über- und unterdurchschnittliche kredit- bzw. realwirtschaftliche Entwicklung aufgestellten Vierfeldertafeln und die entsprechenden X^2 und ϕ- Werte sind für die beiden Jahre 1975 und 1976 getrennt nach den vier Zuordnungsverfahren in den Tabellen 68 - 75 dargestellt. Es zeigt sich, daß der qualitative Zusammenhang der real- und kreditwirtschaftlichen Gesamtgrößen mit einer Irrtumswahrscheinlichkeit unter 0,1 % statistisch signifikant ist. Lediglich gemäß des Verfahrens 2 ergibt sich für beide Jahre kein signifikanter statistischer Zusammenhang. Zudem läßt sich feststellen, daß der Zusammenhang nach den Verfahren 1 und 4 im Jahre 1976 stärker ist als 1975. Der stärkste Zusammenhang ergibt sich nach den Verfahren 3 und 4.

Die Ergebnisse der Kontingenz-Tests lassen sich als ein grobes Überprüfungsverfahren des kreditwirtschaftlichen Versorgungsgrades interpretieren. Da in den Feldern der Kontingenztafeln jeweils die Anzahl der Kreise mit den verschiedenen Kombinationen unterdurchschnittlicher (0 - 2) und überdurchschnittlicher (3 - 5) Klassenwerte aufgeführt sind, ergibt sich für die einzelnen Felder folgender Informationsgehalt:

1. Das Feld links oben enthält die Anzahl der Kreise mit unterdurchschnittlichem realwirtschaftlichen und kreditwirtschaftlichen Entwicklungsstand. Es sind dies die Kreise mit einem auf niedrigem Niveau angemessenen oder schwach über- bzw. unterdurchschnittlichen Versorgungsgrad (zwischen -2 und +2).

2. Das Feld rechts unten enthält die Anzahl der Kreise mit überdurchschnittlichem realwirtschaftlichen und kreditwirt-

TAB. 60: KREDITWIRTSCHAFTLICHE VERSORGUNG IN DEN KREISEN DES LANDES NRW NACH VERFAHREN 1 FÜR 1975

Klasse	Häufigkeit absolut	Häufigkeit relativ (in %)
-5	0	0
-4	1	1,85
-3	4	7,41
-2	1	1,85
-1	12	22,22
0	7	12,96
+1	17	31,48
+2	6	11,11
+3	4	7,41
+4	2	3,71
+5	0	0
∑	54	100,00

Quelle: TAB. 44, eigene Berechnungen

ABB. 28: VERTEILUNG DER KLASSENHÄUFIGKEITEN BEI DER KREDITWIRTSCHAFTLICHEN VERSORGUNG IN DEN KREISEN DES LANDES NRW 1975 NACH VERFAHREN 1

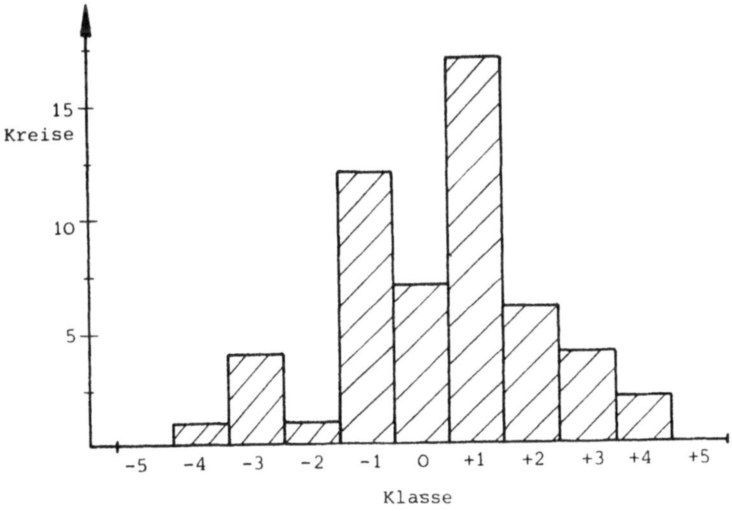

Quelle: TAB. 60

TAB. 61: KREDITWIRTSCHAFTLICHE VERSORGUNG IN DEN KREISEN DES LANDES NRW NACH VERFAHREN 2 FÜR 1975

Kreise	Häufigkeit absolut	Häufigkeit relativ (in %)
-5	O	O
-4	6	11,11
-3	7	12,96
-2	4	7,41
-1	3	5,55
O	5	9,26
+1	8	14,81
+2	6	11,11
+3	9	16,67
+4	5	9,26
+5	1	1,85
∑	54	100,00

Quelle: TAB. 45, eigene Berechnungen

ABB. 29: VERTEILUNG DER KLASSENHÄUFIGKEITEN BEI DER KREDITWIRTSCHAFTLICHEN VERSORGUNG IN DEN KREISEN DES LANDES NRW 1975 NACH VERFAHREN 2

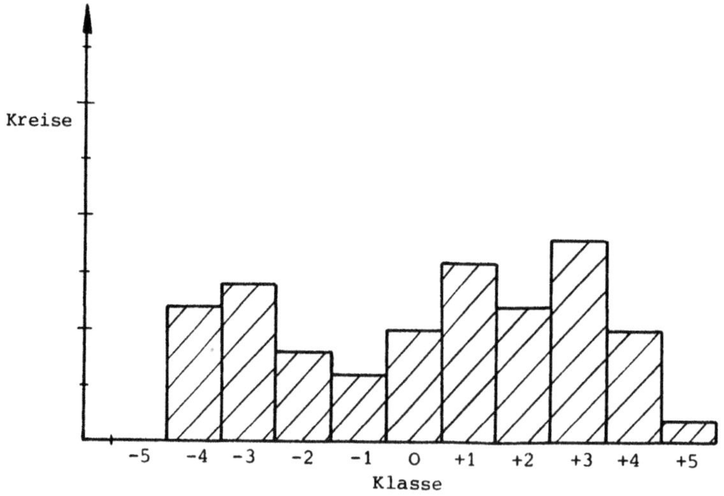

Quelle: TAB. 61

TAB. 62: KREDITWIRTSCHAFTLICHE VERSORGUNG IN DEN KREISEN DES LANDES NRW NACH VERFAHREN 3 FÜR 1975

Klasse	Häufigkeit absolut	relativ (in %)
-5	0	0
-4	0	0
-3	1	1,85
-2	3	5,55
-1	17	31,48
0	6	11,11
1	17	31,48
2	9	16,67
3	0	0
4	1	1,85
5	0	0
∑	54	100,00

Quelle: TAB. 48, eigene Berechnungen

ABB. 30: VERTEILUNG DER KLASSENHÄUFIGKEITEN BEI DER KREDITWIRTSCHAFTLICHEN VERSORGUNG IN DEN KREISEN DES LANDES NRW 1975 NACH VERFAHREN 3

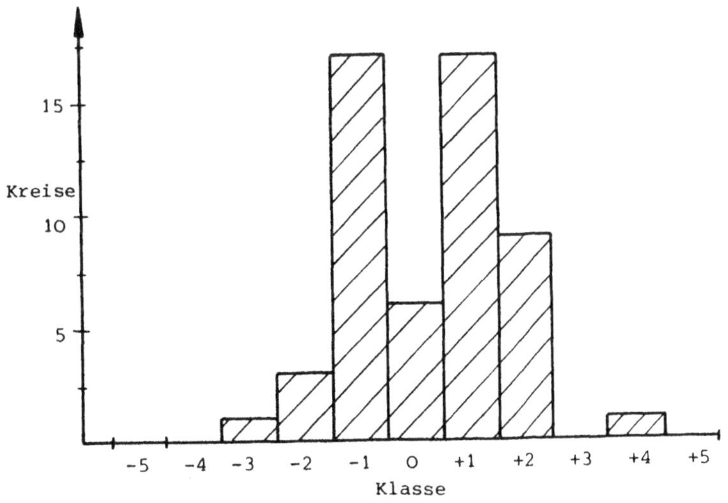

Quelle: TAB. 62

TAB. 63: KREDITWIRTSCHAFTLICHE VERSORGUNG IN DEN KREISEN DES LANDES NRW NACH VERFAHREN 4 FÜR 1975

Klasse	Häufigkeit absolut	Häufigkeit relativ (in %)
-5	0	0
-4	0	0
-3	0	0
-2	5	9,26
-1	14	25,92
0	7	12,96
1	17	31,48
2	10	18,52
3	0	0
4	1	1,85
5	0	0
$\sum$	54	100,00

Quelle: TAB. 49, eigene Berechnungen

ABB. 31: VERTEILUNG DER KLASSENHÄUFIGKEITEN BEI DER KREDITWIRTSCHAFTLICHEN VERSORGUNG IN DEN KREISEN DES LANDES NRW 1975 NACH VERFAHREN 4

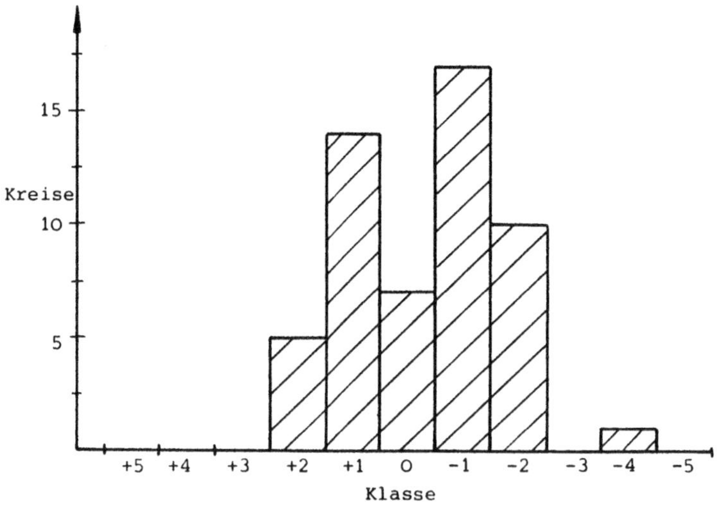

Quelle: TAB. 63

TAB. 64: KREDITWIRTSCHAFTLICHE VERSORGUNG IN DEN KREISEN DES LANDES NRW NACH VERFAHREN 1 FÜR 1976

Klasse	Häufigkeit absolut	Häufigkeit relativ (in %)
-5	0	0
-4	0	0
-3	3	5,55
-2	5	9,26
-1	7	12,96
0	10	18,52
1	17	31,48
2	8	14,81
3	2	3,71
4	2	3,71
5	0	0
∑	54	100,00

Quelle: TAB. 52, eigene Berechnungen

ABB. 32: VERTEILUNG DER KLASSENHÄUFIGKEITEN BEI DER KREDITWIRTSCHAFTLICHEN VERSORGUNG IN DEN KREISEN DES LANDES NRW 1976 NACH VERFAHREN 1

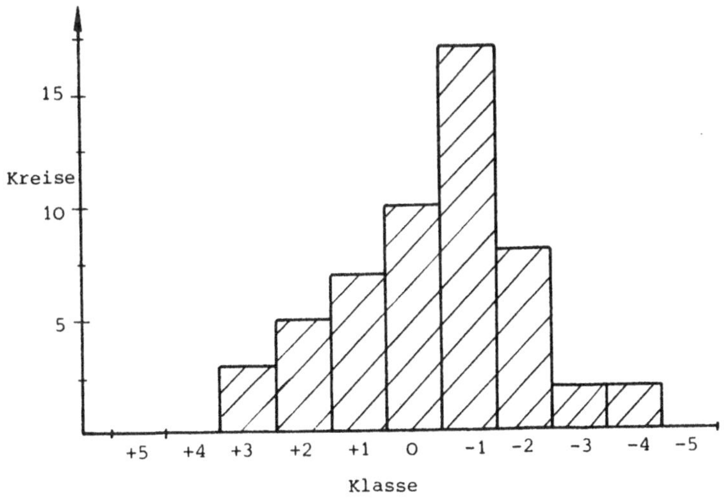

Quelle: TAB. 64

TAB. 65: KREDITWIRTSCHAFTLICHE VERSORGUNG IN DEN KREISEN DES LANDES NRW NACH VERFAHREN 2 FÜR 1976

Klasse	Häufigkeit absolut	Häufigkeit relativ (in %)
-5	0	0
-4	5	9,26
-3	5	9,26
-2	5	9,26
-1	4	7,41
0	8	14,81
1	6	11,11
2	7	12,96
3	9	16,67
4	4	7,41
5	1	1,85
Σ	54	100,00

Quelle: TAB. 53, eigene Berechnungen

ABB. 33: VERTEILUNG DER KLASSENHÄUFIGKEITEN BEI DER KREDITWIRTSCHAFTLICHEN VERSORGUNG IN DEN KREISEN DES LANDES NRW 1976 NACH VERFAHREN 2

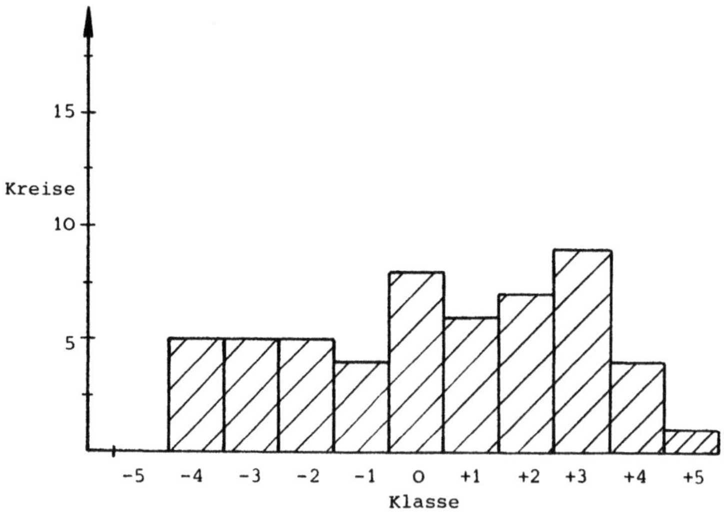

Quelle: TAB. 65

TAB. 66: KREDITWIRTSCHAFTLICHE VERSORGUNG IN DEN KREISEN DES LANDES NRW NACH VERFAHREN 3 FÜR 1976

Klasse	Häufigkeit absolut	Häufigkeit relativ (in %)
-5	0	0
-4	0	0
-3	2	3,71
-2	2	3,71
-1	15	27,78
0	8	14,81
1	17	31,48
2	8	14,81
3	1	1,85
4	1	1,85
5	0	0
∑	54	100,00

Quelle: TAB. 56, eigene Berechnungen

ABB. 34: VERTEILUNG DER KLASSENHÄUFIGKEITEN BEI DER KREDITWIRTSCHAFTLICHEN VERSORGUNG IN DEN KREISEN DES LANDES NRW 1976 NACH VERFAHREN 3

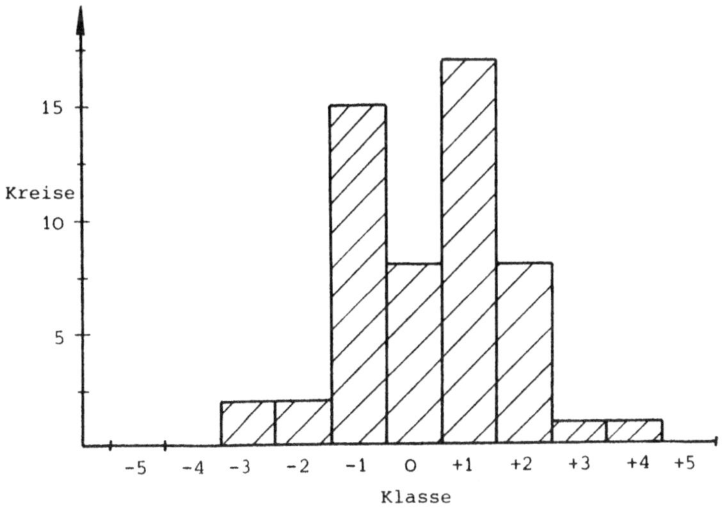

Quelle: TAB. 66

TAB. 67: KREDITWIRTSCHAFTLICHE VERSORGUNG IN DEN KREISEN DES LANDES NRW NACH VERFAHREN 4 FÜR 1976

Klasse	Häufigkeit absolut	Häufigkeit relativ (in %)
-5	0	0
-4	0	0
-3	0	0
-2	4	7,41
-1	14	25,92
0	7	12,96
1	19	35,18
2	8	14,81
3	1	1,85
4	1	1,85
5	0	0
∑	54	100,00

Quelle: TAB. 57, eigene Berechnungen

ABB. 35: VERTEILUNG DER KLASSENHÄUFIGKEITEN BEI DER KREDITWIRTSCHAFTLICHEN VERSORGUNG IN DEN KREISEN DES LANDES NRW 1976 NACH VERFAHREN 4

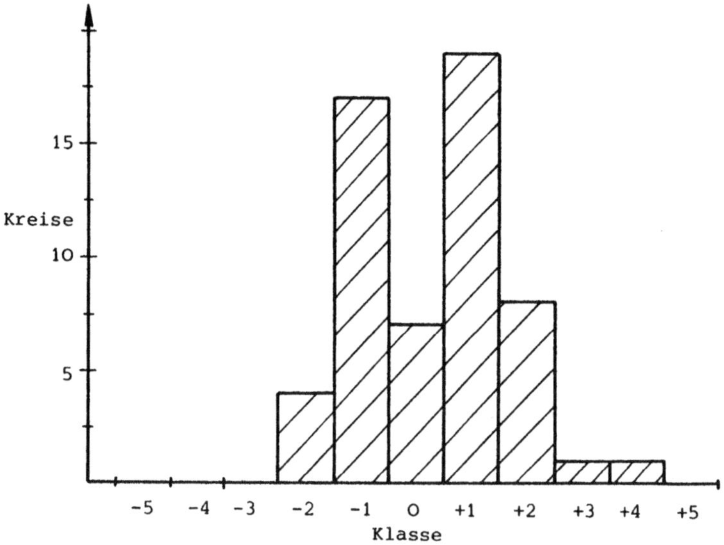

Quelle: TAB. 67

TAB. 68: KONTINGENZ-TEST DES ZUSAMMENHANGS VON REAL- UND KREDITWIRTSCHAFTLICHER SITUATION NACH VERFAHREN 1 FÜR 1975

Realwirtschaft \ Kreditwirtschaft	0	1	
0	22	8	30
1	5	19	24
	27	27	54

$\chi^2 = 14{,}7$

$\phi = 0{,}5217$

Quelle: TAB. 1, TAB. 10, eigene Berechnungen

TAB. 69: KONTINGENZ-TEST DES ZUSAMMENHANGS VON REAL- UND KREDITWIRTSCHAFTLICHER SITUATION NACH VERFAHREN 2 FÜR 1975

Realwirtschaft \ Kreditwirtschaft	0	1	
0	14	16	30
1	15	9	24
	29	25	54

$\chi^2 = 1{,}344$

$\phi = -0{,}1578$

Quelle: TAB. 1, TAB. 11, eigene Berechnungen

TAB. 70: KONTINGENZ-TEST DES ZUSAMMENHANGS VON REAL- UND KREDITWIRTSCHAFTLICHER SITUATION NACH VERFAHREN 3 FÜR 1975

Realwirtschaft \ Kreditwirtschaft	0	1	
0	26	4	30
1	3	21	24
	29	25	54

$\chi^2 = 29{,}499$

$\phi = 0{,}7391$

Quelle: TAB. 1, TAB. 12, eigene Berechnungen

TAB. 71: KONTINGENZ-TEST DES ZUSAMMENHANGS VON REAL- UND KREDITWIRTSCHAFTLICHER SITUATION NACH VERFAHREN 4 FÜR 1975

Realwirtschaft \ Kreditwirtschaft	0	1	
0	26	4	30
1	2	22	24
	28	26	54

$\chi^2 = 32{,}771$

$\phi = 0{,}7790$

Quelle: TAB. 1, TAB. 13, eigene Berechnungen

TAB. 72: KONTINGENZ-TEST DES ZUSAMMENHANGS VON REAL- UND KREDITWIRTSCHAFTLICHER SITUATION NACH VERFAHREN 1 FÜR 1976

Realwirtschaft \ Kreditwirtschaft	0	1	
0	24	6	30
1	4	20	24
	28	26	54

$\chi^2 = 21,42$

$\phi = 0,6298$

Quelle: TAB. 2, TAB. 18, eigene Berechnungen

TAB. 73: KONTINGENZ-TEST DES ZUSAMMENHANGS VON REAL- UND KREDITWIRTSCHAFTLICHER SITUATION NACH VERFAHREN 2 FÜR 1976

Realwirtschaft \ Kreditwirtschaft	0	1	
0	15	15	30
1	14	10	24
	29	25	54

$\chi^2 = 0,37$

$\phi = 0,0830$

Quelle: TAB. 2, TAB. 19, eigene Berechnungen

TAB. 74: KONTINGENZ-TEST DES ZUSAMMENHANGS VON REAL- UND KREDITWIRTSCHAFTLICHER SITUATION NACH VERFAHREN 3 FÜR 1976

Realwirtschaft \ Kreditwirtschaft	0	1	
0	27	3	30
1	4	20	24
	31	23	54

$\chi^2 = 29,33$

$\phi \doteq 0,7369$

Quelle: TAB. 2, TAB. 20, eigene Berechnungen

TAB. 75: KONTINGENZ-TEST DES ZUSAMMENHANGS VON REAL- UND KREDITWIRTSCHAFTLICHER SITUATION NACH VERFAHREN 4 FÜR 1976

Realwirtschaft \ Kreditwirtschaft	0	1	
0	27	3	30
1	1	23	24
	28	26	54

$\chi^2 = 39,35$

$\phi = 0,8536$

Quelle: TAB. 2, TAB. 21, eigene Berechnungen

schaftlichen Entwicklungsstand. Es sind dies die Kreise mit einem auf hohem Niveau angemessenen oder schwach über- bzw. unterdurchschnittlichen Versorgungsgrad (zwischen -2 und +2)

3. Das Feld rechts oben enthält die Anzahl der Kreise mit unterdurchschnittlichem realwirtschaftlichen und überdurchschnittlichem kreditwirtschaftlichen Entwicklungsstand. Es sind dies die Kreise mit einem stark überdurchschnittlichen oder auf mittlerem Niveau schwach überdurchschnittlichen Versorgungsgrad (zwischen +1 und +5)

4. Das Feld links unten enthält die Anzahl der Kreise mit überdurchschnittlichem realwirtschaftlichen und unterdurchschnittlichem kreditwirtschaftlichen Entwicklungsstand. Es sind dies die Kreise mit einem stark unterdurchschnittlichen oder auf mittlerem Niveau schwach unterdurchschnittlichen Versorgungsgrad (zwischen -1 und -5).

Die empirischen Untersuchungen im Rahmen der vorliegenden Studie erfolgen, wie bereits dargelegt, nach dem Verfahren der Querschnittsanalyse, wobei der Faktor Zeit nur insofern berücksichtigt werden konnte, als das Verfahren für zwei aufeinander folgende Jahre in identischer Form durchgeführt wurde. Die vermuteten Zusammenhänge zwischen realwirtschaftlichen und kreditwirtschaftlichen Variablen konnten demzufolge nur anhand von Bestandsgrößen untersucht werden. Dieses Verfahren kann zwar nicht vollständig befriedigen, jedoch ist es wegen der bereits erläuterten Schwierigkeiten im Bereich der Datenverfügbarkeit das zur Zeit einzig mögliche.

Im Abschnitt B.II.2. wurde als Indikator für die Nachfragekomponente der kreditwirtschaftlichen Versorgung der regionale realwirtschaftliche Entwicklungsstand festgelegt. Unterstellt man jedoch eine wirtschaftliche Entwicklungsimpulse auslösende Funktion der Kreditwirtschaft und damit auch der regionalen Kreditversorgung, so erscheint eine die realwirtschaftliche Entwicklung beschreibende Stromgröße als geeigneterer Indikator der kreditwirtschaftlichen Nachfragekomponente. Da dies aus den beschriebenen Gründen nicht möglich war, wurde mit dem Wanderungssaldo eine Variable gewählt, die mit Einschränkungen als ein Spiegelbild der regionalen Entwicklungstendenz anzusehen ist.

Unterstellt man, daß Wirtschaftsregionen mit einem überdurchschnittlichen Wachstum einen positiven Wanderungssaldo, also Bevölkerungszuwanderungen zu verzeichnen haben, so läßt sich ein empirisch nachweisbarer Zusammenhang zwischen Wanderungssaldo und kreditwirtschaftlicher Situation vermuten. Unter Berücksichtigung der im Rahmen der vorliegenden Studie zugrundeliegenden Bedingungen sind die Ergebnisse einer solchen Untersuchung jedoch nur beschränkt im Sinne der beschriebenen Problematik interpretierbar, da die Bevölkerungswanderungen zwischen den Kreisen des Landes NRW, die ja Verwaltungsregionen darstellen, in hohem Maße auf Probleme der Wohnqualität zurückzuführen sein dürften. Die Problematik der adäquaten Regionsabgrenzung wird hier wieder besonders deutlich.

Bei der Auswertung der Kontingenz-Tests zur Überprüfung des qualitativen Zusammenhangs zwischen kreditwirtschaftlicher Situation und Wanderungssaldo läßt sich für 1975 und 1976 nach den Zuordnungsverfahren 1, 3 und 4 mit einer Irrtumswahrscheinlichkeit von maximal 1 % ein signifikanter negativer statistischer Zusammenhang nachweisen. Die Ergebnisse für das Verfahren 2 widerlegen die "Nullhypothese" nicht (Vgl. dazu Tab. 76 - 83).

Der gemäß den Verfahren 1, 3 und 4 festgestellte qualitative negative Zusammenhang von kreditwirtschaftlicher Situation und Wanderungssaldo wird auch quantitativ durch die Ergebnisse der Korrelationsanalyse (Vgl. Anhang C) erhärtet. Der quantitative Zusammenhang zwischen den einzelnen ausgewählten Indikatoren zur Beschreibung der kreditwirtschaftlichen Situation und dem Wanderungssaldo ist nicht signifikant; die Ergebnisse weisen jedoch nach Verfahren 1, 3 und 4 auf eine negative Tendenz dieses Zusammenhangs hin. Lediglich gemäß Verfahren 2 und bezüglich der beiden bankstellenbezogenen Indikatoren hat der Zusammenhang positive Tendenz.

TAB. 76: KONTINGENZ-TEST DES ZUSAMMENHANGS VON KREDITWIRTSCHAFTLICHER SITUATION UND WANDERUNGSSALDO NACH VERFAHREN 1 FÜR 1975

Wanderungssaldo \ Kreditwirtschaft	0	1	
0	9	19	28
1	18	8	26
	27	27	54

$\chi^2 = 7{,}4176$

$\phi = -0{,}3706$

Quelle: TAB. 10, in Anhang A ausgewiesene Daten

TAB. 77: KONTINGENZ-TEST DES ZUSAMMENHANGS VON KREDITWIRTSCHAFTLICHER SITUATION UND WANDERUNGSSALDO NACH VERFAHREN 2 FÜR 1975

Wanderungssaldo \ Kreditwirtschaft	0	1	
0	14	14	28
1	15	11	26
	29	25	54

$\chi^2 = 0{,}3208$

$\phi = -0{,}0771$

Quelle: TAB. 11, in Anhang A ausgewiesene Daten

TAB. 78: KONTINGENZ-TEST DES ZUSAMMENHANGS VON KREDITWIRTSCHAFTLICHER SITUATION UND WANDERUNGSSALDO NACH VERFAHREN 3 FÜR 1975

Wanderungssaldo \ Kreditwirtschaft	0	1	
0	10	18	28
1	19	7	26
	29	25	54

$\chi^2 = 7{,}5694$

$\phi = -0{,}3744$

Quelle: TAB. 12, in Anhang A ausgewiesene Daten

TAB. 79: KONTINGENZ-TEST DES ZUSAMMENHANGS VON KREDITWIRTSCHAFTLICHER SITUATION UND WANDERUNGSSALDO NACH VERFAHREN 4 FÜR 1975

Wanderungssaldo \ Kreditwirtschaft	0	1	
0	9	19	28
1	19	7	26
	28	26	54

$\chi^2 = 9{,}0482$

$\phi = -0{,}4093$

Quelle: TAB. 13, in Anhang A ausgewiesene Daten

TAB. 80: KONTINGENZ-TEST DES ZUSAMMENHANGS VON KREDITWIRTSCHAFTLICHER SITUATION UND WANDERUNGSSALDO NACH VERFAHREN 1 FÜR 1976

Wanderungssaldo \ Kreditwirtschaft	0	1	
0	9	19	28
1	19	7	26
	28	26	54

$\chi^2 = 9{,}0464$

$\phi = -0{,}4093$

Quelle: TAB. 18, in Anhang A ausgewiesene Daten

TAB. 81: KONTINGENZ-TEST DES ZUSAMMENHANGS VON KREDITWIRTSCHAFTLICHER SITUATION UND WANDERUNGSSALDO NACH VERFAHREN 2 FÜR 1976

Wanderungssaldo \ Kreditwirtschaft	0	1	
0	14	14	28
1	15	11	26
	29	25	54

$\chi^2 = 0{,}3191$

$\phi = -0{,}0769$

Quelle: TAB. 19, in Anhang A ausgewiesene Daten

TAB. 82: KONTINGENZ-TEST DES ZUSAMMENHANGS VON KREDITWIRTSCHAFTLICHER SITUATION UND WANDERUNGSSALDO NACH VERFAHREN 3 FÜR 1976

Wanderungssaldo \ Kreditwirtschaft	0	1	
0	10	18	28
1	21	5	26
	31	23	54

χ^2 = 11,1924

ϕ = -0,4553

Quelle: TAB. 20, in Anhang A ausgewiesene Daten

TAB. 83: KONTINGENZ-TEST DES ZUSAMMENHANGS VON KREDITWIRTSCHAFTLICHER SITUATION UND WANDERUNGSSALDO NACH VERFAHREN 4 FÜR 1976

Wanderungssaldo \ Kreditwirtschaft	0	1	
0	7	21	28
1	21	5	26
	28	26	54

χ^2 = 16,7951

ϕ = -0,5577

Quelle: TAB. 21, in Anhang A ausgewiesene Daten

Die Ergebnisse der qualitativen Analyse des obengenannten Zusammenhangs lassen sich gemäß der erläuterten, mit der Größe Wanderungssaldo verbundenen Problematik auf zwei Arten interpretieren: Unterstellt man die Gültigkeit der Hypothese, der Wanderungssaldo sei ein aussagekräftiger Indikator für die regionale wirtschaftliche Entwicklungstendenz, so bedeuten die Ergebnisse der Kontingenz-Tests, daß das kreditwirtschaftliche Angebot in den Kreisen nicht an dem jeweiligen realwirtschaftlichen Entwicklungspotential ausgerichtet ist. Berücksichtigt man die Ergebnisse der Untersuchung des Zusammenhangs zwischen kreditwirtschaftlichem Angebot und realwirtschaftlichem Entwicklungsstand, so läßt sich der Schluß ziehen, daß bezüglich des Einflusses der Kreditwirtschaft die bestehenden regionalen Ungleichgewichte in der Wirtschaftsstruktur erhalten werden, zumindest jedoch keine Impulse für eine gleichgewichtige Entwicklung gegeben werden. Die bereits erläuterten Probleme bei der Interpretation der Größe Wanderungssaldo, die sich aus der der vorliegenden Studie zugrundeliegenden regionalen Abgrenzung ergeben, lassen noch eine andere Deutung der Ergebnisse zu.

Da die als Untersuchungsregionen gewählten Kreise keine Wirtschaftsregionen, sondern Verwaltungseinheiten darstellen, sind in der Entwicklung des Wanderungssaldo zu einem großen Teil Phänomene wie das der Stadtflucht, also die Abwanderung der Bevölkerung aus den Ballungszentren in dünner besiedelte, an der Peripherie gelegene Kreise enthalten. Dieser Sachverhalt beeinträchtigt jedoch die Wirtschaftskraft der davon betroffenen Ballungsräume nicht wesentlich, so daß sich aufgrund des aus den Kontingenz-Tests folgenden negativen Zusammenhanges zwischen kreditwirtschaftlicher Situation und Wanderungssaldo keine Aussagen über den Einfluß der Kreditwirtschaft auf die wirtschaftliche Entwicklung ableiten lassen.

III. DARSTELLUNG DER REGIONALEN STRUKTURIERUNG DES LANDES NORDRHEIN-WESTFALEN AUFGRUND DER UNTERSUCHUNGSERGEBNISSE

Im folgenden Abschnitt soll aufgrund der Untersuchungsergebnisse bezüglich der realwirtschaftlichen, der kreditwirtschaftlichen und der Gesamtsituation sowie der kreditwirtschaftlichen Versorgung die regionale Struktur des Landes NRW kartographisch dargestellt werden.

1. REALWIRTSCHAFTLICHE SITUATION

Die realwirtschaftliche Situation in den 54 Kreisen des Landes NRW, wie sie sich aufgrund des gewählten Klassifizierungsverfahrens ergibt, ist für die Jahre 1975 und 1976 in den Abbildungen 36 und 37 graphisch veranschaulicht. Man erkennt deutlich, daß die realwirtschaftliche Situation in den einzelnen Kreisen sehr unterschiedlich ist: Einerseits existiert eine Anzahl stark entwickelter Kreise, andererseits ist die Anzahl der schwach entwickelten Kreise erheblich. Die stark entwickelten Gebiete sind im wesentlichen die Stadtkreise, während es sich bei den wenig entwickelten Gebieten um die flächenmäßig größeren Landkreise handelt. Der Bereich der mittelstark entwickelten Gebiete wird von einigen Stadt- und Landkreisen gebildet, die sich im Groben um die stark entwickelten Kreise gruppieren.

Insgesamt ergibt sich für das Land NRW ein Bild gegensätzlicher Entwicklungsstände im realwirtschaftlichen Bereich. Um das nicht im geographischen Mittelpunkt des Landes liegende Zentrum der Entwicklung, bestehend aus fast allen stark entwickelten Kreisen und einigen mittel- bis schwach entwickelten Kreisen, gruppiert sich die Anzahl der wenig entwickelten Kreise. Sie bilden eine flächenmäßig große Randzone, die von einigen in der Entwicklung stärker ausgebildeten Kreisen durchsetzt ist.

ABB. 36: KARTOGRAPHISCHE DARSTELLUNG DER REGIONALEN STRUKTUR DER REALWIRTSCHAFTLICHEN SITUATION IN DEN KREISEN DES LANDES NRW 1975

Klasse 5

Klasse 4

Klasse 3

Klasse 2

Klasse 1

Klasse 0

Quelle: TAB. 1

ABB. 37: KARTOGRAPHISCHE DARSTELLUNG DER REGIONALEN STRUKTUR DER REALWIRTSCHAFTLICHEN SITUATION IN DEN KREISEN DES LANDES NRW 1976

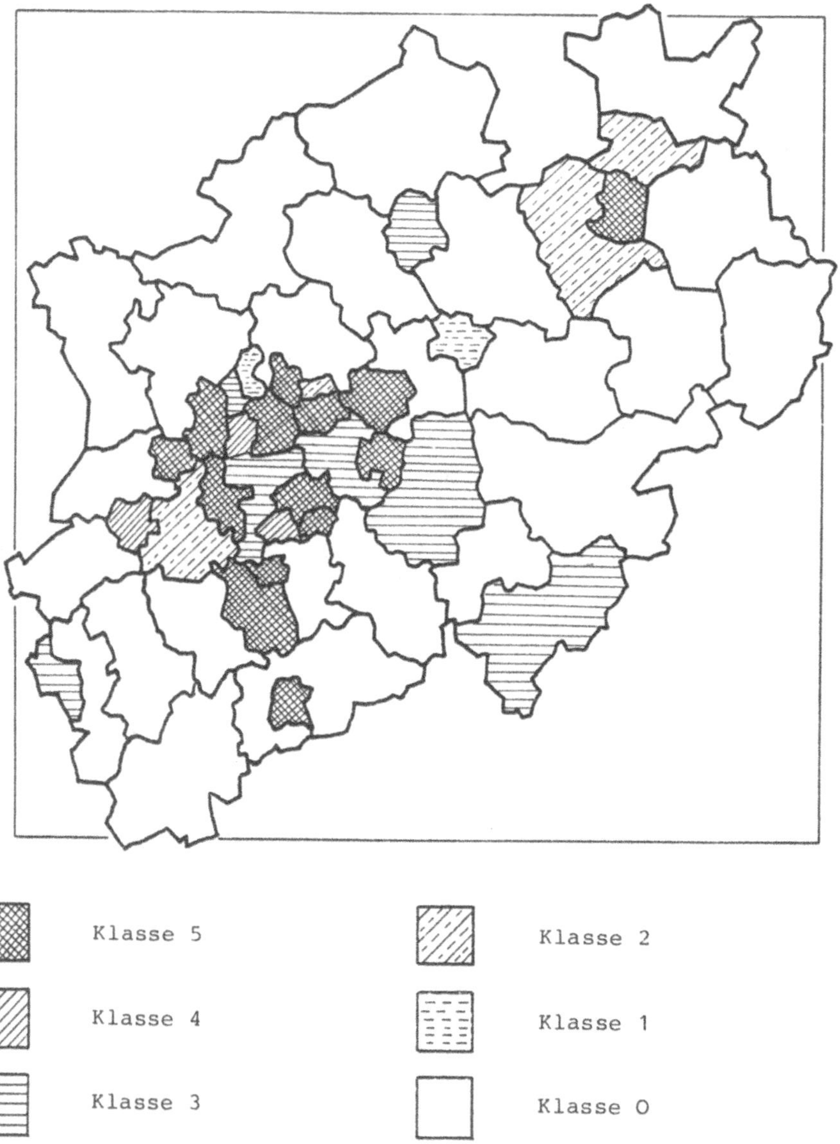

Quelle: TAB. 2

2. KREDITWIRTSCHAFTLICHE SITUATION

Für die in den Abbildungen 38 - 45 dargestellte regionale Struktur der kreditwirtschaftlichen Situation in den Kreisen des Landes NRW ergeben sich gemäß den vier verschiedenen Zuordnungsverfahren zum Teil stark voneinander abweichende Ergebnisse. Nach Verfahren 3 und 4 sind die Kreise mit einer überdurchschnittlichen kreditwirtschaftlichen Situation in erster Linie diejenigen, die auf der Achse der Ballungszentren Ruhrgebiet - Düsseldorf - Köln - Bonn liegen. Daneben weisen noch einige über das Land verteilte wirtschaftliche Zentren wie Bielefeld, Münster, Hamm, Mönchengladbach und Aachen einen stark entwickelten Kreditsektor auf. Eine weit unter dem Durchschnitt liegende kreditwirtschaftliche Situation läßt sich für die im Nordosten des Landes liegenden Kreise Minden-Lübbecke, Lippe, Höxter, Paderborn, Gütersloh, Soest und Unna sowie für die im Süden des Landes liegenden Kreise Düren, Erftkreis, Euskirchen, Rhein-Sieg-Kreis, Rheinisch-Bergischer sowie Oberbergischer Kreis feststellen. Generell lassen sich die unter dem Abschnitt der Beschreibung der realwirtschaftlichen Situation getroffenen Feststellungen hinsichtlich der Zentren- und Randzonenbildung auch auf Verfahren 3 und 4 der kreditwirtschaftlichen Situation übertragen. Verfahren 1 unterscheidet sich insoweit davon, daß einige Kreise wie z.B. Kleve und Siegen, die nicht als Zentren betrachtet werden können, einen überdurchschnittlichen Entwicklungsstand aufweisen. Nach Verfahren 2 ergibt sich eine grundsätzlich von den anderen Verfahren verschiedene Struktur. Die nach Verfahren 1, 3 und 4 als unterdurchschnittlich bis durchschnittlich entwickelt ausgewiesenen ländlichen Flächenkreise werden als überdurchschnittlich entwickelt klassifiziert, während die Ballungsräume und Zentren nur einen durchschnittlichen bis unterdurchschnittlichen Entwicklungsgrad aufweisen. Für dieses abweichende Ergebnis ist die oben beschriebene, restriktive Annahme über das dem Verfahren 2 zugrundeliegende Zuordnungskriterium verantwortlich, so daß Verfahren 1, 3 und 4 als eine geeignetere Abbildung der kreditwirtschaftlichen Situation angesehen werden können.

ABB. 38: KARTOGRAPHISCHE DARSTELLUNG DER REGIONALEN STRUKTUR DER KREDITWIRTSCHAFTLICHEN SITUATION IN DEN KREISEN DES LANDES NRW 1975 NACH VERFAHREN 1

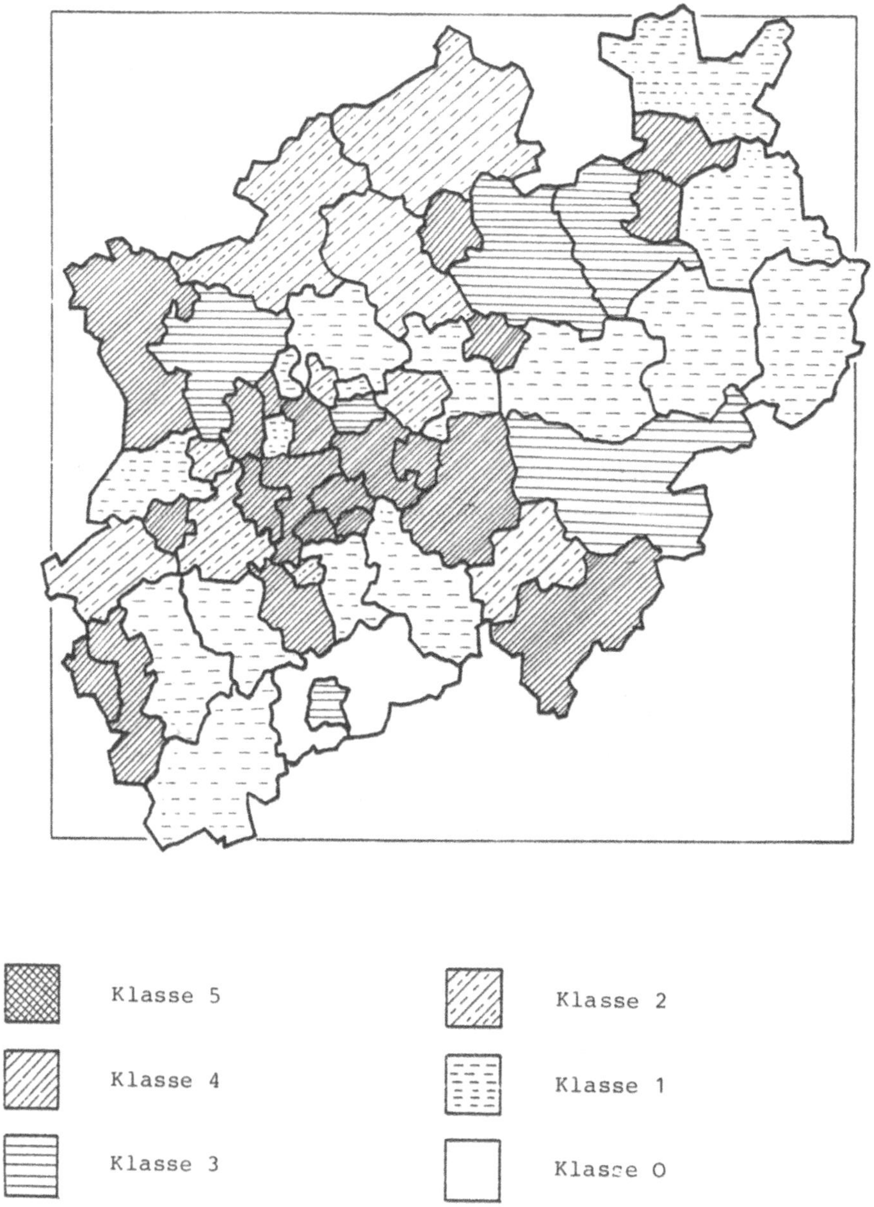

Quelle: TAB. 10

ABB. 39: KARTOGRAPHISCHE DARSTELLUNG DER REGIONALEN STRUKTUR DER KREDITWIRTSCHAFTLICHEN SITUATION IN DEN KREISEN DES LANDES NRW 1975 NACH VERFAHREN 2

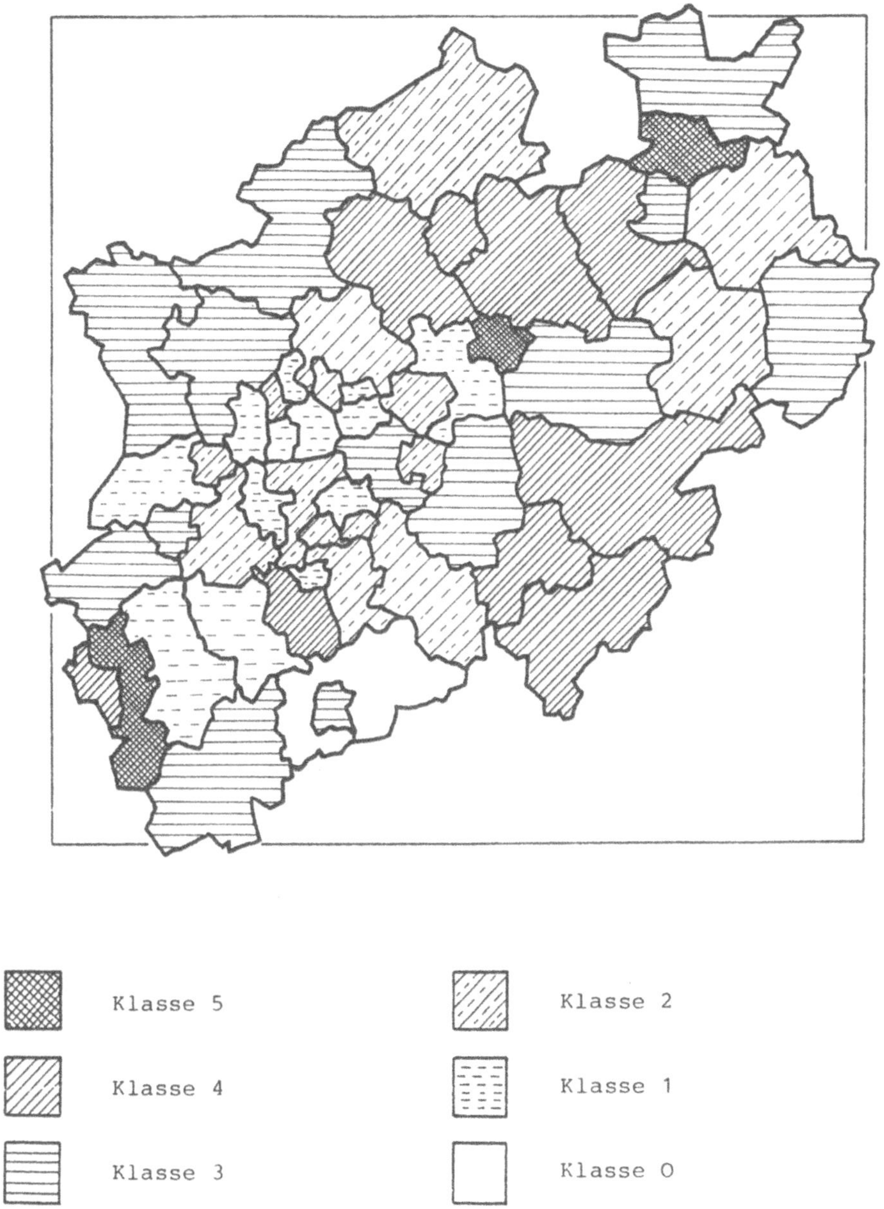

Quelle: TAB. 11

ABB. 40: KARTOGRAPHISCHE DARSTELLUNG DER REGIONALEN STRUKTUR DER KREDITWIRTSCHAFTLICHEN SITUATION IN DEN KREISEN DES LANDES NRW 1975 NACH VERFAHREN 3

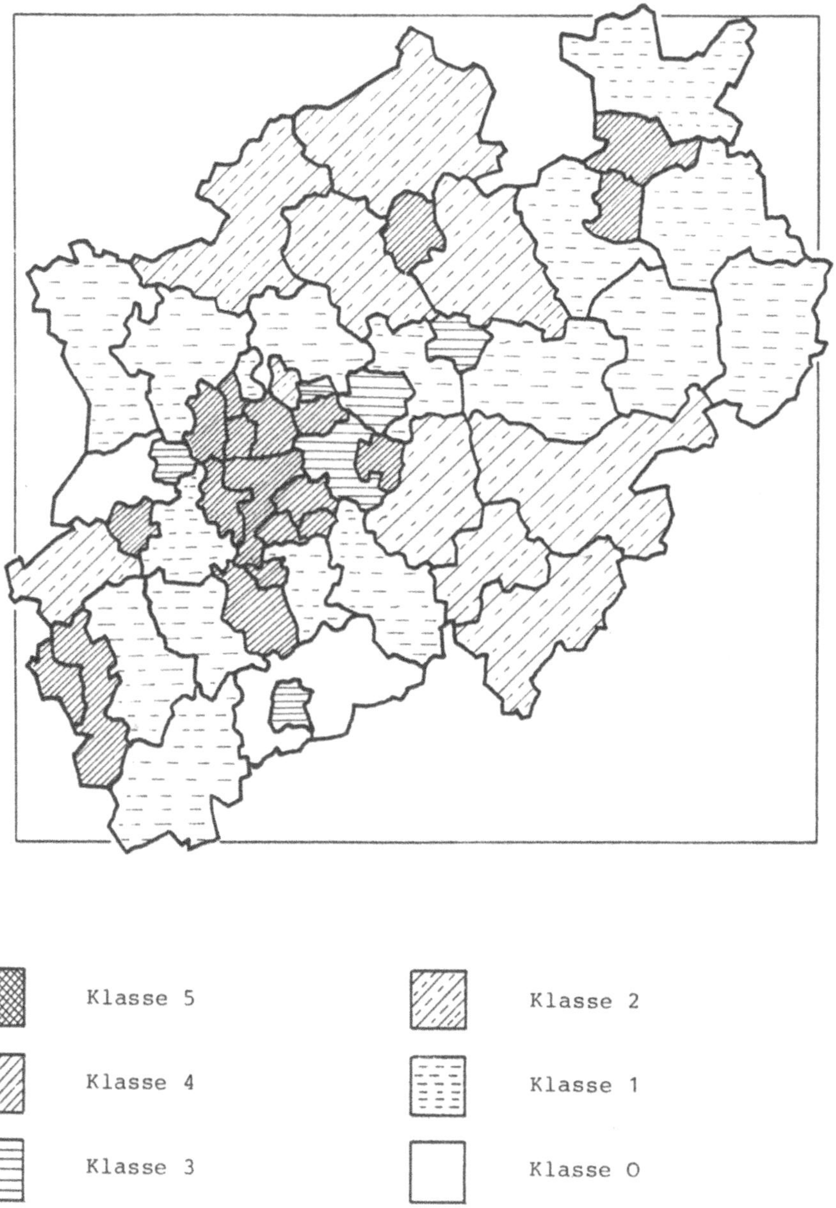

Quelle: TAB. 12

ABB. 41: KARTOGRAPHISCHE DARSTELLUNG DER REGIONALEN STRUKTUR DER KREDITWIRTSCHAFTLICHEN SITUATION IN DEN KREISEN DES LANDES NRW 1975 NACH VERFAHREN 4

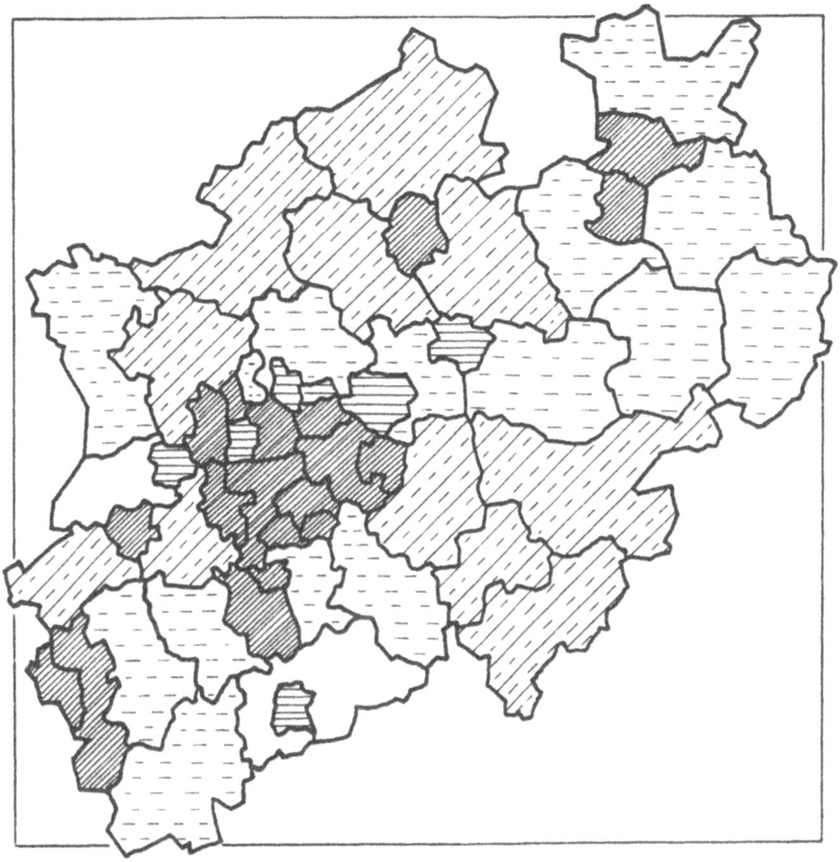

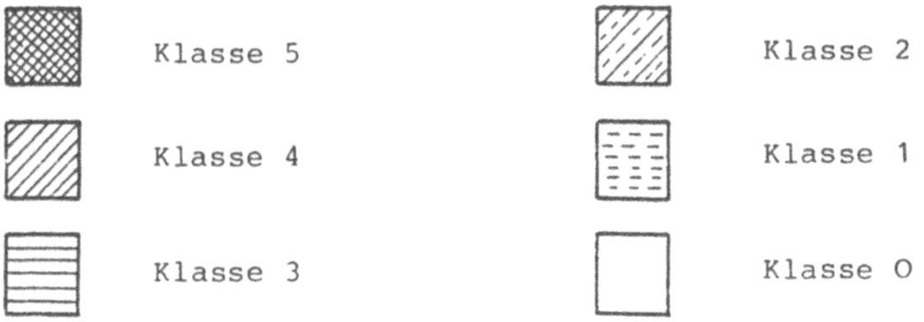

Quelle: TAB. 13

ABB. 42: KARTOGRAPHISCHE DARSTELLUNG DER REGIONALEN STRUKTUR DER KREDITWIRTSCHAFTLICHEN SITUATION IN DEN KREISEN DES LANDES NRW 1976 NACH VERFAHREN 1

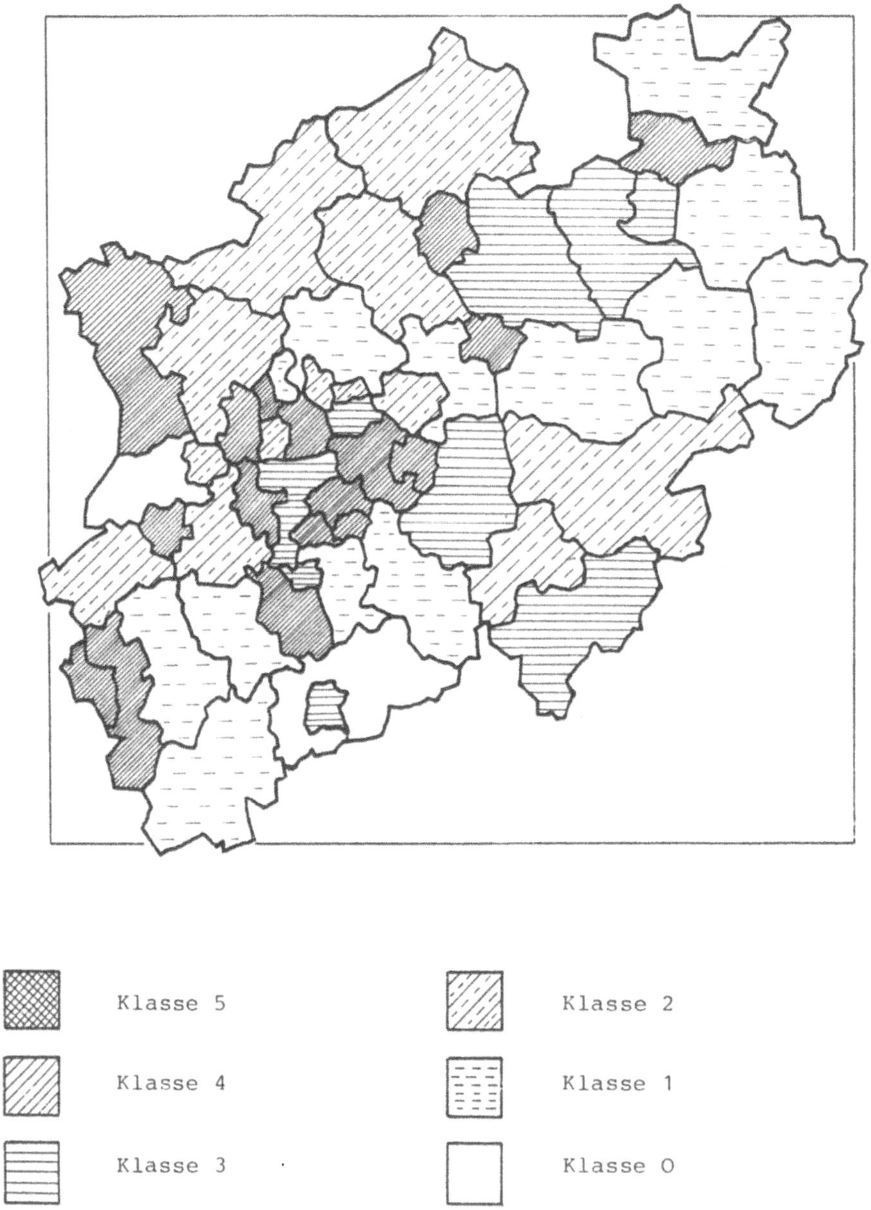

Quelle: TAB. 18

ABB. 43: KARTOGRAPHISCHE DARSTELLUNG DER REGIONALEN STRUKTUR DER KREDITWIRTSCHAFTLICHEN SITUATION IN DEN KREISEN DES LANDES NRW 1976 NACH VERFAHREN 2

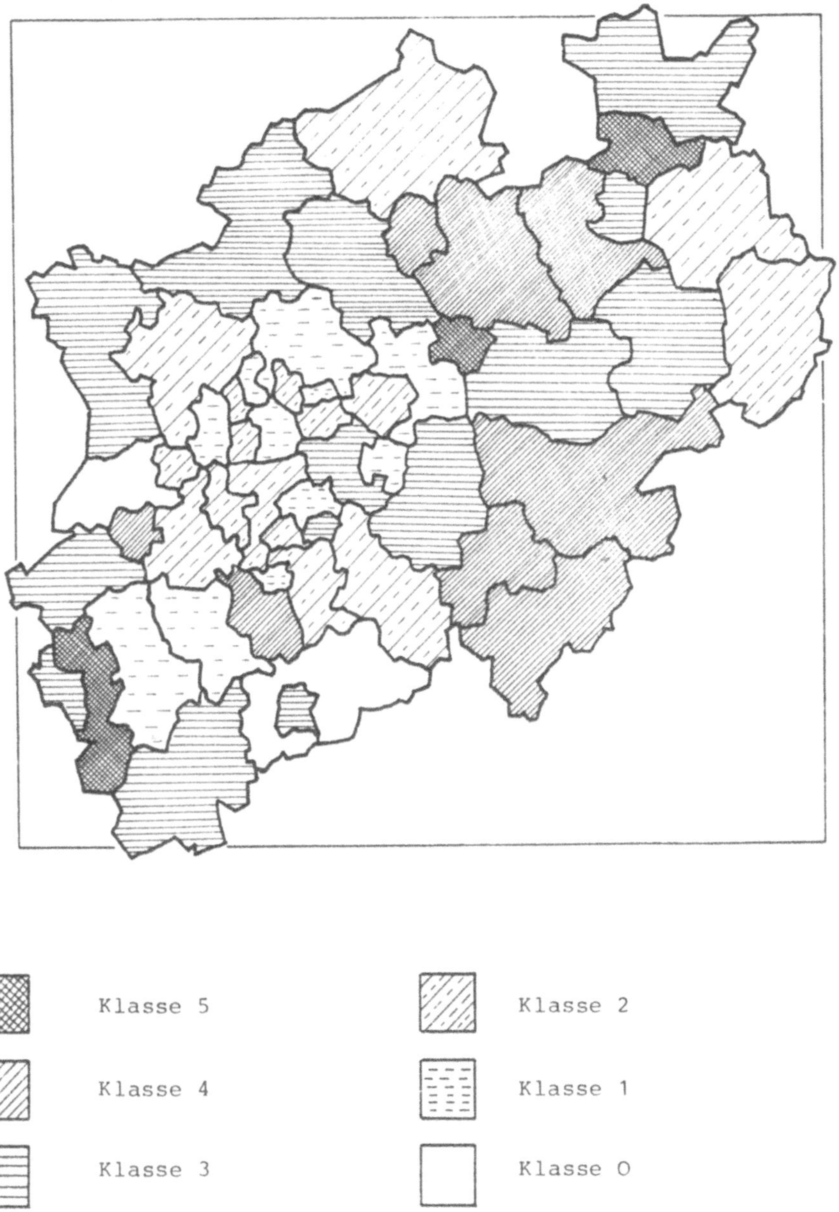

Quelle: TAB. 19

ABB. 44: KARTOGRAPHISCHE DARSTELLUNG DER REGIONALEN STRUKTUR DER KREDITWIRTSCHAFTLICHEN SITUATION IN DEN KREISEN DES LANDES NRW 1976 NACH VERFAHREN 3

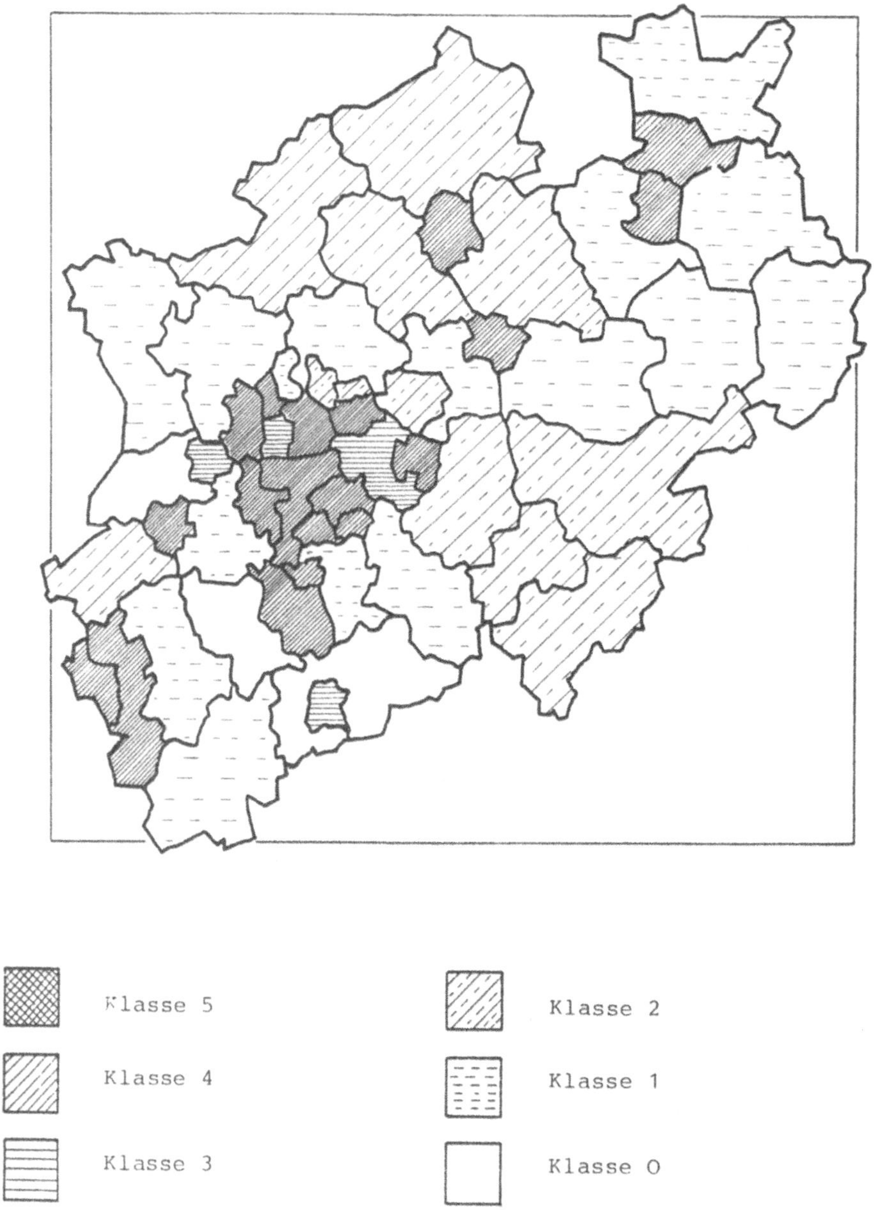

Quelle: TAB. 20

ABB. 45: KARTOGRAPHISCHE DARSTELLUNG DER REGIONALEN STRUKTUR DER KREDITWIRTSCHAFTLICHEN SITUATION IN DEN KREISEN DES LANDES NRW 1976 NACH VERFAHREN 4

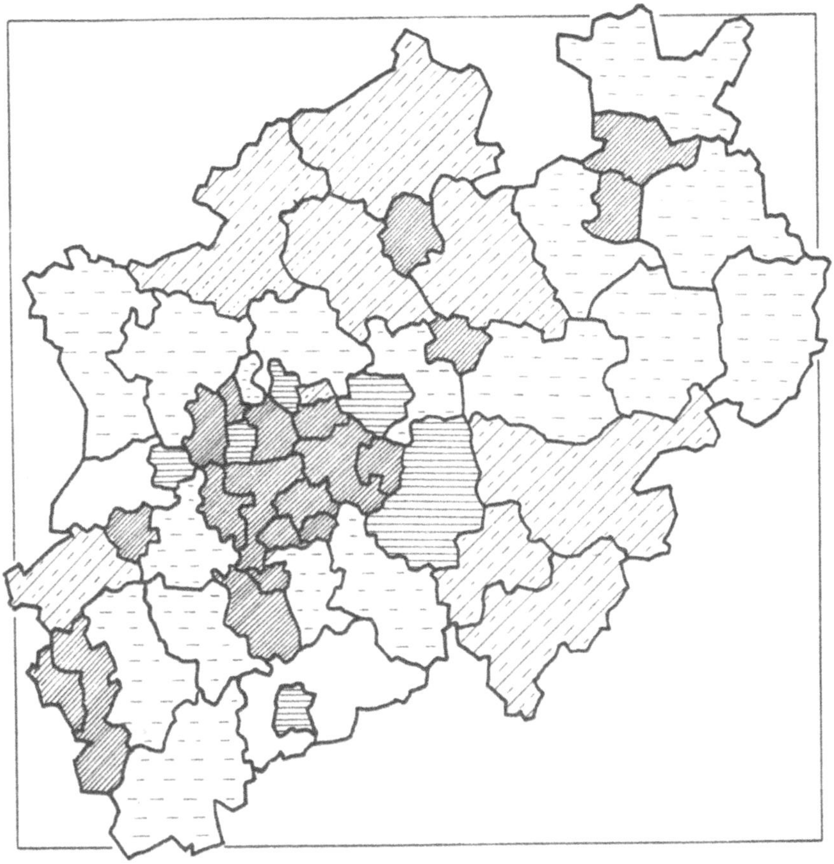

Klasse 5
Klasse 4
Klasse 3
Klasse 2
Klasse 1
Klasse 0

Quelle: TAB. 21

3. GESAMTSITUATION

In den Abbildungen 46 - 53 ist die aus der real- und kreditwirtschaftlichen Situation in den 54 Kreisen des Landes NRW aggregierte Gesamtsituation gemäß den 4 Zuordnungsverfahren und für die Jahre 1975 und 1976 dargestellt. Die Bewertungsklassen sind für die graphische Veranschaulichung zusammengefaßt worden, so daß statt 11 nur 5 Klassen ausgewiesen werden.

Gemäß den Verfahren 1, 3 und 4 ergibt sich eine Gesamtsituation, die der realwirtschaftlichen Situation sehr ähnlich ist. Aufgrund des Einflusses der kreditwirtschaftlichen Situation ist allerdings der Konzentrationseffekt auf das Entwicklungszentrum des Landes NRW nicht so ausgeprägt wie bei der realwirtschaftlichen Situation. Dennoch erkennt man deutlich die gemäß der Gesamtsituation am stärksten eingestuften Stadtkreise im Entwicklungszentrum des Landes. Einige schwächer eingestuften Kreise durchsetzen und umgeben dieses Zentrum. Um dieses Zentrum gruppieren sich die am schwächsten eingestuften Landkreise. In dieser Randzone liegen nur einige Kreise stärkerer Einstufung. Insgesamt ergibt sich eine ausgewogenere Situation als realwirtschaftlich, jedoch ist sie durch stärkere Ungleichgewichte gekennzeichnet als die kreditwirtschaftliche.

Das Verfahren 2 führt zu einer wesentlich ausgewogeneren Gesamtsituation als die anderen drei Zuordnungsverfahren. Die Anzahl sowohl der starken als auch schwachen Kreise sinkt. Es existiert nur ein starker Kreis, der zudem nicht als Zentrum interpretiert werden kann. Allerdings stellt das Verfahren 2 die Ergebnisse der anderen Verfahren zum Teil auf den Kopf. Kreise die gemäß der anderen Verfahren als stark klassifiziert werden, sind nur als mittel oder gar schwach charakterisiert. Schwache Kreise steigen entsprechend auf in der Bewertung. Dieses Verfahren dürfte daher wohl kaum die Gesamtsituation realistisch widerspiegeln. Die Ergebnisse sind nur aufgrund der Annahmen über die kreditwirtschaftliche Struktur der Kreise zu erklären, die diesem Verfahren zugrundegelegt wurden.

ABB. 46: KARTOGRAPHISCHE DARSTELLUNG DER REGIONALEN STRUKTUR DER GESAMTSITUATION IN DEN KREISEN DES LANDES NRW 1975 NACH VERFAHREN 1

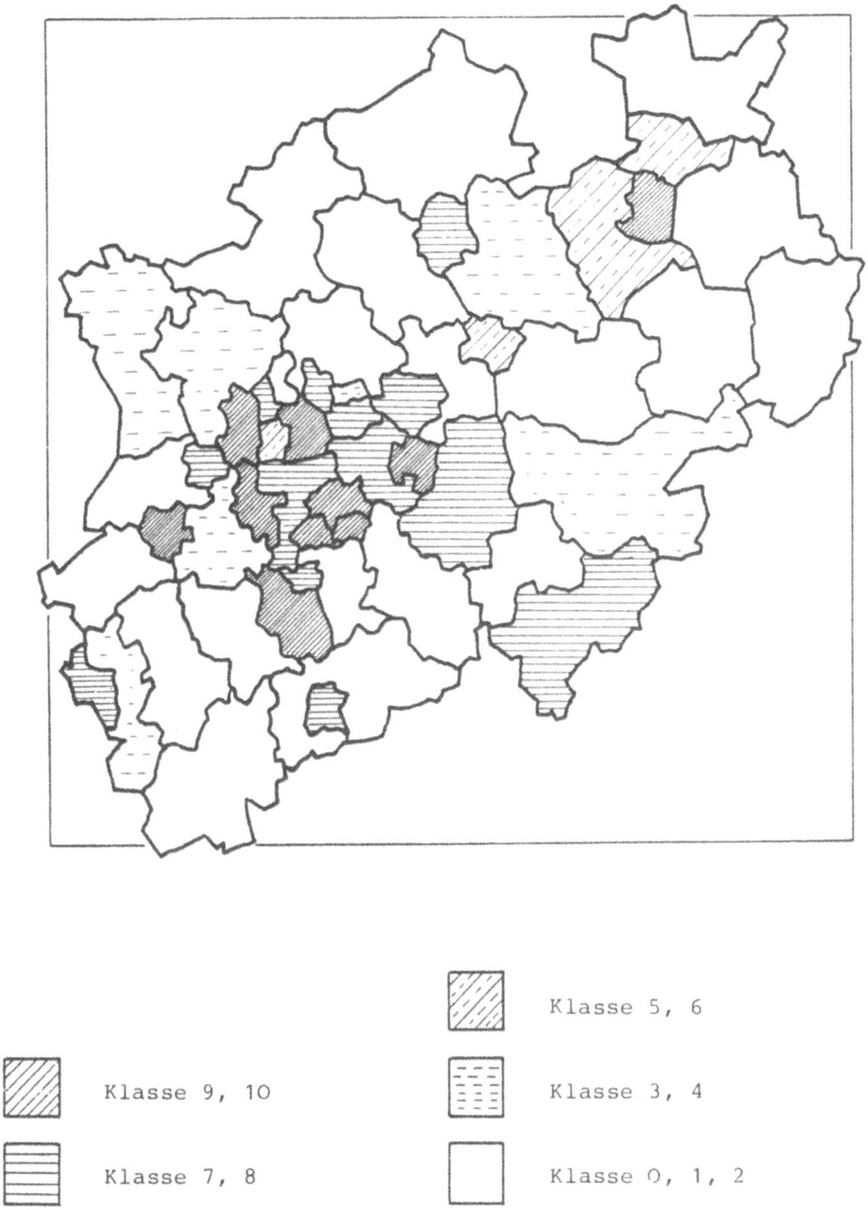

Quelle: TAB. 44

ABB. 47: KARTOGRAPHISCHE DARSTELLUNG DER REGIONALEN STRUKTUR DER GESAMTSITUATION IN DEN KREISEN DES LANDES NRW 1975 NACH VERFAHREN 2

Klasse 5, 6

Klasse 9, 10

Klasse 3, 4

Klasse 7, 8

Klasse 0, 1, 2

Quelle: TAB. 45

ABB. 48: KARTOGRAPHISCHE DARSTELLUNG DER REGIONALEN STRUKTUR DER GESAMTSITUATION IN DEN KREISEN DES LANDES NRW 1975 NACH VERFAHREN 3

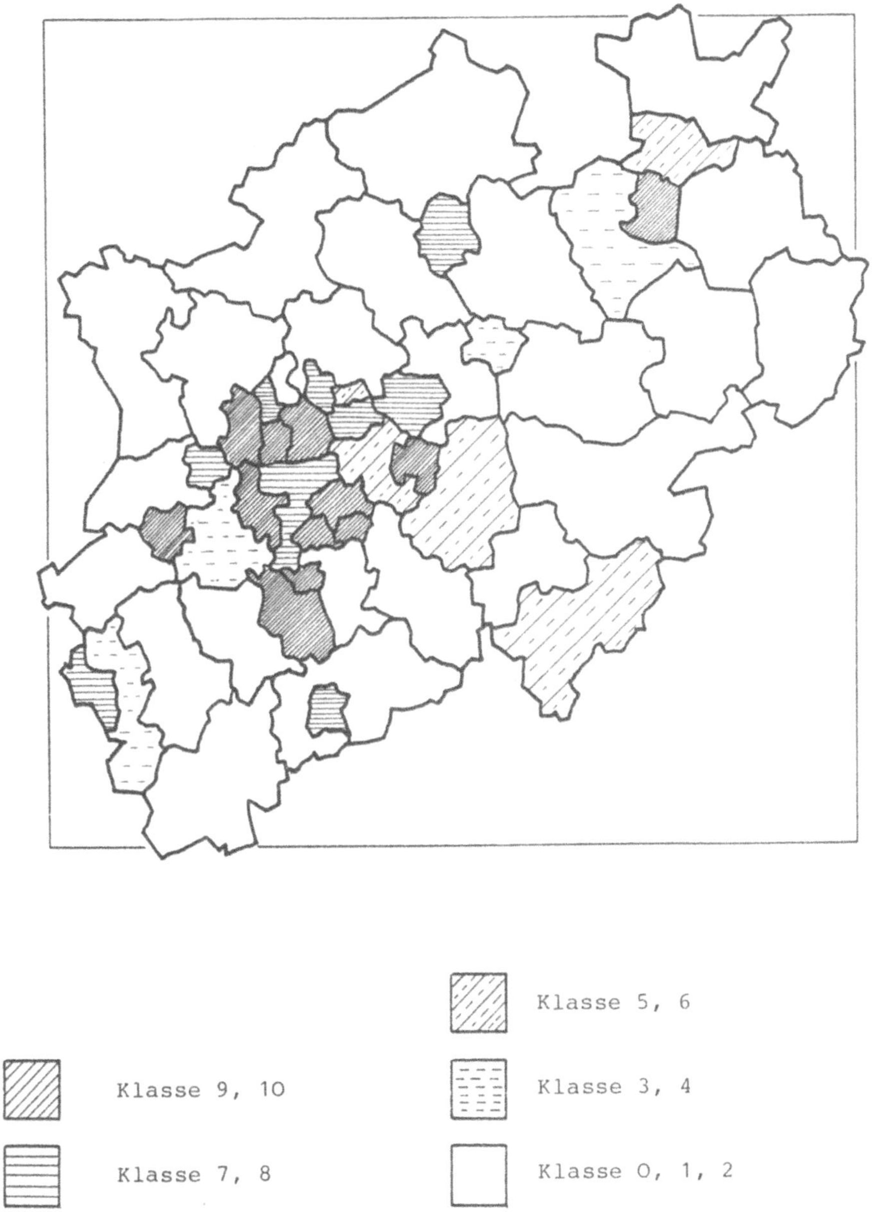

Quelle: TAB. 48

ABB. 49: KARTOGRAPHISCHE DARSTELLUNG DER REGIONALEN STRUKTUR DER GESAMTSITUATION IN DEN KREISEN DES LANDES NRW 1975 NACH VERFAHREN 4

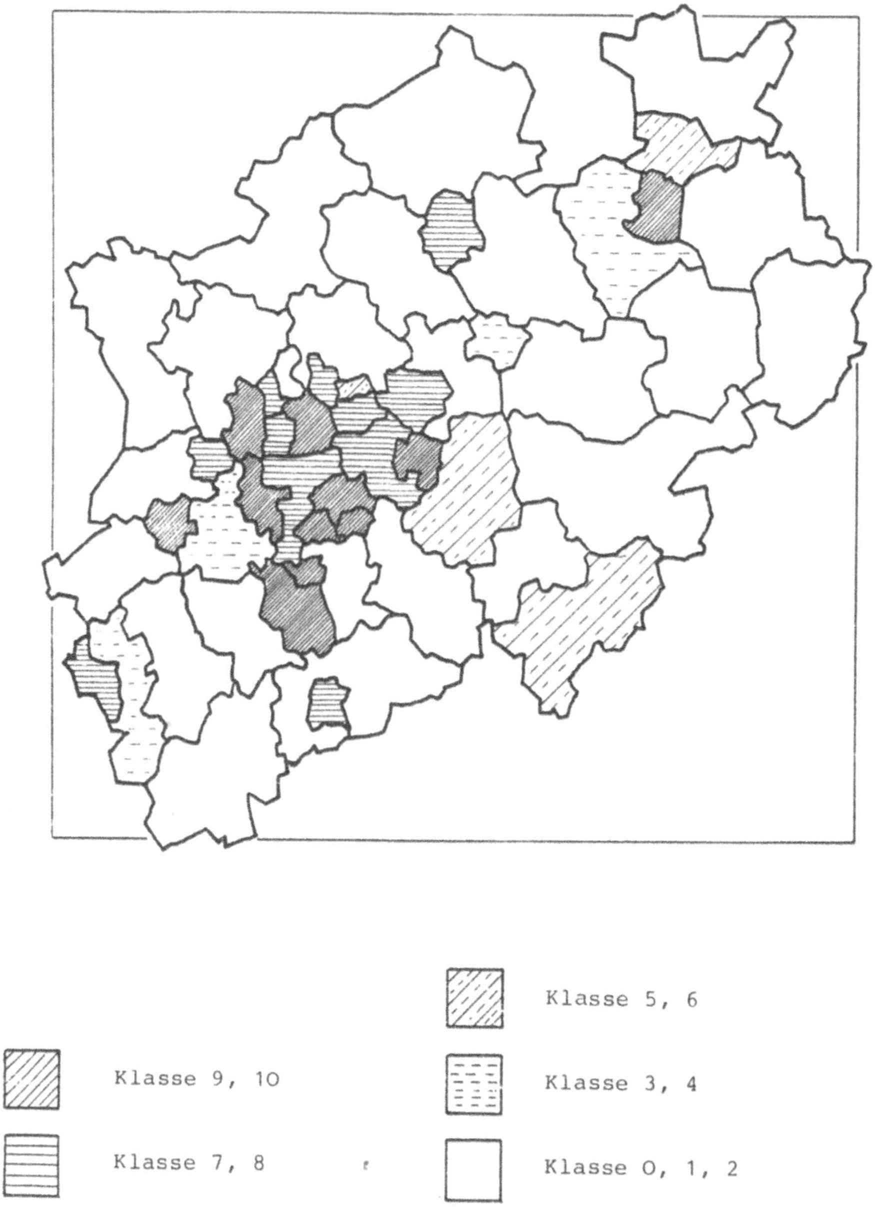

Quelle: TAB. 49

ABB. 50: KARTOGRAPHISCHE DARSTELLUNG DER REGIONALEN STRUKTUR DER GESAMTSITUATION IN DEN KREISEN DES LANDES NRW 1976 NACH VERFAHREN 1

Klasse 5, 6

Klasse 9, 10

Klasse 3, 4

Klasse 7, 8

Klasse 0, 1, 2

Quelle: TAB. 52

ABB. 51: KARTOGRAPHISCHE DARSTELLUNG DER REGIONALEN STRUKTUR DER GESAMTSITUATION IN DEN KREISEN DES LANDES NRW 1976 NACH VERFAHREN 2

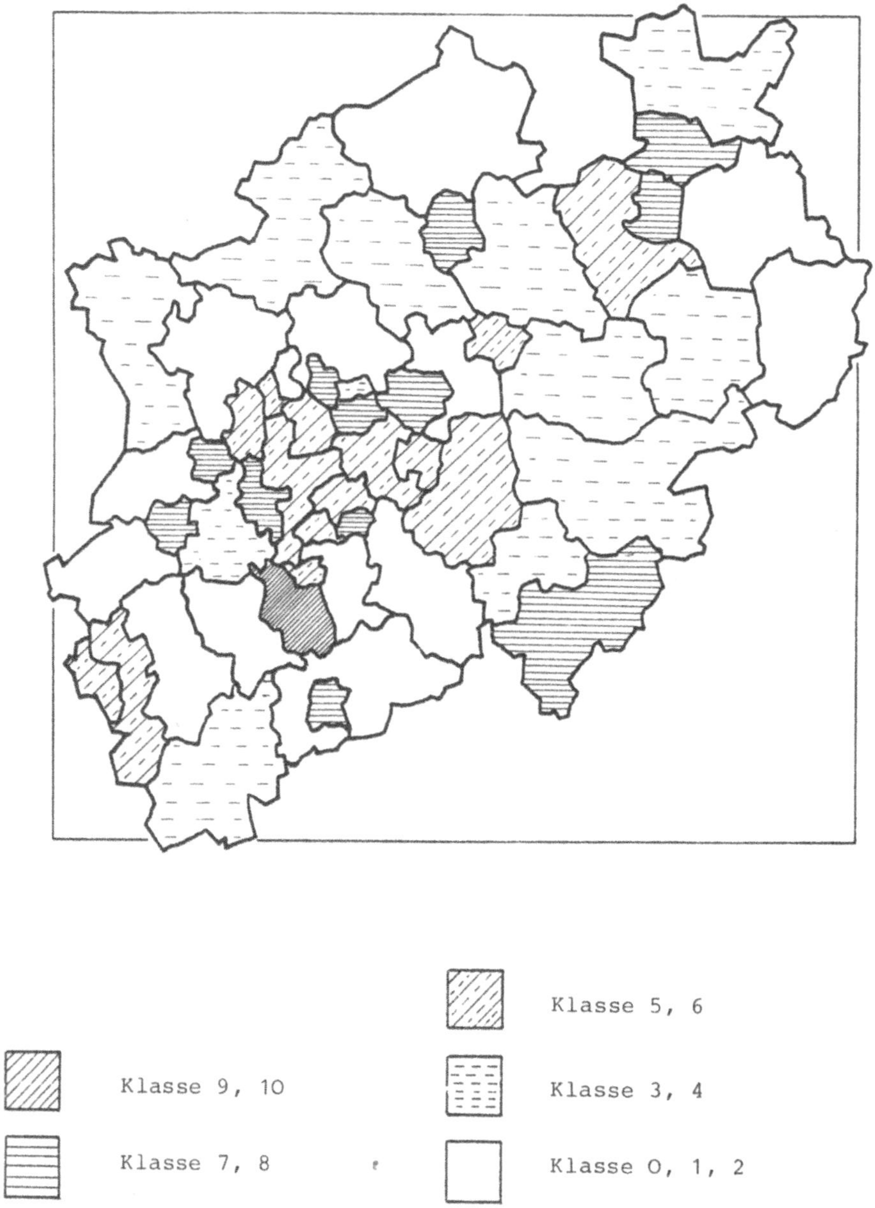

Quelle: TAB. 53

ABB. 52: KARTOGRAPHISCHE DARSTELLUNG DER REGIONALEN STRUKTUR DER GESAMTSITUATION IN DEN KREISEN DES LANDES NRW 1976 NACH VERFAHREN 3

Klasse 5, 6

Klasse 9, 10

Klasse 3, 4

Klasse 7, 8

Klasse 0, 1, 2

Quelle: TAB. 56

ABB. 53: KARTOGRAPHISCHE DARSTELLUNG DER REGIONALEN STRUKTUR DER GESAMTSITUATION IN DEN KREISEN DES LANDES NRW 1976 NACH VERFAHREN 4

	Klasse 5, 6
Klasse 9, 10	Klasse 3, 4
Klasse 7, 8	Klasse 0, 1, 2

Quelle: TAB. 57

4. KREDITWIRTSCHAFTLICHE VERSORGUNG

Die in den Tabellen 54 - 61 dargestellte regionale Struktur der kreditwirtschaftlichen Versorgung im Land Nordrhein-Westfalen läßt erkennen, daß diese hinsichtlich des Versorgungsgrades in der weitaus überwiegenden Zahl der Kreise als ausgewogen bezeichnet werden kann. Insbesondere sind im Gegensatz zur real- und kreditwirtschaftlichen Situation keine Zentren- und Randzonenbildungen zu erkennen. Lediglich Verfahren 2 zeigt auch hier die bereits dargelegten zuordnungsverfahrensspezifischen Besonderheiten.

Die nach Verfahren 1, 3 und 4 für die Ballungszentren ausgewiesene durchschnittliche bzw. tendenziell unterdurchschnittliche Versorgung ist unter Berücksichtigung des gewählten Klassifizierungsverfahrens zu interpretieren, in dem das wirtschaftliche Entwicklungsniveau kein explizites Bewertungskriterium darstellt. Es ist jedoch von Bedeutung, ob eine kreditwirtschaftliche Unter- oder Überversorgung in einem wirtschaftlich hoch- oder schwachentwickelten Kreis ausgewiesen wird. So ist die als unterdurchschnittlich spezifizierte Versorgung einer Ballungsregion unter anderem durch die Wertpapierpolitik der ansässigen, großen Institute zu erklären, die für die Variable Kredit-Einlage-Verhältnis zu einer Unterbewertung führt. Außerdem geht in die Variablen zur Bestimmung der Bankstellendichte nicht die Größe der einzelnen Bankstellen ein, die in den wirtschaftlichen Zentren überdurchschnittlich ist. Die als unterdurchschnittlich ausgewiesene Versorgung in den wirtschaftlich hochentwickelten Kreisen ist also nicht als eine aus infrastruktur- oder regionalpolitischen Gründen zu beseitigende "Unterversorgung" zu interpretieren. Generell ist zu sagen, daß bei der Interpretation der Stellung einzelner Kreise stets die Zusammensetzung der den Klassifizierungsverfahren zugrundeliegenden Indikatorenbündel im Einzelfall zu untersuchen ist, da unterschiedliche Kombinationen der Einzelbewertungen bei gleichen Globalergebnissen wertvolle Zusatzinformationen liefern, was einer verbesserten Verwertung der Ergebnisse dient.

ABB. 54: KARTOGRAPHISCHE DARSTELLUNG DER REGIONALEN STRUKTUR DER KREDITWIRTSCHAFTLICHEN VERSORGUNG IN DEN KREISEN DES LANDES NRW 1975 NACH VERFAHREN 1

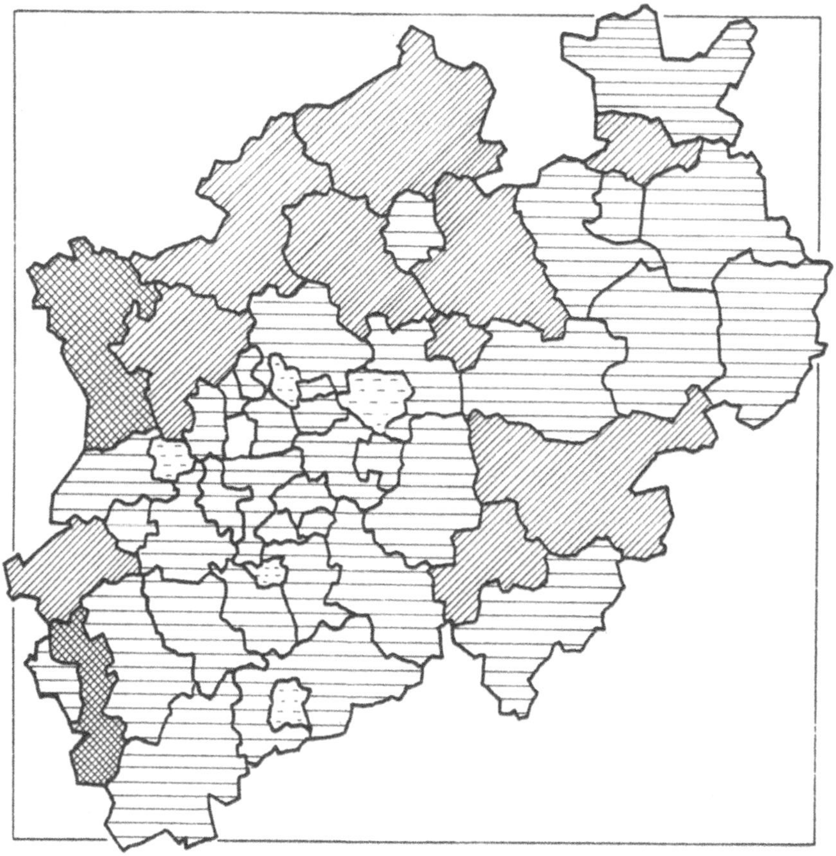

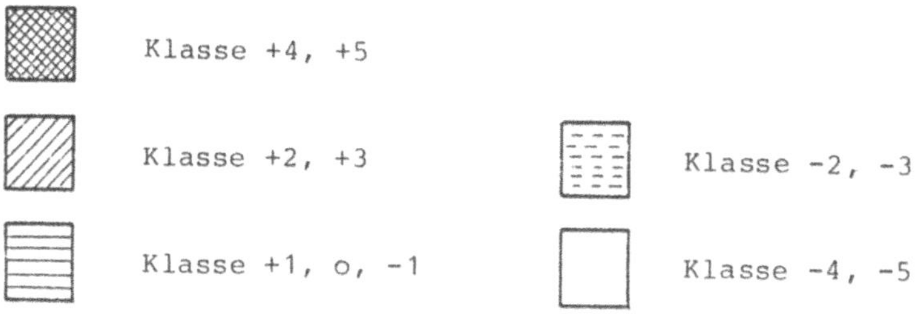

Quelle: TAB. 44

ABB. 55: KARTOGRAPHISCHE DARSTELLUNG DER REGIONALEN STRUKTUR DER KREDITWIRTSCHAFTLICHEN VERSORGUNG IN DEN KREISEN DES LANDES NRW 1975 NACH VERFAHREN 2

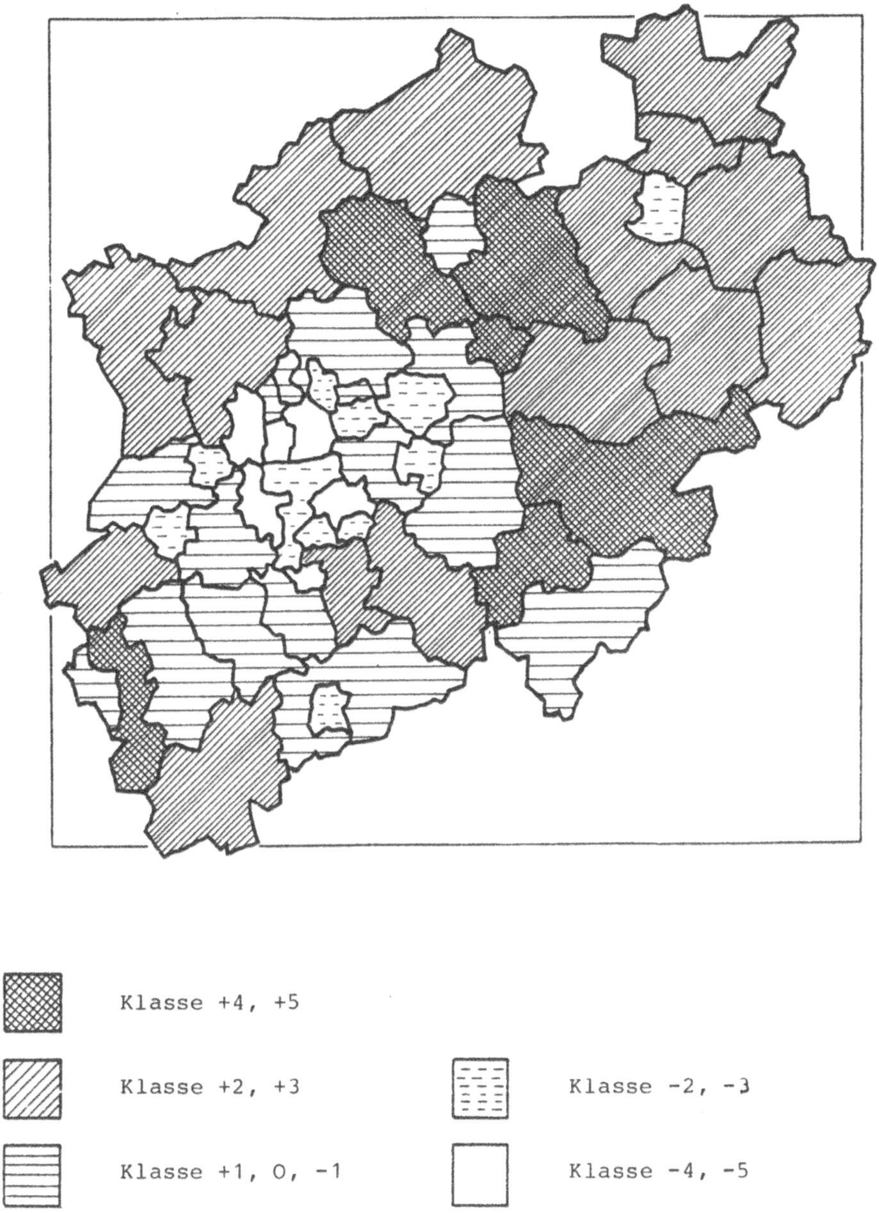

Quelle: TAB. 45

ABB. 56: KARTOGRAPHISCHE DARSTELLUNG DER REGIONALEN STRUKTUR DER KREDITWIRTSCHAFTLICHEN VERSORGUNG IN DEN KREISEN DES LANDES NRW 1975 NACH VERFAHREN 3

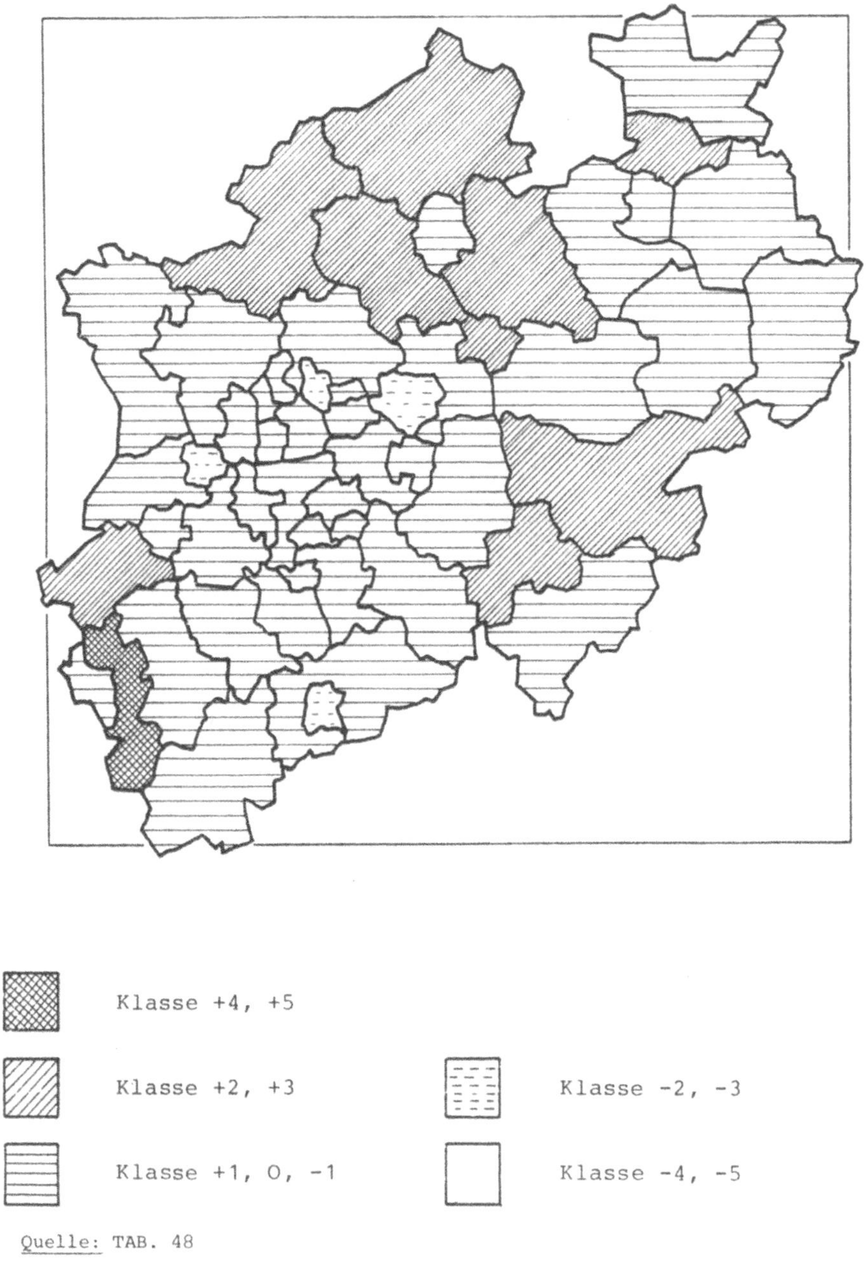

Quelle: TAB. 48

ABB. 57: KARTOGRAPHISCHE DARSTELLUNG DER REGIONALEN STRUKTUR DER KREDITWIRTSCHAFTLICHEN VERSORGUNG IN DEN KREISEN DES LANDES NRW 1975 NACH VERFAHREN 4

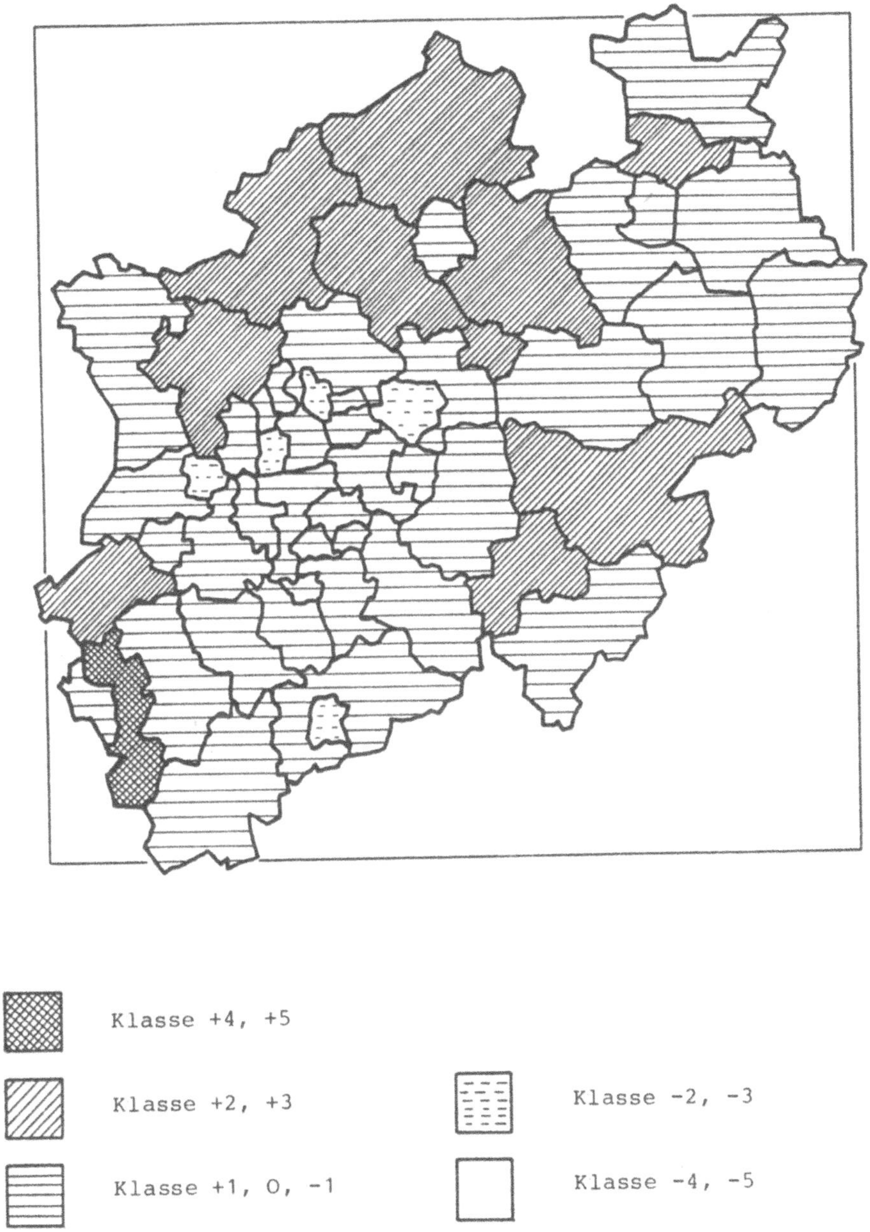

Quelle: TAB. 49

ABB. 58: KARTOGRAPHISCHE DARSTELLUNG DER REGIONALEN STRUKTUR DER KREDITWIRTSCHAFTLICHEN VERSORGUNG IN DEN KREISEN DES LANDES NRW 1976 NACH VERFAHREN 1

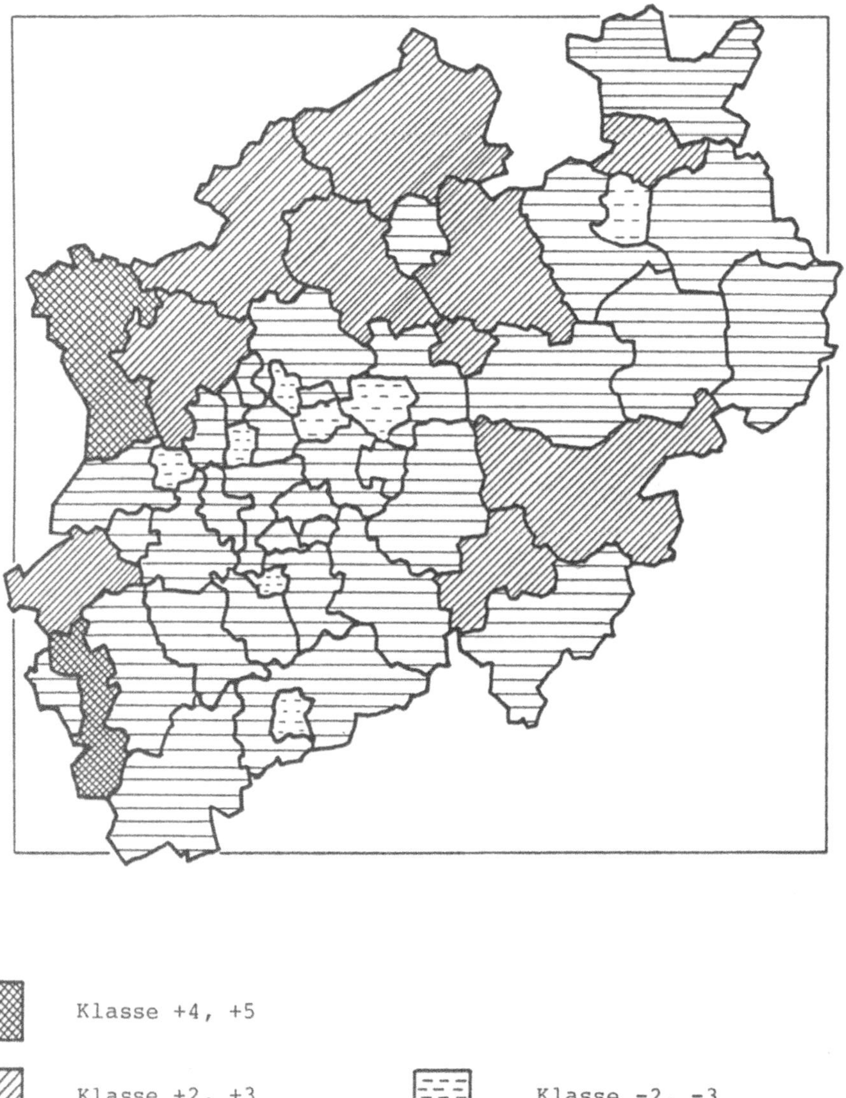

Klasse +4, +5

Klasse +2, +3

Klasse -2, -3

Klasse +1, 0, -1

Klasse -4, -5

Quelle: TAB. 52

ABB. 59: KARTOGRAPHISCHE DARSTELLUNG DER REGIONALEN STRUKTUR DER KREDITWIRTSCHAFTLICHEN VERSORGUNG IN DEN KREISEN DES LANDES NRW 1976 NACH VERFAHREN 2

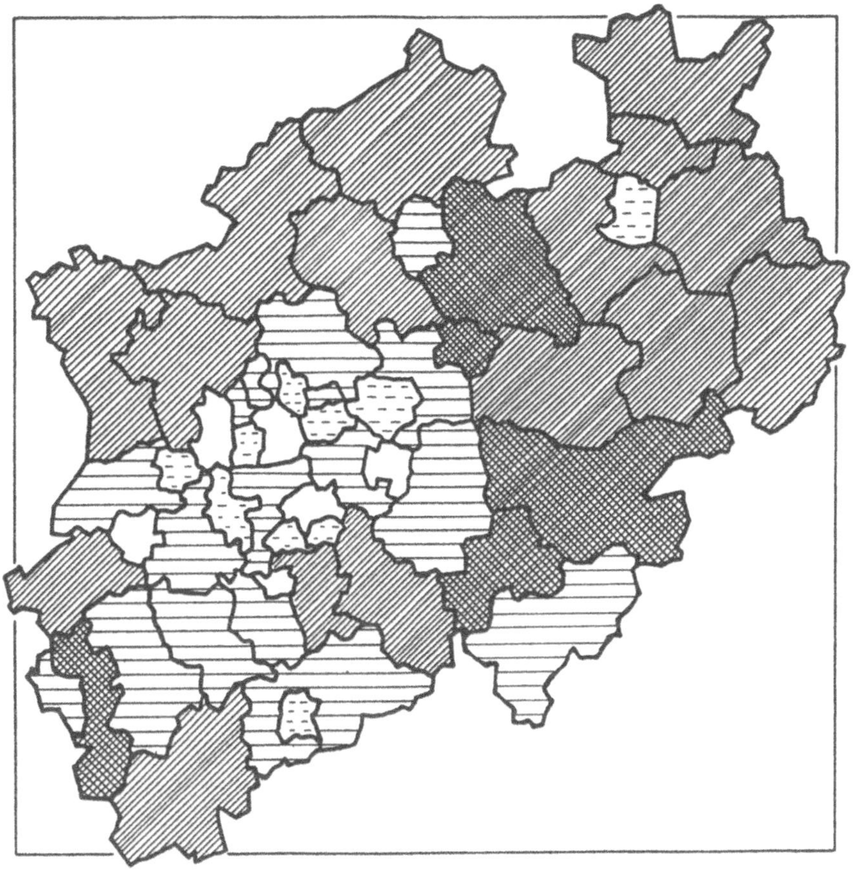

Klasse +4, +5	
Klasse +2, +3	Klasse -2, -3
Klasse +1, 0, -1	Klasse -4, -5

Quelle: TAB. 53

ABB. 60: KARTOGRAPHISCHE DARSTELLUNG DER REGIONALEN STRUKTUR DER KREDITWIRTSCHAFTLICHEN VERSORGUNG IN DEN KREISEN DES LANDES NRW 1976 NACH VERFAHREN 3

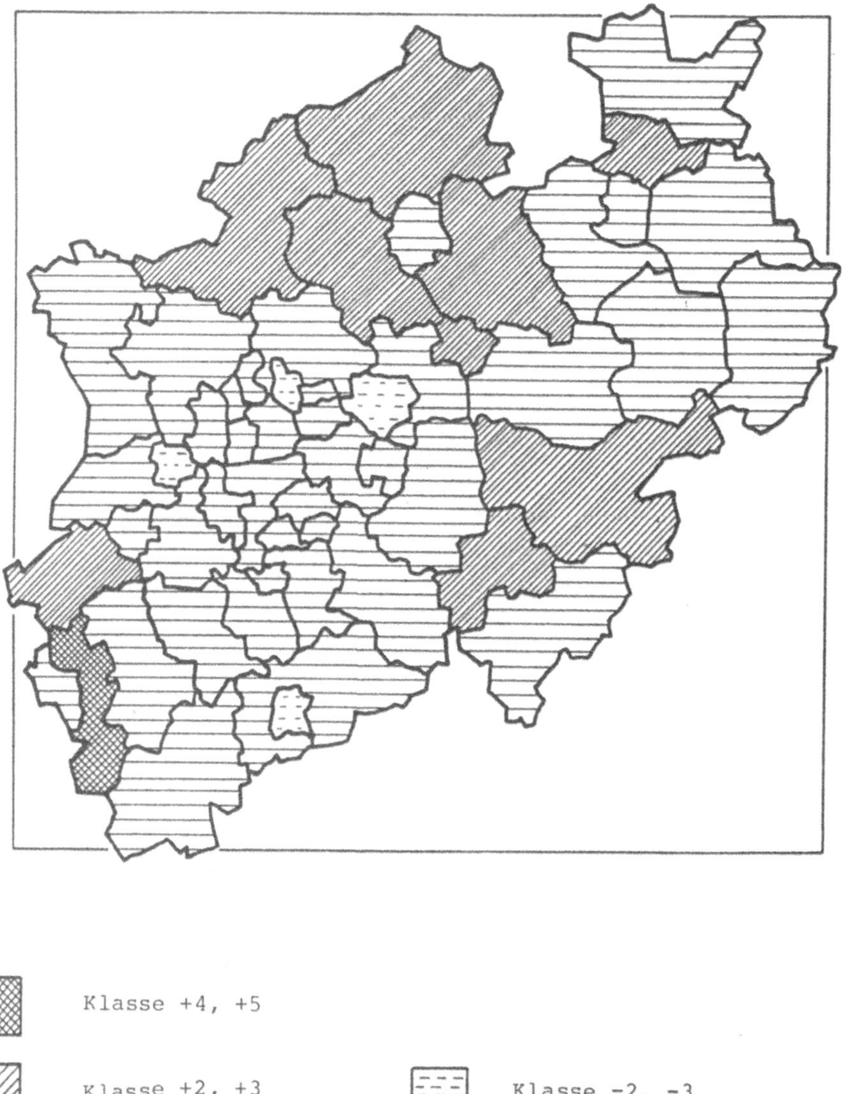

Klasse +4, +5	
Klasse +2, +3	Klasse -2, -3
Klasse +1, 0, -1	Klasse -4, -5

Quelle: TAB. 56

ABB. 61: KARTOGRAPHISCHE DARSTELLUNG DER REGIONALEN STRUKTUR DER KREDITWIRTSCHAFTLICHEN VERSORGUNG IN DEN KREISEN DES LANDES NRW 1976 NACH VERFAHREN 4

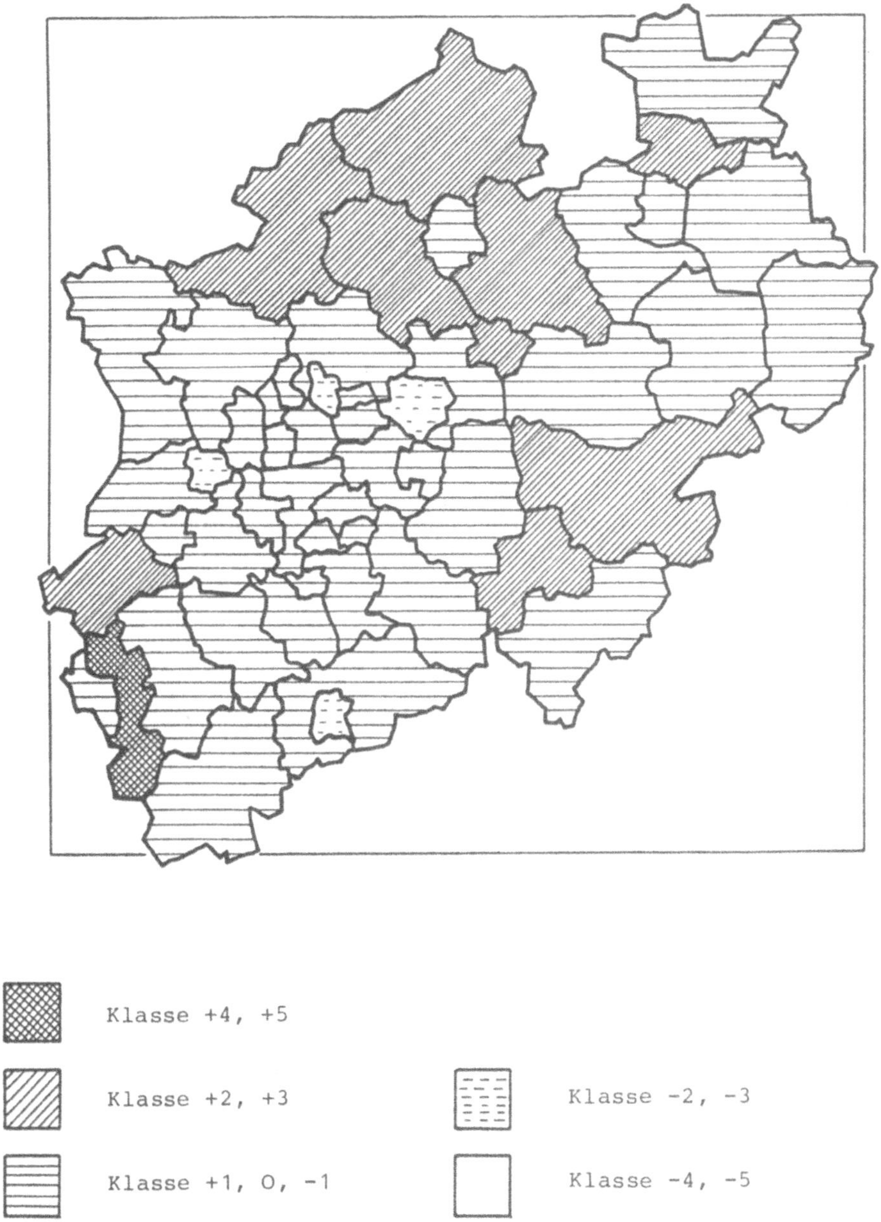

Quelle: TAB. 57

Die in den ländlichen Kreisen im Norden und Osten des Landes ausgewiesene überdurchschnittliche kreditwirtschaftliche Versorgung ist ebenfalls unter Berücksichtigung des wirtschaftlichen Entwicklungsstandes zu sehen. Das Ergebnis läßt jedoch auch angesichts der eingeschränkten Aussagefähigkeit der verwendeten Klassifizierungsverfahren die Feststellung zu, daß durch die regionale Struktur der kreditwirtschaftlichen Versorgung eine im Sinne raumordnungspolitischer Ziele ausgewogene wirtschaftliche Entwicklung zumindest nicht beeinträchtigt wird.

IV. ABLEITUNG POLITISCHER KONSEQUENZEN AUFGRUND DER UNTERSUCHUNGSERGEBNISSE

Die Ergebnisse der Analyse des Gesamtzusammenhangs von real- und kreditwirtschaftlicher Entwicklung in den Kreisen des Landes Nordrhein-Westfalen haben gezeigt, daß dieser Zusammenhang statistisch signifikant ist. Daraus läßt sich bekanntlich kein kausaler Zusammenhang der Entwicklungen folgern, doch ist die statistische Signifikanz Anlaß genug, die Berücksichtigung dieses Zusammenhangs im politischen Planungs- und Entwicklungsstrategien zu fordern. Der Abbau räumlicher Disparitäten könnte demnach über die gezielte Berücksichtigung der räumlichen Auswirkungen des Kreditsystems gefördert werden. Anhand der Analyse ließ sich nicht nachweisen, daß die Portefeuille-Entscheidungen der Geschäftsbanken von regionalen Gesichtspunkten abhängig sind und somit regionale Entwicklungstendenzen konterkarieren oder unterstützen. Dies ist eine wichtige Aussage. Sie zeigt, daß die Kreditwirtschaft keinen Beitrag zu raumordnungs- und regionalpolitischen Zielsetzungen leistet, schließt aber die Möglichkeit, die Kreditwirtschaft im Sinne der Raumordnungs- und Regionalpolitik einzusetzen, nicht aus. Dies verdeutlichen auch die Ergebnisse der Analyse der kreditwirtschaftlichen Intensität und Flexibilität. Sie sind Spiegelbild der realwirtschaftlichen Situation. Das heißt, ein strukturschwacher Raum weist auch Mängel in der kreditwirtschaftlichen Intensität und Flexibilität auf. Anstrengungen der Raumordnungs- und Regionalpolitik, die Strukturschwächen der bezeichneten Räume abzubauen, werden zwar nicht direkt behindert, aber auch nicht gefördert. Wie die Analyse von kreditwirtschaftlicher Situation und Wanderungssaldo zeigt, besteht auch zwischen diesen beiden Größen ein statistisch signifikanter Zusammenhang. Dieses Ergebnis kann unter den oben genannten Einschränkungen als eine Bestätigung des Zusammenhangs zwischen wirtschaftlicher Entwicklung und kreditwirtschaftlicher Versorgung angesehen werden. Gelingt es der Raumordnungs- und Regionalpolitik, diesen Zusammenhang für ihre Zielsetzungen einzusetzen, so könnte über das Kreditsystem der Abbau von räumlichen Disparitäten gefördert und eventuellen Planungsrückschlägen vorgebeugt werden. Voraussetzung hierfür wäre die Existenz eines Kausalzusammenhangs, in dem die kreditwirtschaftliche Entwicklung bzw. Versorgung den verursachenden Faktor darstellt. Die Analyse eines Kausalzusammenhangs scheitert aber an der Qualität der verfügbaren Daten. Doch selbst dann, wenn sich der genannte Kausalzusammenhang nachweisen ließe, wäre die Entscheidung, die Wirkungen des Kreditsystems in den Dienst der Raumordnungs- und Regionalpolitik zu stellen, nicht von der Wissenschaft zu treffen.

C. SCHLUSSBETRACHTUNG: KRITISCHE ZUSAMMENFASSUNG DER ERGEBNISSE UND AUSBLICK

I. BEDEUTUNG DER ERGEBNISSE

Die vorliegende Studie hat gezeigt, daß es prinzipiell möglich ist, die in der amtlichen Statistik nicht verfügbaren Daten zur kleinräumlichen Analyse der Auswirkungen des Kreditsystems zu beschaffen. Wichtiges Hilfsinstrument ist hierbei ein entwickeltes Zuordnungsverfahren, das in vier verschiedenen Varianten im Rahmen dieser Studie angewandt wurde. Damit sind Aussagen über die Beziehung von real- und kreditwirtschaftlicher Entwicklung auf kleinräumlicher Ebene möglich. Ferner können Rückschlüsse auf die kreditwirtschaftliche Versorgung der Untersuchungsräume abgeleitet werden.

Es konnte im Verlaufe der Studie gezeigt werden, daß der Zusammenhang von real- und kreditwirtschaftlicher Entwicklung statistisch signifikant ist. Die Untersuchung liefert diese Ergebnisse auf qualitativer und quantitativer Basis für ausgewählte Indikatoren sowie auf qualitativer Basis für den Gesamtzusammenhang. Aufgrund der Untersuchungsergebnisse kann daher die Forderung abgeleitet werden, das Kreditsystem und seine Auswirkungen in den Dienst der Raumordnungs- und Regionalpolitik zu stellen und bewußt zum Abbau räumlicher Disparitäten heranzuziehen. Es sollte allerdings dabei stets berücksichtigt werden, daß sich die Kreditwirtschaft des direkten staatlichen Planungszugriffs entzieht und somit nur über sogenannte "weiche" Instrumente zu beeinflussen ist. Der raumordnungs- und regionalpolitische Zielbereich der Kreditwirtschaft kann daher im wesentlichen im Bereich des Ziels "Förderung der regionalen Wirtschaftsstruktur" erwartet werden. Dies gilt insbesondere für den Fall, daß sich staatliche und privatwirtschaftliche Zielvorstellungen annähernd decken.

Darüber hinaus kann auch die Forderung aufgestellt werden, die Kreditwirtschaft sollte sich ihrer räumlichen Auswirkungen bewußter werden und ihre Hauptfunktion, Finanzmittler zu sein, auch im Lichte des Ausgleichs von räumlichen Finanzungleichgewichten sehen.

II. KRITISCHE ASPEKTE ZUR METHODIK

Die Ergebnisse dieser Studie sind in erster Linie von der Qualität des entwickelten Zuordnungsverfahrens im kreditwirtschaftlichen Bereich abhängig. Trotz der Berücksichtigung verschiedener Varianten ist es kaum wahrscheinlich, daß dieses Verfahren zur Erzeugung von Daten führt, die eine realistische Abbildung der kreditwirtschaftlichen Situation in den Kreisen des Landes Nordrhein-Westfalen darstellen. Es kann nur eine Annäherung an die tatsächlichen Strukturen leisten.

Ferner sind die Ergebnisse von der Auswahl der real- und der kreditwirtschaftlichen Indikatoren abhängig. Die ausgewählten realwirtschaftlichen Indikatoren haben sich im Gegensatz zu den kreditwirtschaftlichen bereits in anderen Studien als angemessen herauskristallisiert. Dennoch bleiben die Gewichtungsprobleme ungelöst und beeinflussen die Ergebnisse. Aus diesen Gründen wurde im weiteren Verlauf der Studie von der quantitativen Analyse Abstand genommen und qualitative Klassifizierungsverfahren angewandt. Damit ergeben sich für die real- und die kreditwirtschaftliche Situation in den Kreisen relativ grobe Einschätzungen. Die daraus abgeleitete Gesamtsituation und die kreditwirtschaftliche Versorgung sind daher ebenfalls nur grobe Abbildungen. Diese sind aber zur Ableitung politischer Konsequenzen ausreichend. Das hat sich in der Praxis der Raumordnungs- und Regionalpolitik deutlich gezeigt. Denn die absolute Zielerreichung bzw. der totale Abbau räumlicher Disparitäten hat sich als nicht sinnvolles Ziel erwiesen.

Die Analyse der Zusammenhänge ist in diesem Rahmen zu interpretieren. Es hat sich gezeigt, daß die Zusammenhänge statistisch signifikant sind und sich folglich politische Konsequenzen sowohl für die Raumordnungs- und Regionalpolitik als auch die Kreditpolitik ableiten lassen, die besagen, daß die räumlichen Auswirkungen des Kreditsystems zu berücksichtigen sind. Doch genau spezifizierte Maßnahmen lassen sich aus den Ergebnissen nicht folgern. Die Ermittlung der generellen Tendenz der Beeinflussung läßt auch nur generelle und globale Handlungsanweisungen zu.

Zudem ist zu bemerken, daß sich die Studie nur auf den globalen Untersuchungsraum Nordrhein-Westfalen bezieht und somit als Fallstudie zu werten ist, deren Repräsentativität eingeschränkt ist. Eine Übertragbarkeit der Ergebnisse auf die anderen Bundesländer ist zwar zu vermuten. Doch sollte dies nicht ohne Überprüfung der Zusammenhänge erfolgen. Schließlich soll noch einmal daran erinnert werden, daß die Ergebnisse auch von der gewählten Raumabgrenzung beeinflußt und somit nur eine verzerrte Abbildung der Realität sind.

III. AUSBLICK AUF ZUKÜNFTIGE FORSCHUNGSAKTIVITÄTEN ZUR ANALYSE DER RÄUMLICHEN AUSWIRKUNGEN DES KREDITSYSTEMS

Betrachtet man die Ergebnisse der vorliegenden Studie, so muß man feststellen, daß die statistische Signifikanz des Zusammenhangs von real- und kreditwirtschaftlichem Entwicklungsstand sowohl für ausgewählte Indikatoren als auch für die Globalgrössen gezeigt wurde. Doch resultieren diese Ergebnisse lediglich aus einer Querschnittsanalyse über die 54 Kreise des Landes Nordrhein-Westfalen. Die berücksichtigten Jahre 1975 und 1976 bilden keinen untersuchungsrelevanten Zeitraum. Zu fordern wäre daher die Durchführung nicht nur einer Parallelstudie für die anderen Bundesländer, sondern auch eine Analyse über die Zeit. Diese Analyse des Zusammenhangs von real- und kreditwirtschaftlicher Entwicklung war z.Z. aufgrund der Nichtvergleichbarkeit der Daten vor 1975 mit denen seit 1975 unmöglich. Die Kreisreformen haben zu nicht vergleichbaren Gebietseinheiten geführt. Doch bleibt die Untersuchung der Zusammenhänge über die Zeit ein im Interesse größerer Klarheit weiter zu verfolgendes Ziel. Sie dürfte in absehbarer Zeit möglich sein, sofern nicht neue Kreisreformen vorgenommen werden.

ANHANG A: BESCHREIBUNG DER SITUATION IN DEN KREISEN DES LANDES NORDRHEIN-WESTFALEN ANHAND REALWIRTSCHAFTLICHER INDIKATOREN 1975 UND 1976

Im Anhang A wird die realwirtschaftliche Situation in den Kreisen des Landes Nordrhein-Westfalen für die Jahre 1975 und 1976 anhand von 6 Indikatoren beschrieben. Zunächst werden in tabellarischer Form die absoluten Werte für die Indikatoren ausgewiesen.
Dann folgt jeweils die Verteilung der Indikatorenwerte über die Kreise in einer graphischen Darstellung. Die Indikatoren sind durch zwei Buchstaben abgekürzt. Eine Ausnahme bildet der selbsterzeugte Indikator RIF. Zur Indentifizierung der Abkürzungen ist die Liste der realwirtschaftlichen Indikatoren zu Rate zu ziehen. Die Kreise sind nicht nach der amtlichen Statistik geordnet, sondern gemäß ihres Wertes bezüglich des Indikators ES "Einnahmen aus Steuern der Gemeinden- und Gemeindeverbände". Für 1975 ist die Identifizierung der Kreise aus der 2. und für 1976 aus der 3. Liste der Kreisnumerierung zu entnehmen. In den Abbildungen sind auf der Ordinate die Werte des jeweiligen Indikators angegeben. Die Abszisse repräsentiert die Kreise in der Rangfolge nach ES. Die Skalierung der Abszisse ist verfahrenstechnisch bedingt und weist daher keine ganzzahlige Einteilung auf.

Quellen der realwirtschaftlichen Indikatoren: Statistisches Jahrbuch Nordrhein-Westfalen, hrsg. vom Landesamt für Datenverarbeitung und Statistik Nordrhein-Westfalen, 18. Jg., Düsseldorf 1976; 19. Jg., Düsseldorf 1977; 20. Jg., Düsseldorf 1978; 21. Jg., Düsseldorf 1979, Statistische Angaben für kreisfreie Städte und Kreise (Kreisstandardzahlen) des Landes Nordrhein-Westfalen, hrsg. vom Landesamt für Datenverarbeitung und Statistik Nordrhein-Westfalen, 26. Jg., Düsseldorf 1976; 27. Jg., Düsseldorf 1977; 28. Jg., Düsseldorf 1978; 29. Jg., Düsseldorf 1979;
Bruttoinlandsprodukt und Bruttowertschöpfung der kreisfreien Städte und Landkreise in der Bundesrepublik Deutschland 1976, Gemeinschaftsveröffentlichung der Statistischen Landesämter, Heft 10, Düsseldorf 1979;
Die Wohnbevölkerung der Gemeinden und Kreise in Nordrhein-Westfalen, hrsg. vom Landesamt für Datenverarbeitung und Statistik Nordrhein-Westfalen, Düsseldorf 1979 und
eigene Berechnungen.

TAB. 84: WERTE FÜR DIE INDIKATOREN EF, RIF UND RE 1975

CASE-N	EF	RE	RIF
1	2758.000	819.400	1.752
2	2363.000	699.300	1.420
3	1636.000	628.300	1.719
4	1784.000	614.100	4.193
5	2128.000	648.600	1.154
6	2075.000	520.600	1.393
7	2343.000	508.400	3.509
8	3225.000	486.400	1.475
9	2538.000	493.700	1.111
10	1438.000	486.800	1.600
11	1922.000	495.800	4.910
12	2008.000	432.300	1.097
13	1220.000	535.400	1.505
14	2254.000	456.700	1.001
15	405.000	458.700	0.935
16	875.000	456.600	0.308
17	865.000	462.200	1.077
18	1532.000	434.600	1.676
19	1137.000	434.900	1.623
20	256.000	456.200	0.351
21	3078.000	397.800	1.498
22	693.000	409.200	0.430
23	2855.000	369.600	1.438
24	3079.000	351.800	0.987
25	523.000	398.700	1.099
26	289.000	437.500	0.377
27	764.000	401.900	0.398
28	1524.000	338.600	1.044
29	518.000	347.300	0.250
30	557.000	327.200	0.443
31	3710.000	305.000	1.986
32	470.000	329.100	0.477
33	762.000	340.300	0.354
34	1450.000	279.000	0.337
35	252.000	307.200	0.288
36	692.000	341.800	0.433
37	253.000	294.200	0.187
38	259.000	297.700	0.351
39	173.000	345.400	0.248
40	392.000	315.900	0.208
41	138.000	341.200	0.190
42	377.000	284.000	0.203
43	184.000	300.500	0.161
44	171.000	314.300	0.130
45	264.000	279.200	0.352
46	522.000	270.300	0.294
47	124.000	249.800	0.103
48	204.000	269.200	0.176
49	205.000	289.500	0.158
50	205.000	290.100	0.184
51	208.000	258.400	0.157
52	333.000	239.700	0.263
53	120.000	245.800	0.099
54	147.000	239.800	0.091

ABB. 62: VERTEILUNG VON EF ÜBER DIE NACH ES GEORDNETEN KREISE 1975

FILE KR75ESSO (CREATION DATE = 03/04/80)
SCATTERGRAM OF (DOWN) EF (ACROSS) SEQNUM

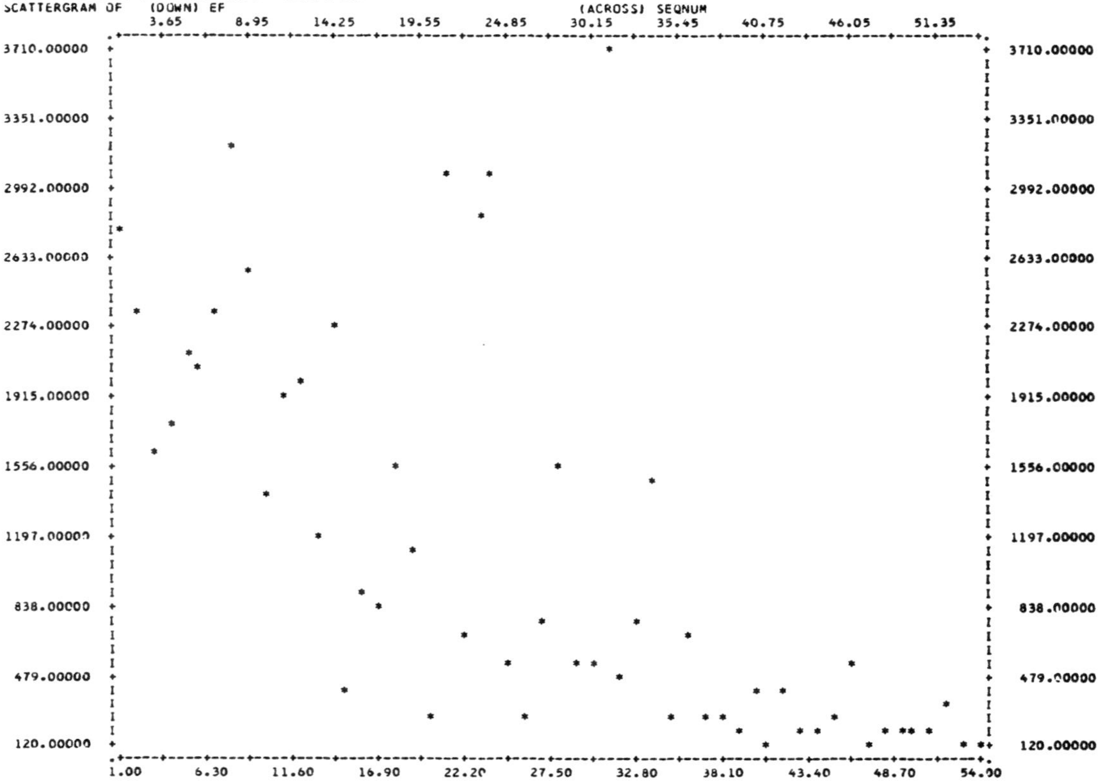

PLOTTED VALUES - 54 EXCLUDED VALUES- 0 MISSING VALUES - 0

ABB. 63: VERTEILUNG VON RIF ÜBER DIE NACH ES GEORDNETEN KREISE 1975

FILE KR75ESSO (CREATION DATE = 03/04/80)
SCATTERGRAM OF (DOWN) RIF (ACROSS) SEQNUM

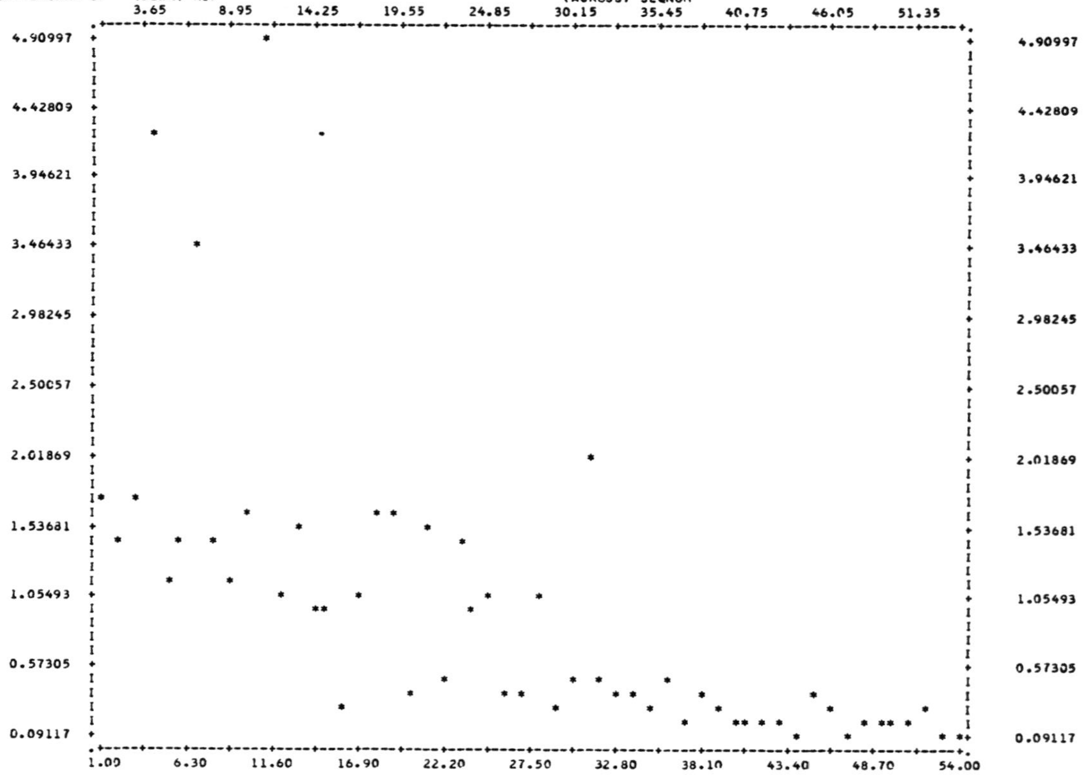

PLOTTED VALUES - 54 EXCLUDED VALUES- 0 MISSING VALUES - 0

ABB. 64: VERTEILUNG VON RE ÜBER DIE NACH ES GEORDNETEN KREISE 1975

FILE KR75ESSO (CREATION DATE = 03/04/80)
SCATTERGRAM OF (DOWN) RE (ACROSS) SEQNUM

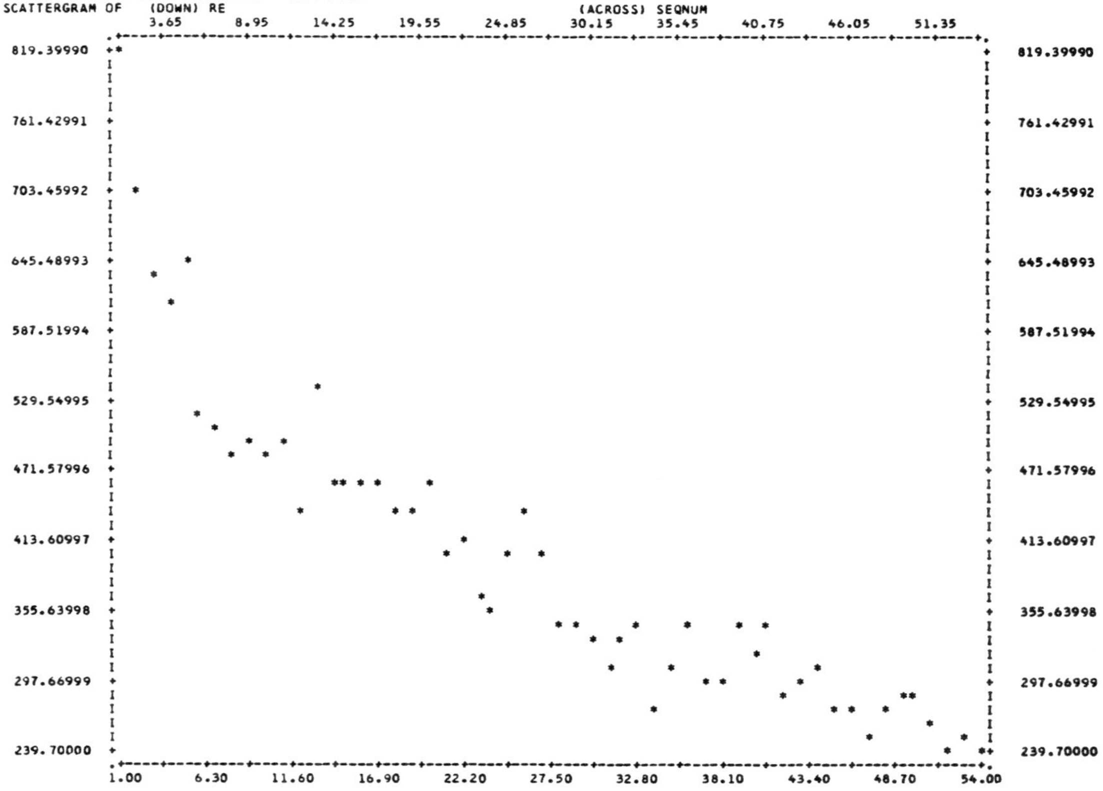

PLOTTED VALUES - 54 EXCLUDED VALUES- 0 MISSING VALUES - 0

TAB.85: WERTE FÜR DIE INDIKATOREN BE, ES UND WS 1975

CASE-N	WS	ES	BE
1	-11.900	1275.000	34660.000
2	-5.700	1104.000	27080.000
3	-9.500	922.000	21710.000
4	-15.500	890.000	19970.000
5	-9.200	878.000	23270.000
6	-1.700	874.000	16240.000
7	-11.300	844.000	17910.000
8	-3.600	827.000	22080.000
9	-9.900	799.000	21530.000
10	-7.000	794.000	18900.000
11	-14.800	780.000	16620.000
12	2.800	775.000	19070.000
13	-7.600	773.000	18950.000
14	-4.800	759.000	19300.000
15	-13.600	725.000	14990.000
16	7.800	722.000	20200.000
17	-2.800	710.000	14490.000
18	-4.400	687.000	16020.000
19	0.500	681.000	13010.000
20	-3.400	661.000	16960.000
21	-10.500	659.000	24180.000
22	-0.600	648.000	14850.000
23	-0.800	642.000	18530.000
24	-6.700	638.000	16020.000
25	-3.700	635.000	15500.000
26	-3.600	628.000	16510.000
27	0.0 .	625.000	14980.000
28	3.700	610.000	18230.000
29	8.900	598.000	11600.000
30	7.400	560.000	9960.000
31	-11.600	546.000	13300.000
32	-0.500	543.000	10980.000
33	-1.200	541.000	17200.000
34	-2.400	540.000	10710.000
35	-1.000	534.000	14400.000
36	4.900	531.000	11790.000
37	-4.300	531.000	13300.000
38	-0.600	524.000	12250.000
39	-7.100	522.000	11920.000
40	4.800	519.000	14930.000
41	-3.700	512.000	12990.000
42	13.100	510.000	10180.000
43	-3.500	503.000	13190.000
44	2.300	498.000	13730.000
45	-0.400	496.000	12920.000
46	-3.400	482.000	11940.000
47	2.900	479.000	10650.000
48	-3.700	473.000	12450.000
49	3.300	462.000	11800.000
50	-3.600	440.000	11720.000
51	-1.800	422.000	12300.000
52	4.200	413.000	9880.000
53	-2.100	411.000	11180.000
54	7.100	403.000	10680.000

ABB. 65: VERTEILUNG VON BE ÜBER DIE NACH ES GEORDNETEN KREISE 1975

FILE KR75ESSC (CREATION DATE = 03/04/80)
SCATTERGRAM OF (DOWN) BE (ACROSS) SEQNUM

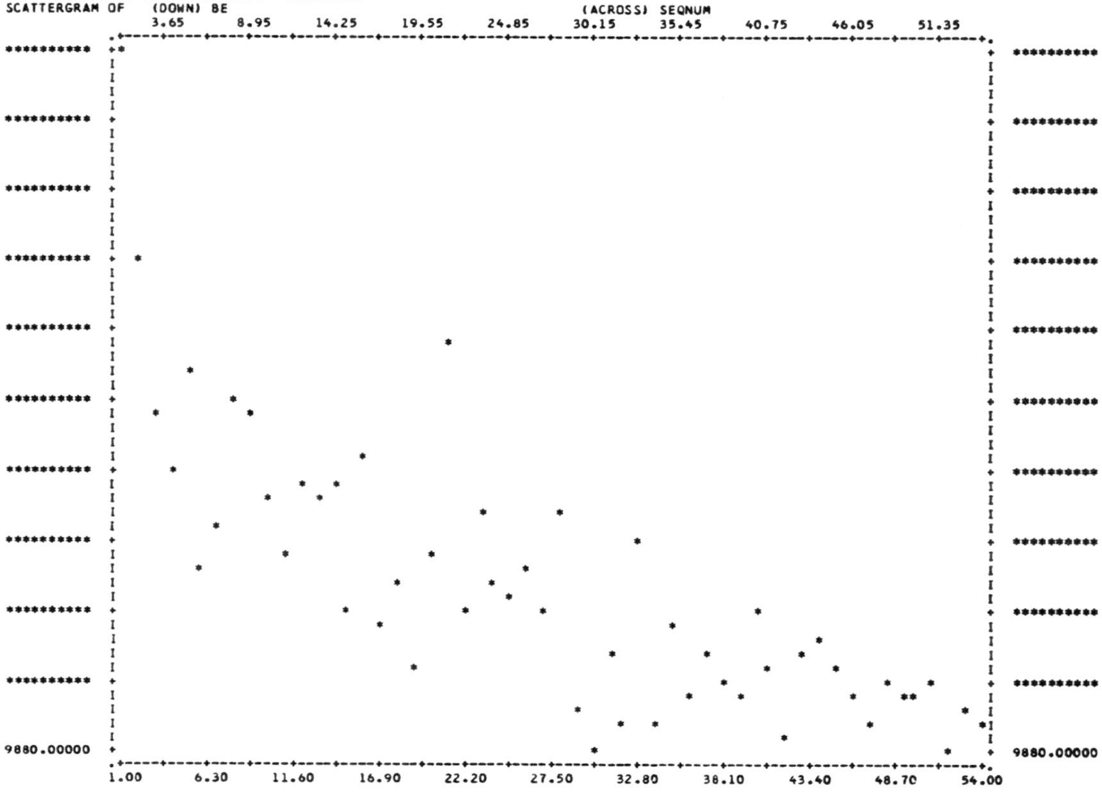

PLOTTED VALUES - 54 EXCLUDED VALUES- 0 MISSING VALUES - 0

ABB. 66: VERTEILUNG VON ES ÜBER DIE NACH ES GEORDNETEN KREISE 1975

FILE KR75ESSO (CREATICN DATE = 03/04/80)
SCATTERGRAM OF (DOWN) ES (ACROSS) SEQNUM

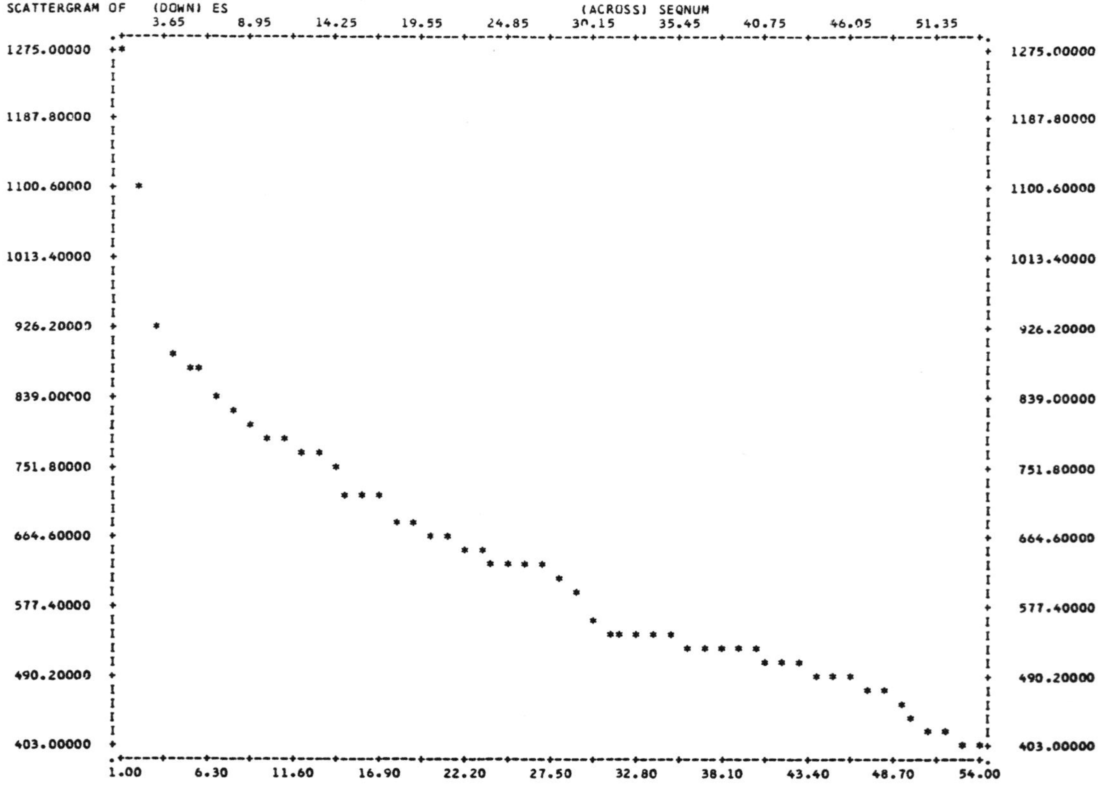

PLOTTED VALUES - 54 EXCLUDED VALUES- 0 MISSING VALUES - 0

ABB. 67 : VERTEILUNG VON WS ÜBER DIE NACH ES GEORDNETEN KREISE 1975

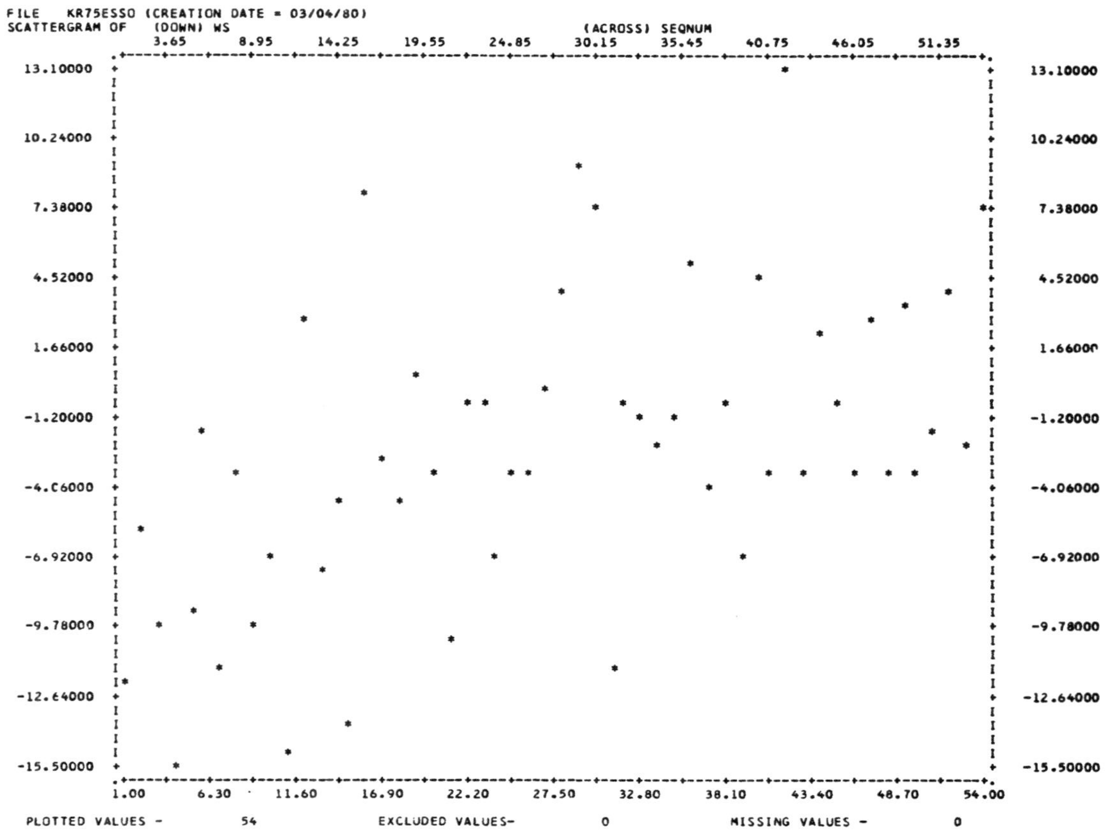

TAB. 86: WERTE FÜR DIE INDIKATOREN EF, RIF UND RE 1976

CASE-N	EF	RE	RIF
1	2873.000	997.000	1.835
2	2411.000	813.500	1.426
3	2113.000	820.300	1.039
4	1610.000	684.300	1.638
5	1762.000	670.600	3.992
6	2058.000	590.400	1.349
7	2322.000	577.100	3.335
8	2497.000	588.100	1.038
9	3190.000	533.400	1.390
10	403.000	596.200	0.909
11	2017.000	461.800	1.069
12	1420.000	531.800	1.525
13	1897.000	550.700	4.597
14	1213.000	589.400	1.428
15	2841.000	520.000	1.376
16	881.000	519.300	0.301
17	2229.000	471.200	0.972
18	860.000	502.000	1.015
19	3034.000	484.600	1.412
20	697.000	489.700	0.428
21	1524.000	463.100	1.535
22	255.000	514.900	0.341
23	1161.000	465.000	1.433
24	520.000	463.100	1.026
25	545.000	431.600	0.218
26	289.000	505.000	0.361
27	3046.000	393.400	0.922
28	1526.000	359.300	1.000
29	834.000	417.600	0.355
30	3667.000	383.800	1.928
31	559.000	377.900	0.436
32	760.000	392.600	0.354
33	251.000	361.200	0.275
34	470.000	371.900	0.451
35	172.000	410.400	0.244
36	263.000	360.200	0.340
37	393.000	358.500	0.197
38	1151.000	293.400	0.457
39	695.000	374.900	0.420
40	252.000	320.800	0.179
41	137.000	395.800	0.181
42	259.000	321.200	0.329
43	185.000	341.600	0.153
44	381.000	315.200	0.191
45	124.000	288.600	0.095
46	203.000	305.400	0.168
47	521.000	296.400	0.283
48	174.000	316.400	0.121
49	205.000	318.300	0.150
50	205.000	337.100	0.186
51	208.000	288.100	0.152
52	335.000	260.500	0.244
53	120.000	268.400	0.097
54	148.000	273.300	0.091

ABB. 68 : VERTEILUNG VON EF ÜBER DIE NACH ES GEORDNETEN KREISE 1976

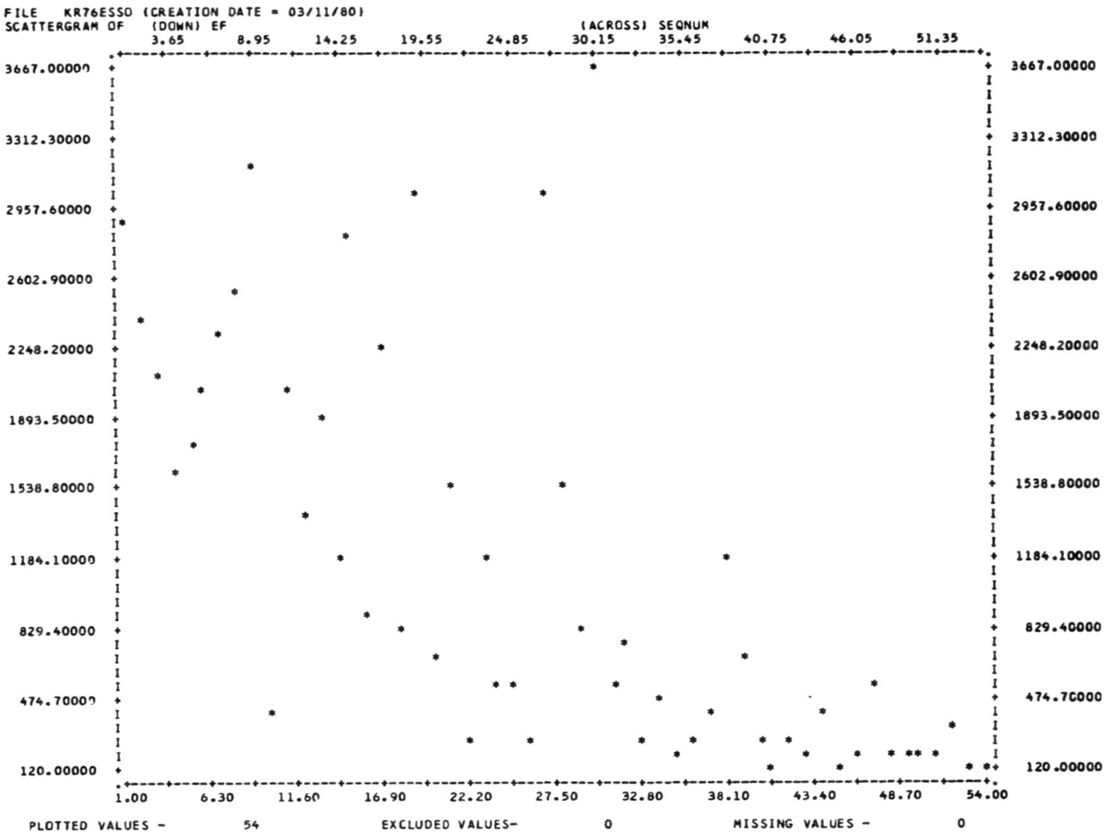

ABB. 69 : VERTEILUNG VON RIF ÜBER DIE NACH ES GEORDNETEN KREISE 1976

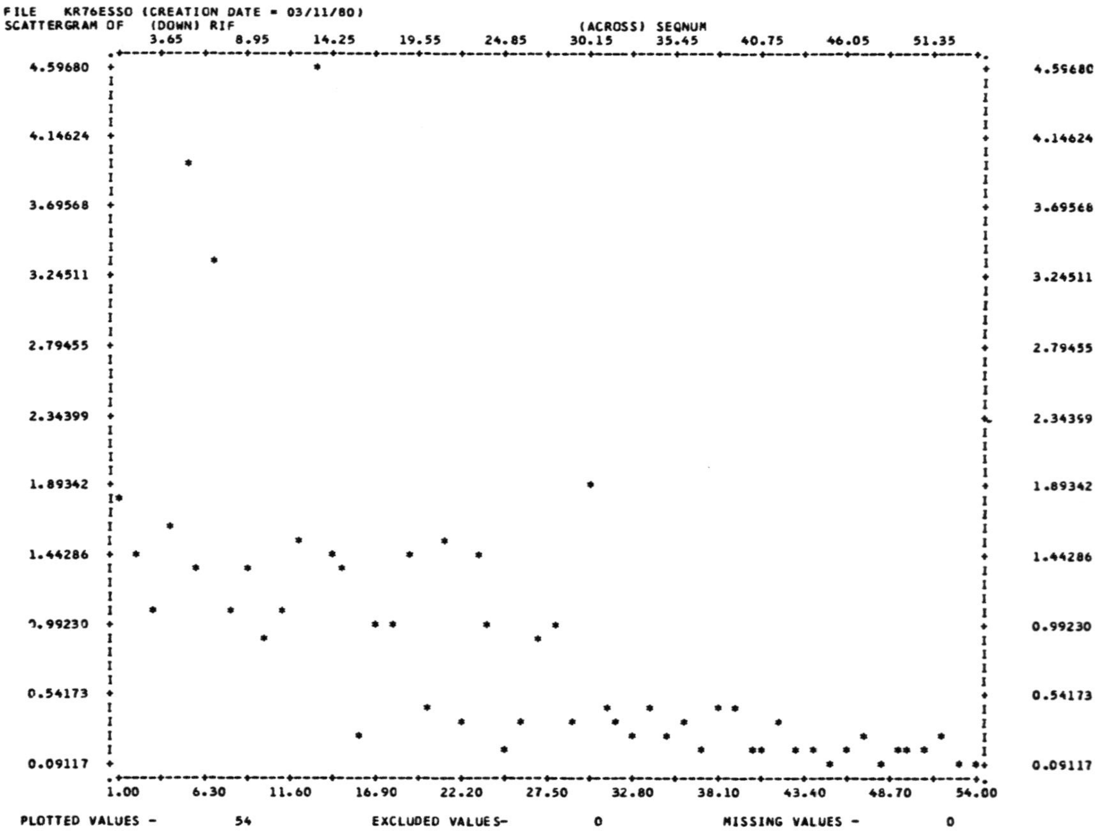

ABB. 70: VERTEILUNG VON RE ÜBER DIE NACH ES GEORDNETEN KREISE 1976

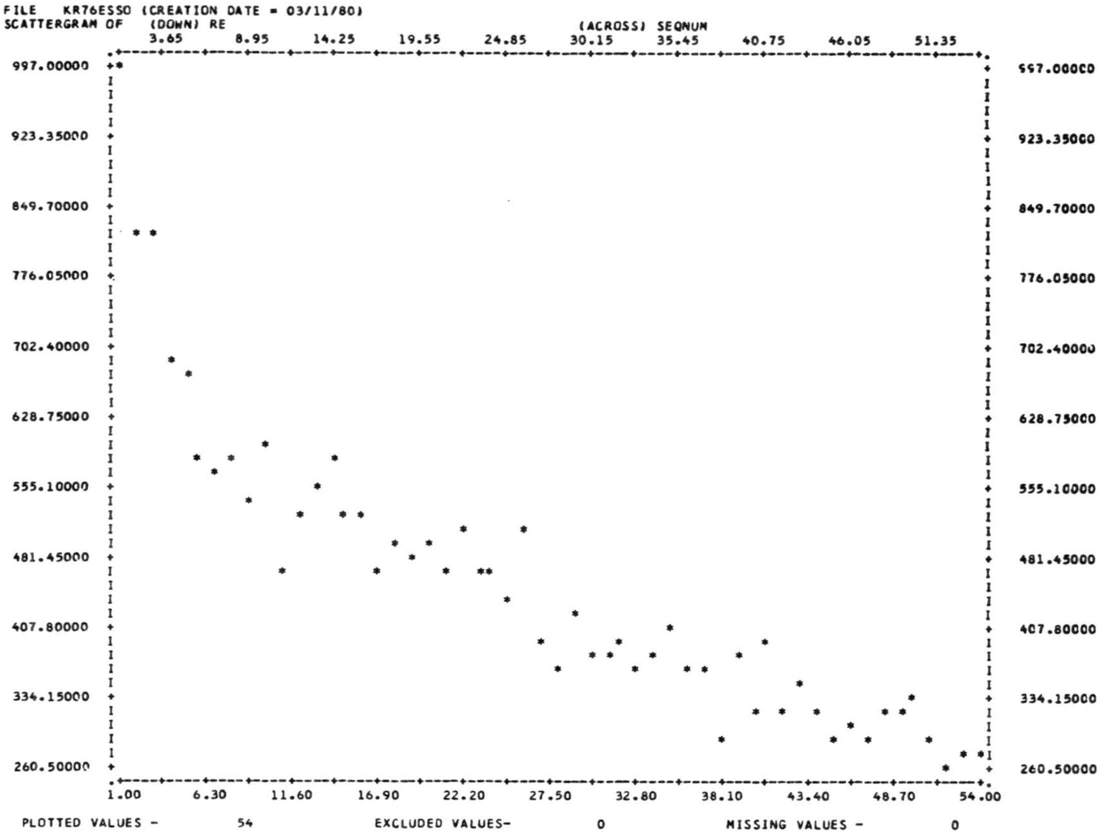

TAB.87: WERTE FÜR DIE INDIKATOREN BE, ES UND WS 1976

CASE-N	WS	ES	BE
1	-13.200	1517.000	40770.000
2	-4.300	1260.000	29250.000
3	-6.000	1155.000	26830.000
4	-7.200	1068.000	23330.000
5	-8.700	981.000	20530.000
6	-2.800	979.000	15900.000
7	-3.400	945.000	18940.000
8	-12.900	931.000	21750.000
9	-4.900	906.000	24620.000
10	-2.900	884.000	16840.000
11	7.900	880.000	20290.000
12	-8.400	875.000	20280.000
13	-7.200	866.000	16200.000
14	-2.300	851.000	20350.000
15	-0.100	850.000	21930.000
16	5.900	849.000	22260.000
17	-6.700	804.000	19880.000
18	-2.600	791.000	15060.000
19	-9.300	779.000	27270.000
20	4.200	767.000	17190.000
21	-2.100	741.000	17060.000
22	-1.800	738.000	18660.000
23	6.500	726.000	13320.000
24	-1.700	720.000	17130.000
25	9.300	711.000	12480.000
26	1.400	710.000	18880.000
27	-8.800	708.000	17320.000
28	3.200	695.000	19340.000
29	-0.200	656.000	15810.000
30	-6.900	652.000	13440.000
31	4.500	627.000	11400.000
32	-2.200	614.000	17360.000
33	0.800	612.000	16550.000
34	1.300	605.000	11940.000
35	-3.500	601.000	13350.000
36	0.300	589.000	13880.000
37	2.600	585.000	16060.000
38	-5.000	583.000	13320.000
39	4.100	583.000	12710.000
40	-0.800	579.000	14890.000
41	-4.200	573.000	14710.000
42	2.300	569.000	13490.000
43	-1.500	569.000	15480.000
44	11.200	567.000	11180.000
45	2.400	533.000	12300.000
46	-4.300	530.000	14200.000
47	-1.900	524.000	12960.000
48	12.200	523.000	15110.000
49	4.800	517.000	12980.000
50	0.200	502.000	13830.000
51	0.500	469.000	13850.000
52	4.400	466.000	10620.000
53	0.700	454.000	12400.000
54	3.800	436.000	11780.000

ABB. 71: VERTEILUNG VON BE ÜBER DIE NACH ES GEORDNETEN KREISE 1976

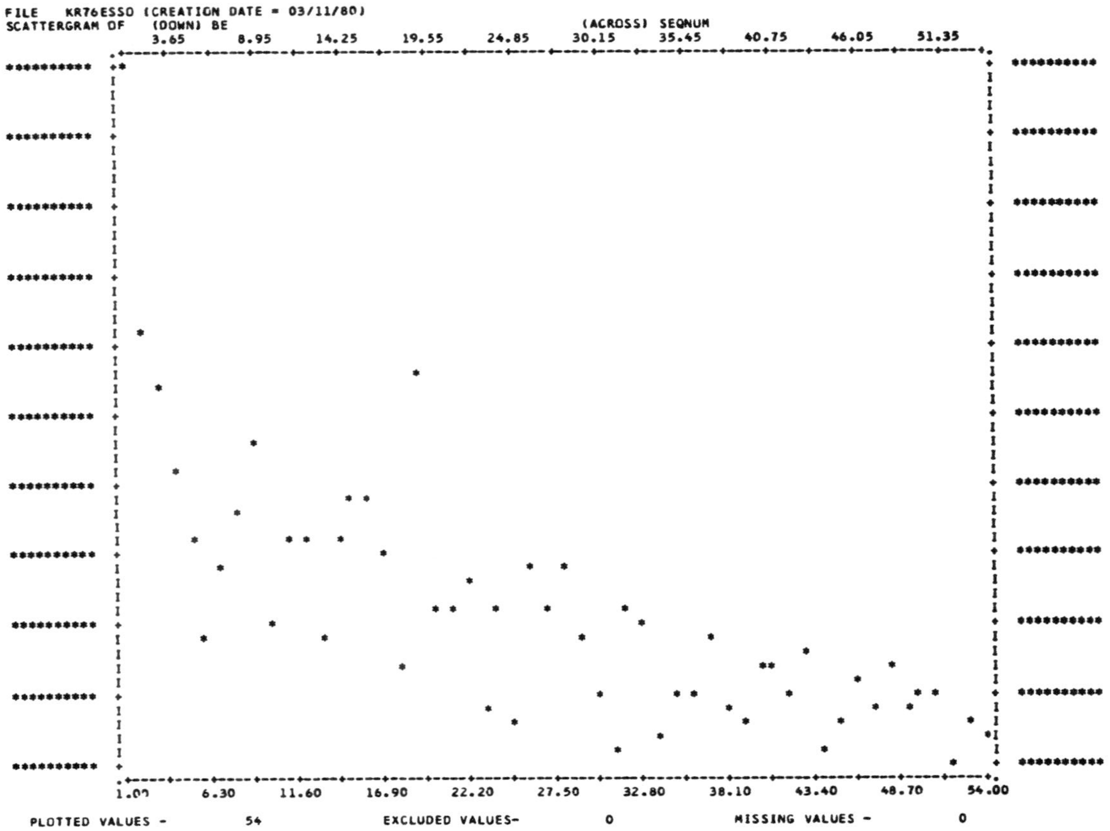

ABB. 72: VERTEILUNG VON ES ÜBER DIE NACH ES GEORDNETEN KREISE 1976

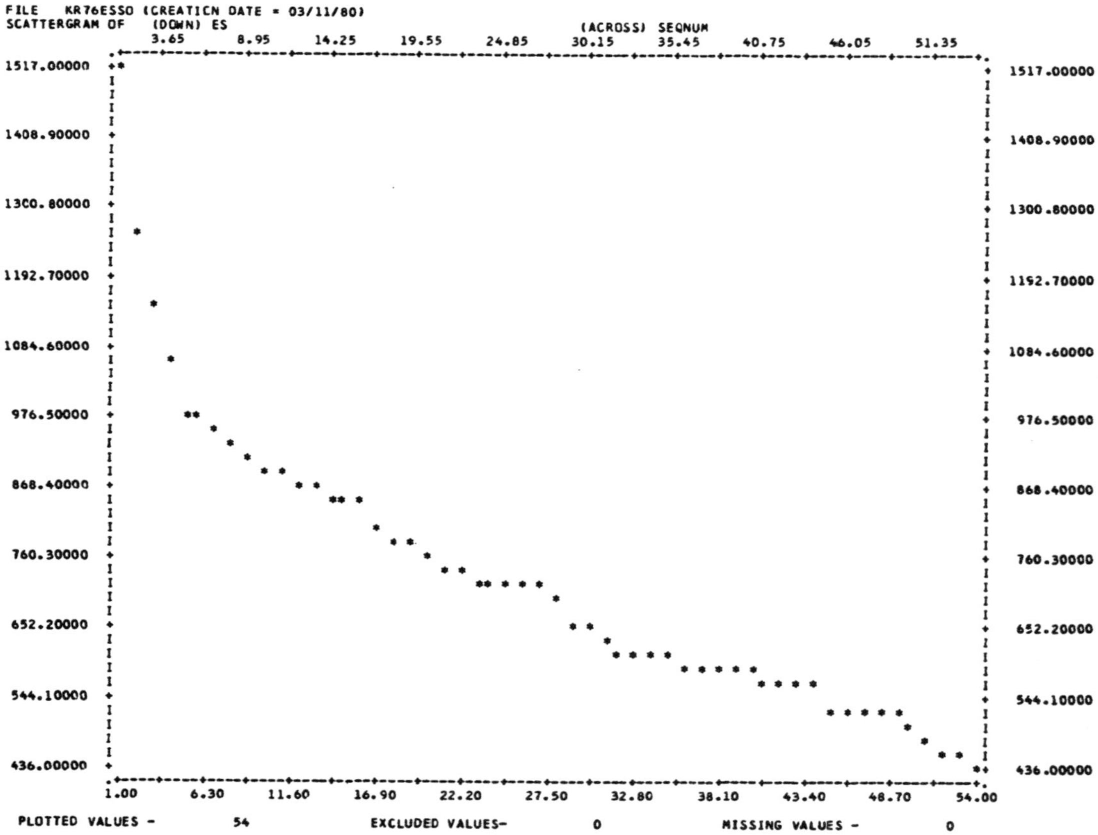

ABB. 73 : VERTEILUNG VON WS ÜBER DIE NACH ES GEORDNETEN KREISE 1976

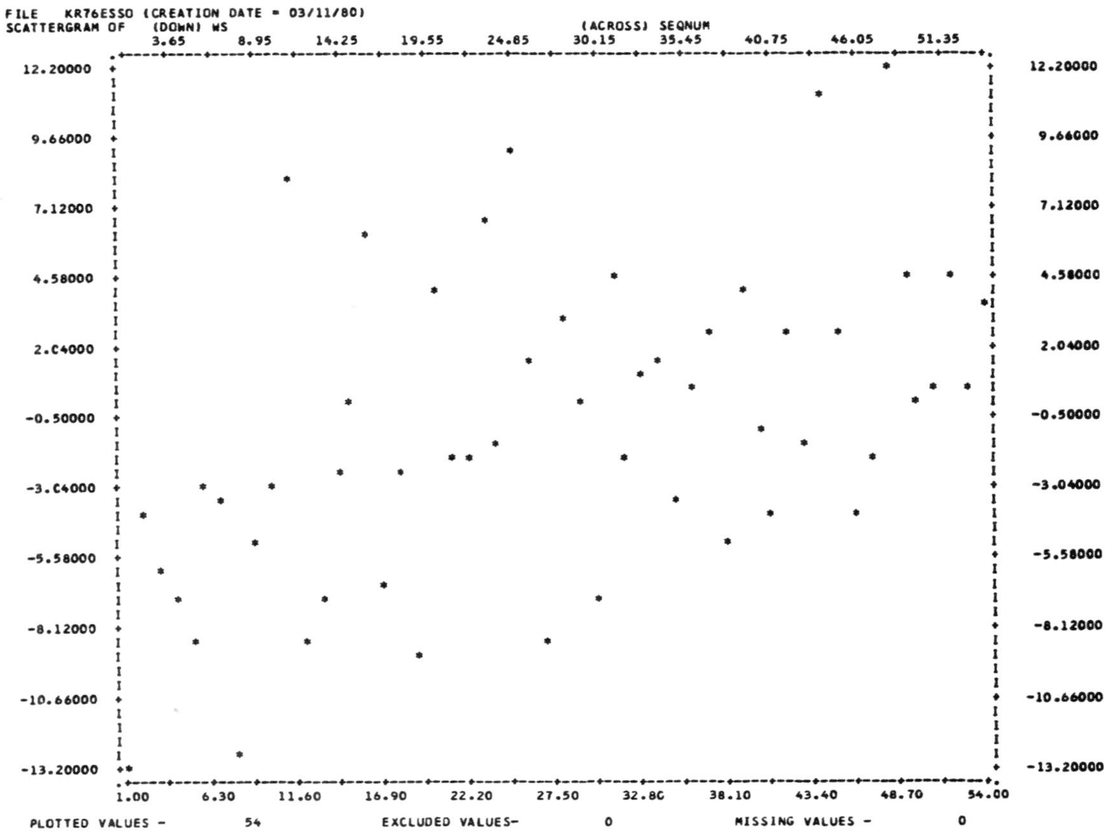

ANHANG B: BESCHREIBUNG DER SITUATION IN DEN KREISEN DES LANDES NORDRHEIN-WESTFALEN ANHAND KREDITWIRTSCHAFTLICHER INDIKATOREN 1975 UND 1976

Im Anhang B erfolgt die Beschreibung der kreditwirtschaftlichen Situation in den 54 Kreisen des Landes Nordrhein-Westfalen für 1975 und 1976. Die kreditwirtschaftlichen Indikatoren sind bis auf die Bankstellen und die mit ihnen erzeugten Größen jeweils für die vier entwickelten Zuordnungsverfahren ausgewiesen. Die Indikatorwerte sind wieder in Tabellenform dargestellt und die Verteilung über die Kreise graphisch. Zur Identifizierung der Abkürzungen der Indikatoren wird auf die Liste der kreditwirtschaftlichen Indikatoren verwiesen. Für die wiederum nach dem Indikator ES geordneten Kreise ist auf die 2. und 3. Liste der Kreisnumerierung zurückzugreifen.

<u>Quellen</u> der kreditwirtschaftlichen Indikatoren: eigene Berechnungen aus: Geschäftsberichte 1975 und 1976 der auf Kreisebene berichtenden Kreditinstitute im Land Nordrhein-Westfalen; Statistisches Material der Regionalverbände der auf Kreisebene berichtenden Kreditinstitute im Land Nordrhein-Westfalen; Landeszentralbank in Nordrhein-Westfalen: Bericht über das Jahr 1975, Düsseldorf 1976; Landeszentralbank in Nordrhein-Westfalen: Bericht über das Jahr 1976, Düsseldorf 1977; Landeszentralbank in Nordrhein-Westfalen: Bericht über das Jahr 1977, Düsseldorf 1978; Geschäftsberichte überregional tätiger Kreditinstitute; Deutsche Bundesbank: Verzeichnis der Kreditinstitue und ihrer Verbände sowie der Treuhänder für Kreditinstitute in der Bundesrepublik Deutschland und in Berlin (West), Frankfurt/M. 1976 und 1978; Rheinisches Genossenschaftsblatt, 65. Jg. (1976) bis 68. Jg. (1979); Bankleitzahlverzeichnis 1979; Bankenortslexikon, Darmstadt, Loseblattsammlung: Stand 1979; Sparkassenkalender 1979

TAB. 88: WERTE FÜR DIE INDIKATOREN AKE1, AKB1, ATE1, FB5 UND BB5 1975

CASE-N	AKE1	AKB1	ATE1	FB5	BB5
1	0.810	14.533	0.168	0.876	413.969
2	0.790	11.074	0.132	1.407	300.848
3	0.690	8.349	0.108	2.181	280.087
4	0.770	10.814	0.132	1.736	323.065
5	0.750	7.918	0.111	1.733	271.084
6	0.719	5.877	0.111	2.763	174.326
7	0.767	9.236	0.136	1.602	266.404
8	0.804	8.568	0.144	1.167	265.643
9	0.802	8.753	0.143	1.309	300.879
10	0.786	8.393	0.124	1.944	357.766
11	0.764	8.923	0.119	2.032	256.112
12	0.703	11.013	0.152	1.197	415.932
13	0.775	10.379	0.115	1.948	420.753
14	0.742	7.426	0.135	1.563	283.857
15	0.798	8.281	0.134	5.437	454.651
16	0.775	9.736	0.142	3.053	374.291
17	0.788	7.985	0.128	3.228	358.362
18	0.795	9.261	0.125	1.896	344.300
19	0.802	8.385	0.120	3.036	289.687
20	0.822	7.742	0.119	6.182	632.999
21	0.724	7.190	0.131	1.103	294.482
22	0.743	6.469	0.120	3.581	402.802
23	0.768	6.967	0.116	1.563	224.205
24	0.812	8.168	0.134	1.242	261.493
25	0.816	10.144	0.112	3.449	554.844
26	0.772	7.784	0.110	5.889	588.446
27	0.742	6.616	0.112	3.829	341.710
28	0.795	9.569	0.141	1.575	416.495
29	0.714	6.285	0.127	4.698	410.998
30	0.720	6.730	0.121	5.470	328.407
31	0.748	5.425	0.114	1.556	173.137
32	0.766	7.685	0.105	5.085	418.729
33	0.792	6.780	0.118	2.722	481.998
34	0.653	2.427	0.077	4.265	161.698
35	0.717	7.047	0.088	5.481	724.138
36	0.747	5.411	0.091	4.203	343.725
37	0.725	6.685	0.101	7.171	552.276
38	0.709	5.847	0.070	6.359	606.248
39	0.799	7.512	0.110	6.062	955.882
40	0.775	7.294	0.121	5.603	455.771
41	0.784	7.315	0.118	7.588	956.618
42	0.666	5.490	0.085	6.234	425.287
43	0.807	7.813	0.103	9.317	582.163
44	0.702	7.185	0.068	7.678	760.563
45	0.742	6.821	0.106	7.394	513.245
46	0.782	7.524	0.141	4.079	469.402
47	0.740	6.554	0.072	11.262	718.447
48	0.738	5.769	0.074	7.214	681.229
49	0.783	9.321	0.120	7.322	667.196
50	0.810	6.834	0.088	10.487	466.160
51	0.809	6.265	0.098	9.575	502.959
52	0.698	6.061	0.105	4.158	721.452
53	0.724	6.114	0.081	8.950	935.101
54	0.812	6.804	0.087	10.652	638.037

ABB. 74: VERTEILUNG VON AKE1 ÜBER DIE NACH ES GEORDNETEN KREISE 1975

FILE KR75ESSO (CREATICN DATE = 03/04/80)
SCATTERGRAM OF (DOWN) AKE1 (ACROSS) SEQNUM

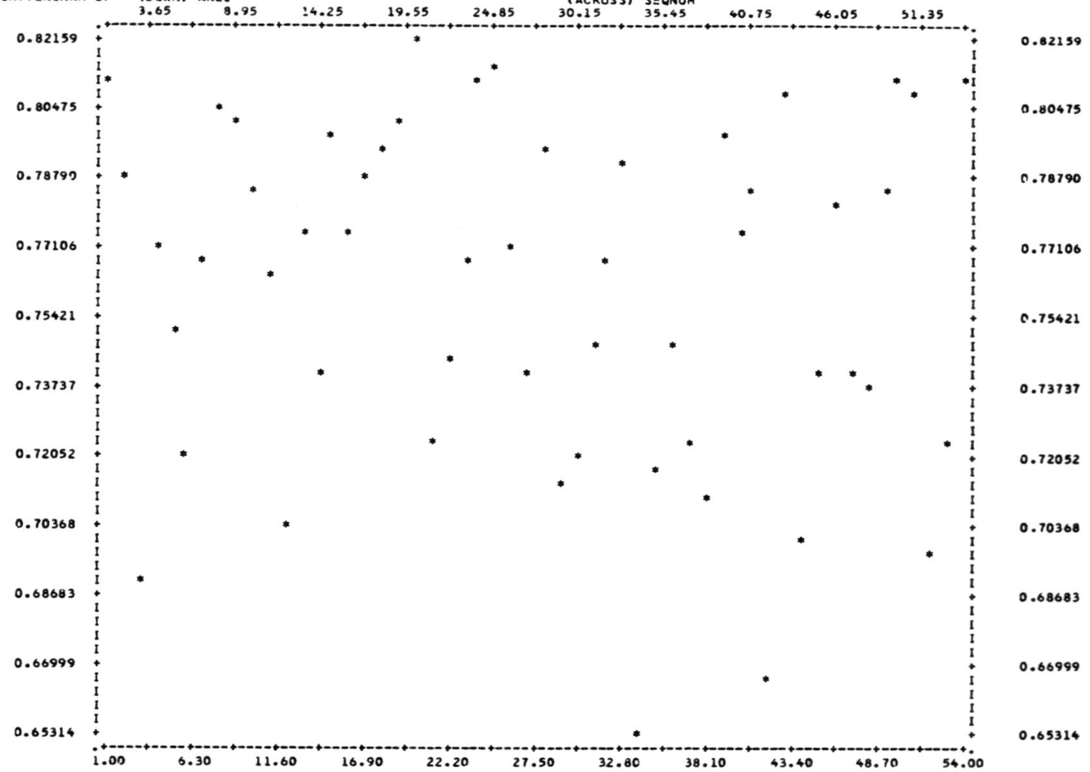

PLOTTED VALUES - 54 EXCLUDED VALUES- 0 MISSING VALUES - 0

ABB. 75 : VERTEILUNG VON AKB1 ÜBER DIE NACH ES GEORDNETEN KREISE 1975

FILE KR75ESSO (CREATION DATE = 03/04/80)
SCATTERGRAM OF (DOWN) AKB1 (ACROSS) SEQNUM

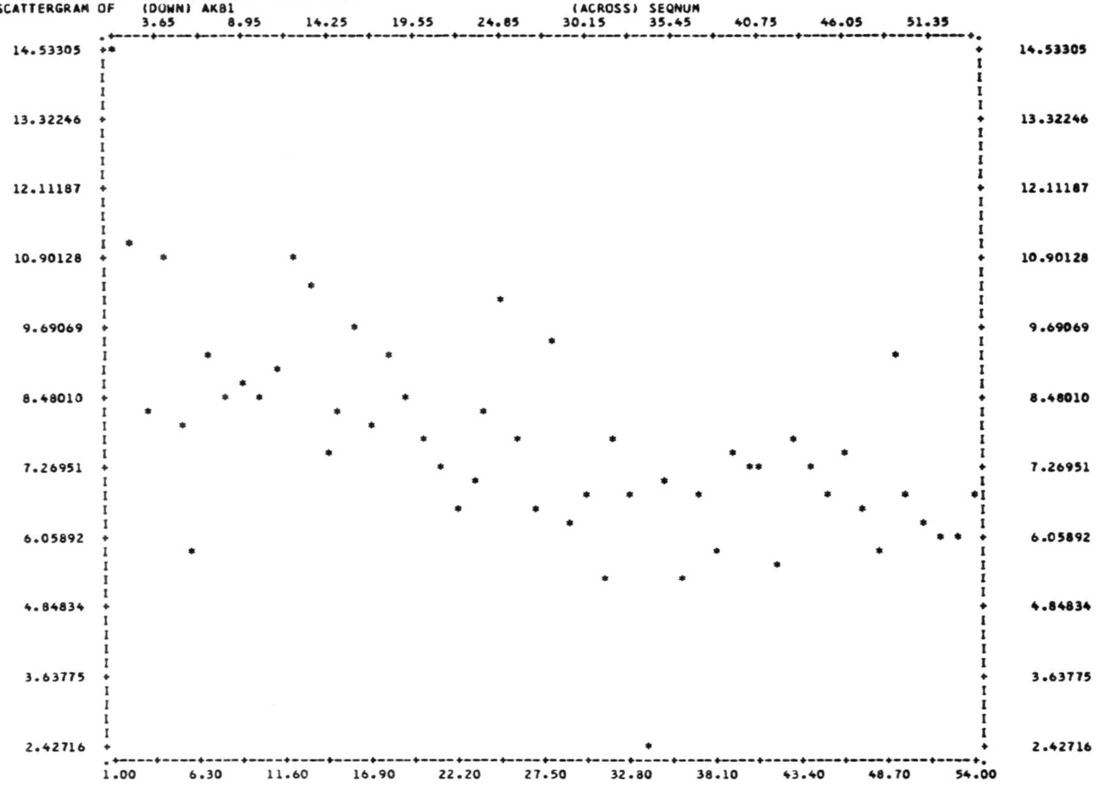

PLOTTED VALUES - 54 EXCLUDED VALUES- 0 MISSING VALUES - 0

ABB. 76 : VERTEILUNG VON ATE1 ÜBER DIE NACH ES GEORDNETEN KREISE 1975

FILE KR75ESSO (CREATION DATE = 03/04/80)
SCATTERGRAM OF (DOWN) ATE1 (ACROSS) SEQNUM

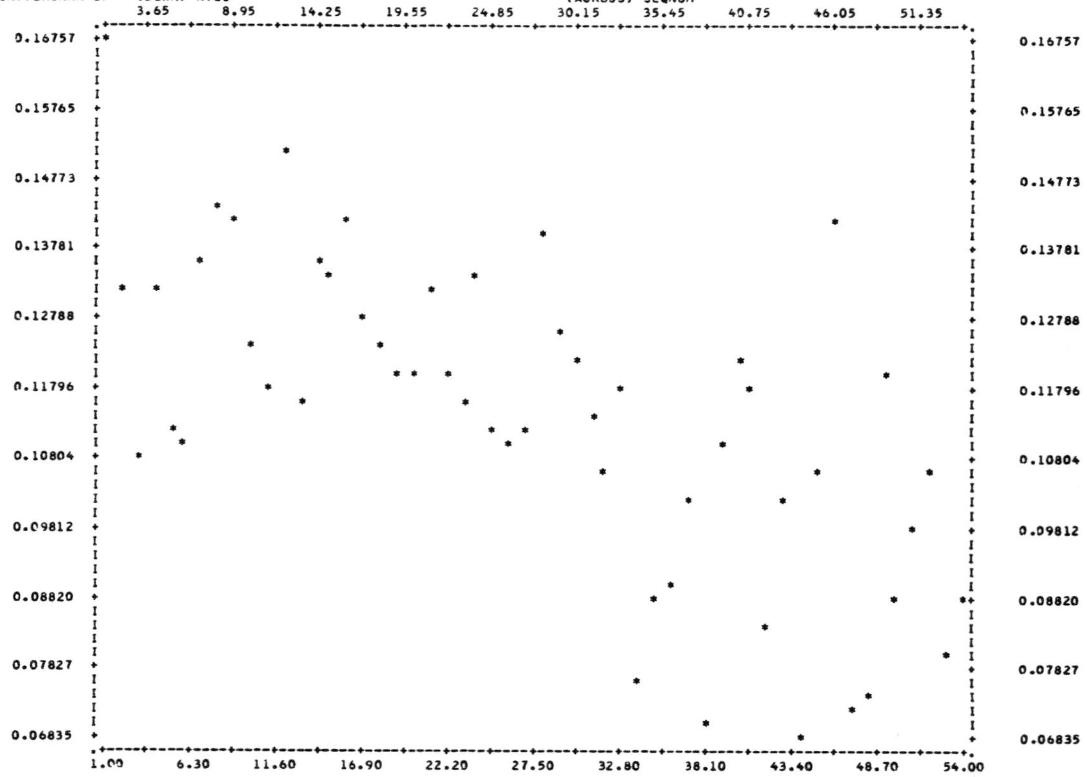

PLOTTED VALUES - 54 EXCLUDED VALUES- 0 MISSING VALUES - 0

ABB. 77: VERTEILUNG VON FB5 ÜBER DIE NACH ES GEORDNETEN KREISE 1975

FILE KR75ESSO (CREATION DATE = 03/04/80)
SCATTERGRAM OF (DOWN) FB5 (ACROSS) SEQNUM

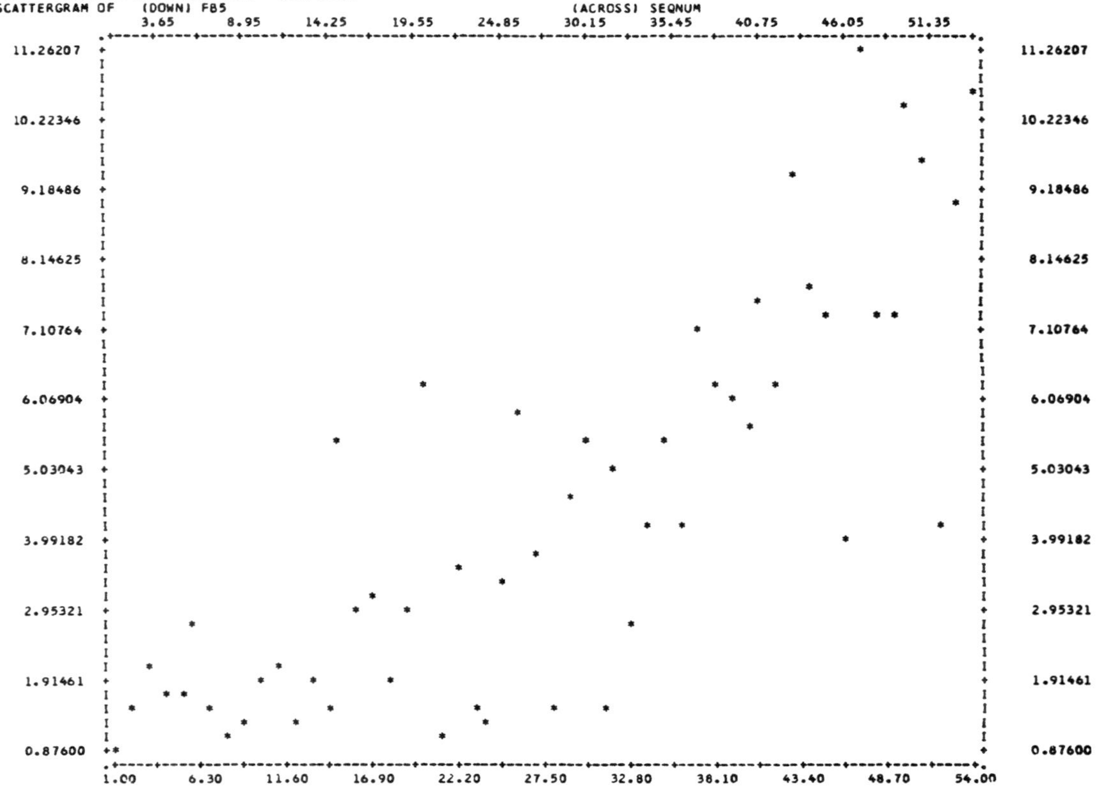

PLOTTED VALUES - 54 EXCLUDED VALUES- 0 MISSING VALUES - 0

ABB. 78: VERTEILUNG VON BB5 ÜBER DIE NACH ES GEORDNETEN KREISE 1975

FILE KR75ESSO (CREATION DATE = 03/04/90)
SCATTERGRAM OF (DOWN) BB5 (ACROSS) SEQNUM

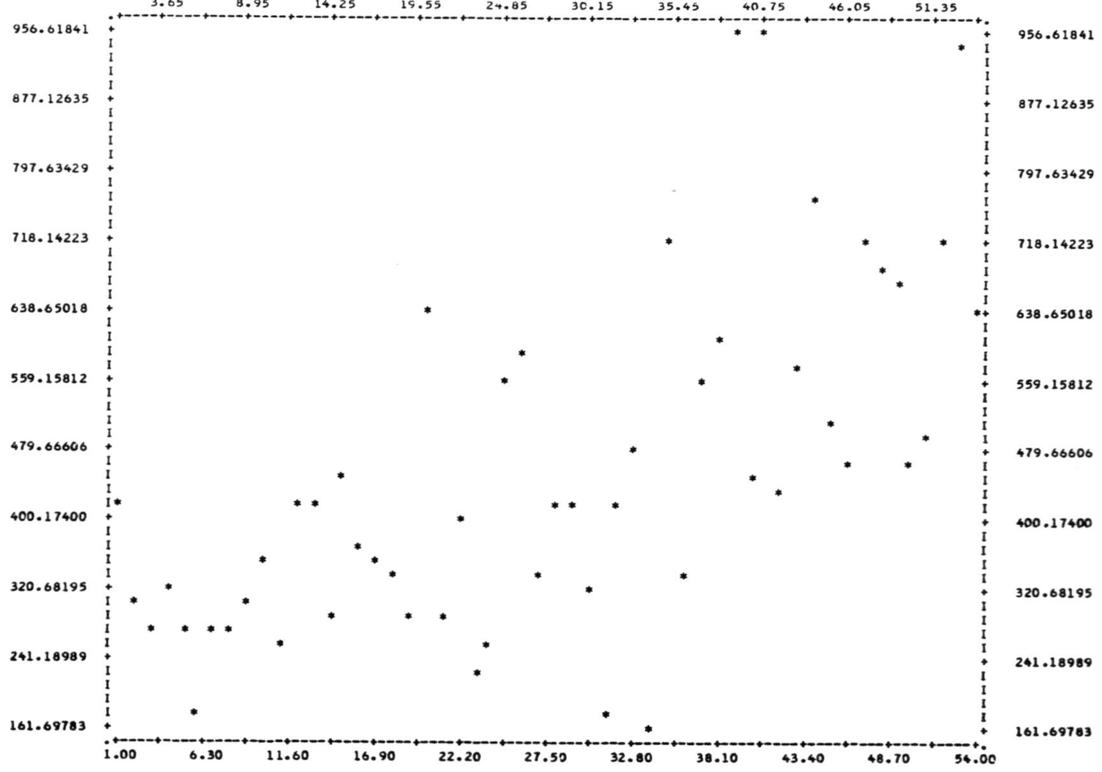

PLOTTED VALUES - 54 EXCLUDED VALUES- 0 MISSING VALUES - 0

TAB. 89: WERTE FÜR DIE INDIKATOREN AKE2,AKB2 UND ATE2 1975

CASE-N	AKE2	AKB2	ATE2
1	0.732	7.293	0.118
2	0.783	10.395	0.126
3	0.697	8.719	0.112
4	0.754	9.502	0.120
5	0.752	8.071	0.113
6	0.724	6.084	0.114
7	0.721	6.548	0.106
8	0.761	5.722	0.108
9	0.769	6.440	0.116
10	0.771	7.360	0.112
11	0.762	8.770	0.117
12	0.699	10.780	0.151
13	0.777	10.627	0.117
14	0.723	6.505	0.125
15	0.800	8.446	0.136
16	0.775	9.779	0.142
17	0.783	7.654	0.125
18	0.785	8.421	0.116
19	0.794	7.696	0.112
20	0.826	8.186	0.125
21	0.733	7.632	0.136
22	0.754	7.068	0.128
23	0.756	6.324	0.106
24	0.785	6.158	0.108
25	0.827	11.741	0.127
26	0.787	8.910	0.123
27	0.756	7.378	0.122
28	0.788	8.904	0.135
29	0.749	8.049	0.145
30	0.755	8.662	0.141
31	0.719	4.409	0.093
32	0.771	7.972	0.109
33	0.811	8.320	0.137
34	0.704	3.262	0.107
35	0.762	9.836	0.122
36	0.769	6.459	0.110
37	0.748	7.872	0.117
38	0.766	8.846	0.116
39	0.812	8.668	0.124
40	0.782	7.738	0.126
41	0.805	9.085	0.137
42	0.725	7.882	0.120
43	0.828	10.201	0.130
44	0.765	11.338	0.118
45	0.764	8.070	0.122
46	0.792	8.294	0.148
47	0.776	8.737	0.106
48	0.781	8.146	0.113
49	0.778	8.866	0.115
50	0.828	8.565	0.114
51	0.825	7.580	0.119
52	0.727	7.328	0.122
53	0.771	8.754	0.119
54	0.836	9.276	0.122

ABB. 79: VERTEILUNG VON AKE2 ÜBER DIE NACH ES GEORDNETEN KREISE 1975

FILE KR75ESSO (CREATICN DATE = 03/04/80)
SCATTERGRAM OF (DOWN) AKE2 (ACROSS) SEQNUM

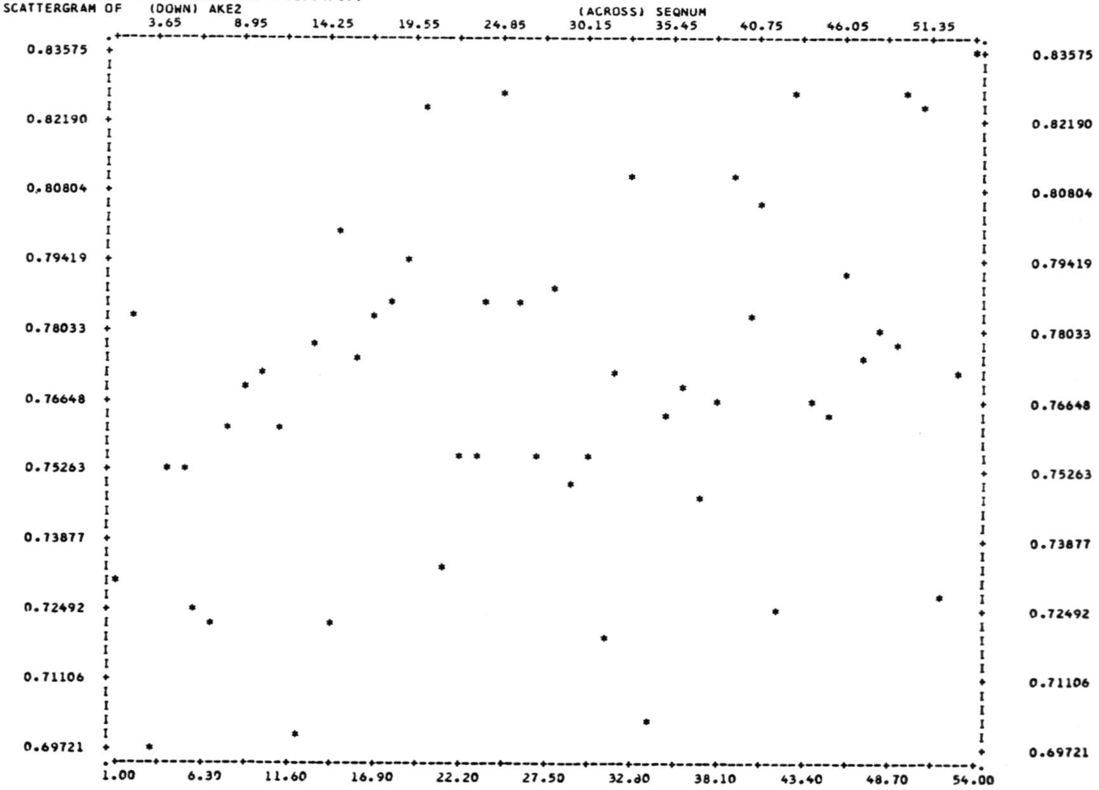

PLOTTED VALUES - 54 EXCLUDED VALUES- 0 MISSING VALUES - 0

ABB. 80: VERTEILUNG VON AKB2 ÜBER DIE NACH ES GEORDNETEN KREISE 1975

FILE KR75ESSO (CREATION DATE = 03/04/80)
SCATTERGRAM OF (DOWN) AKB2 (ACROSS) SEQNUM

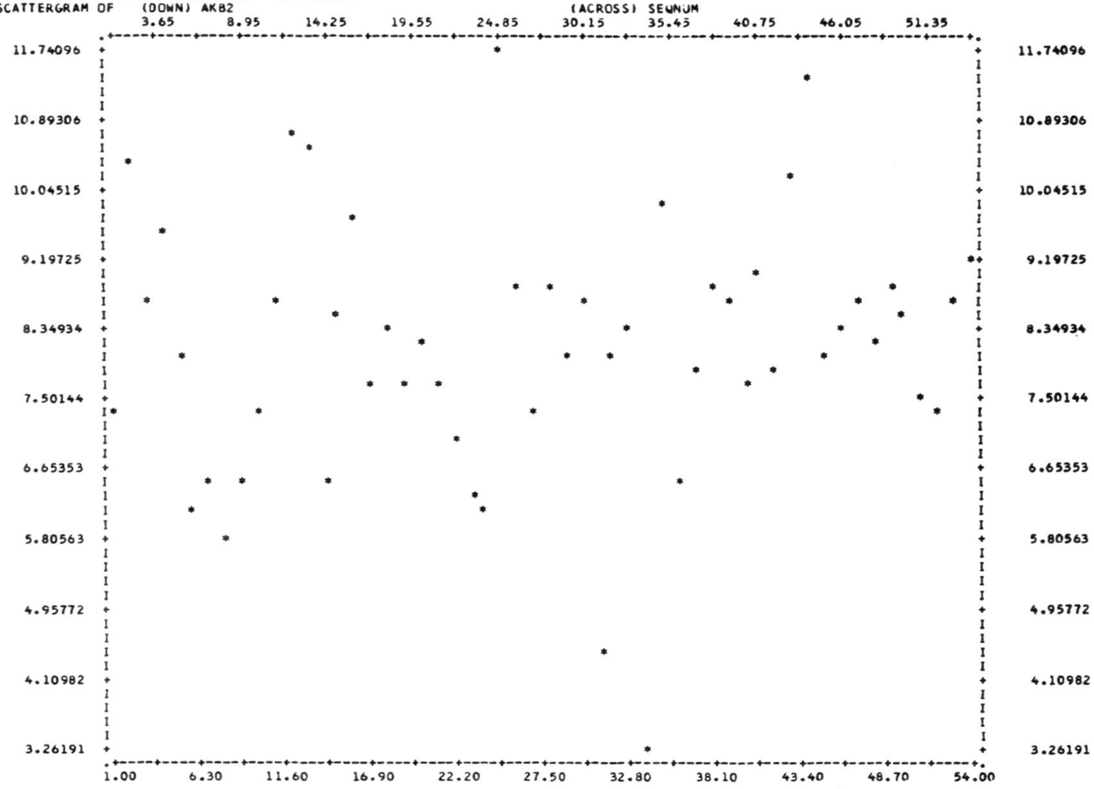

PLOTTED VALUES - 54 EXCLUDED VALUES- 0 MISSING VALUES - 0

ABB. 81 : VERTEILUNG VON ATE2 ÜBER DIE NACH ES GEORDNETEN KREISE 1975

FILE KR75ESSO (CREATION DATE = 03/04/80)
SCATTERGRAM OF (DOWN) ATE2 (ACROSS) SEQNUM

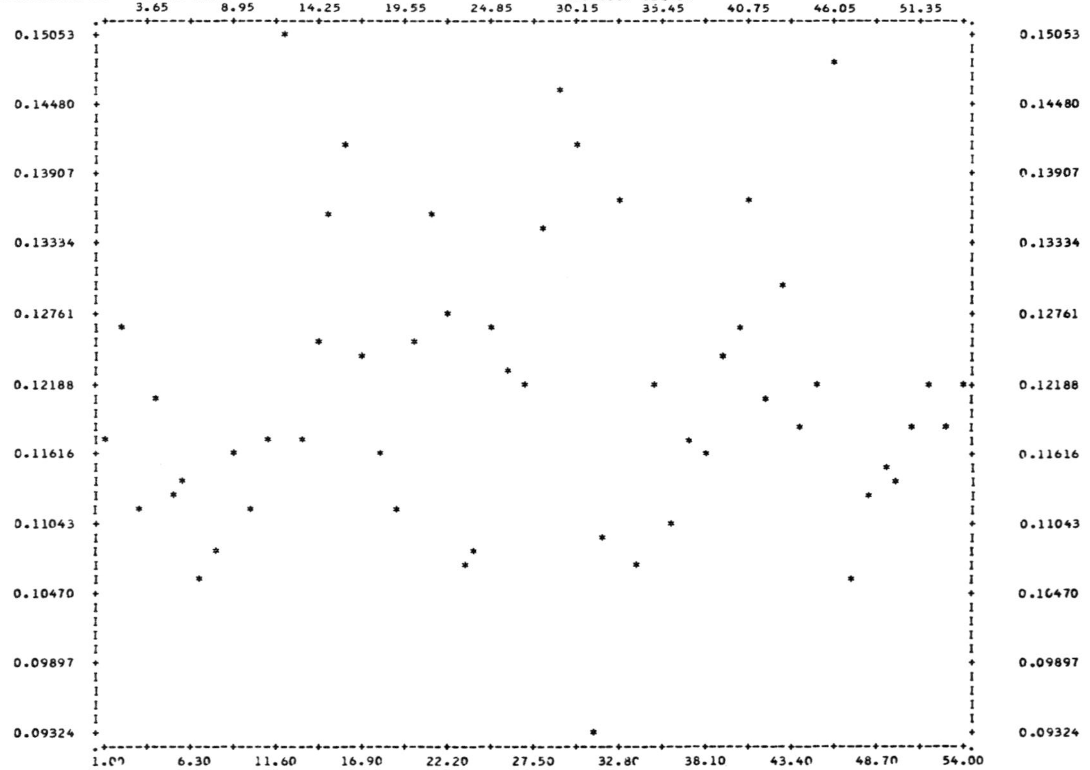

PLOTTED VALUES - 54 EXCLUDED VALUES- 0 MISSING VALUES - 0

TAB. 90: WERTE FÜR DIE INDIKATOREN AKE3,AKB3 UND ATE3 1975

CASE-N	AKE3	AKB3	ATE3
1	0.830	18.604	0.180
2	0.815	14.494	0.153
3	0.721	10.132	0.125
4	0.793	13.367	0.148
5	0.762	8.734	0.121
6	0.756	7.661	0.134
7	0.800	12.475	0.158
8	0.814	9.632	0.152
9	0.802	8.802	0.143
10	0.773	7.457	0.113
11	0.791	11.340	0.140
12	0.715	11.899	0.156
13	0.770	9.993	0.111
14	0.743	7.488	0.136
15	0.778	6.812	0.116
16	0.774	9.650	0.141
17	0.774	7.067	0.117
18	0.793	9.084	0.123
19	0.805	8.647	0.123
20	0.796	5.775	0.086
21	0.724	7.198	0.131
22	0.714	5.298	0.101
23	0.783	7.971	0.128
24	0.818	8.773	0.140
25	0.804	8.827	0.096
26	0.743	6.177	0.084
27	0.726	5.880	0.100
28	0.783	8.498	0.131
29	0.692	5.482	0.115
30	0.712	6.423	0.117
31	0.771	6.504	0.131
32	0.744	6.440	0.085
33	0.773	5.695	0.100
34	0.631	2.159	0.063
35	0.690	5.933	0.068
36	0.725	4.597	0.072
37	0.687	5.247	0.075
38	0.689	5.178	0.055
39	0.765	5.503	0.073
40	0.748	5.857	0.099
41	0.753	5.631	0.090
42	0.644	4.854	0.072
43	0.793	6.754	0.085
44	0.686	6.514	0.056
45	0.711	5.509	0.083
46	0.758	6.165	0.125
47	0.710	5.342	0.044
48	0.713	4.861	0.051
49	0.743	6.699	0.085
50	0.796	5.867	0.067
51	0.790	5.112	0.072
52	0.645	4.452	0.073
53	0.695	5.060	0.057
54	0.799	5.873	0.068

ABB. 82: VERTEILUNG VON AKE3 ÜBER DIE NACH ES GEORDNETEN KREISE 1975

FILE KR75ESSO (CREATION DATE = 03/04/80)
SCATTERGRAM OF (DOWN) AKE3 (ACROSS) SEQNUM

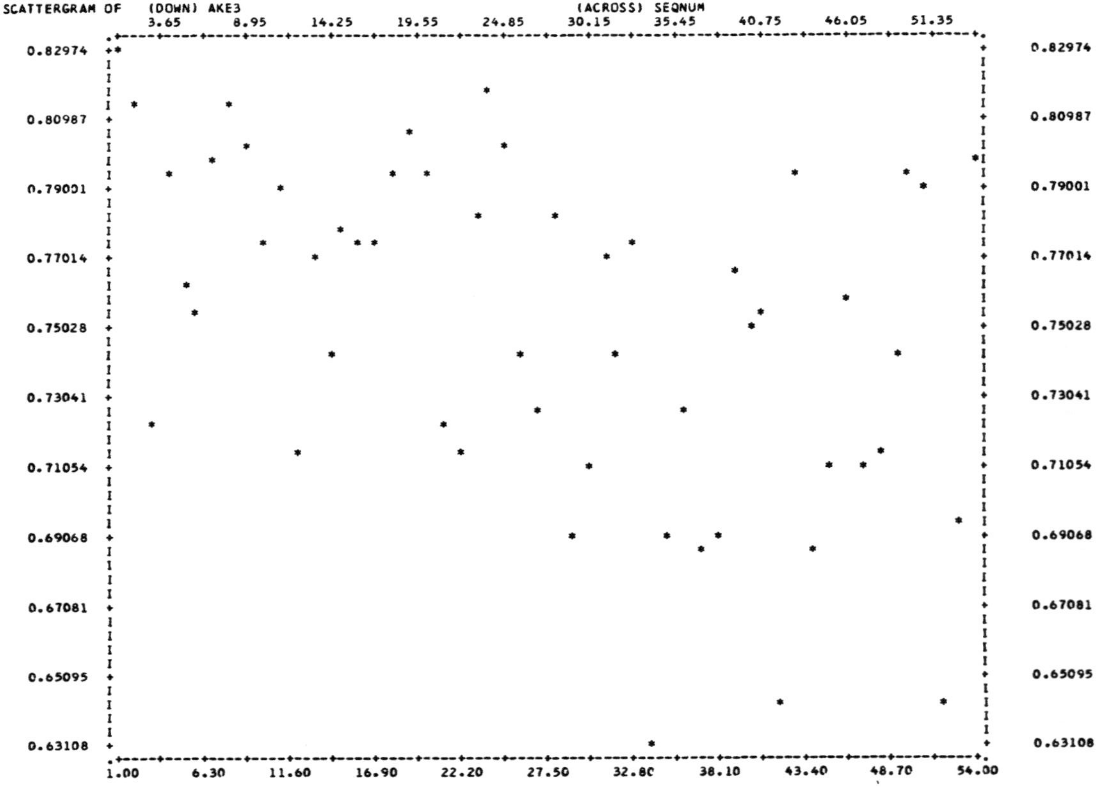

PLOTTED VALUES - 54 EXCLUDED VALUES- 0 MISSING VALUES - 0

ABB. 83 : VERTEILUNG VON AKB3 ÜBER DIE NACH ES GEORDNETEN KREISE 1975

FILE KR75ESSO (CREATION DATE = 03/04/80)
SCATTERGRAM OF (DOWN) AKB3 (ACROSS) SEQNUM

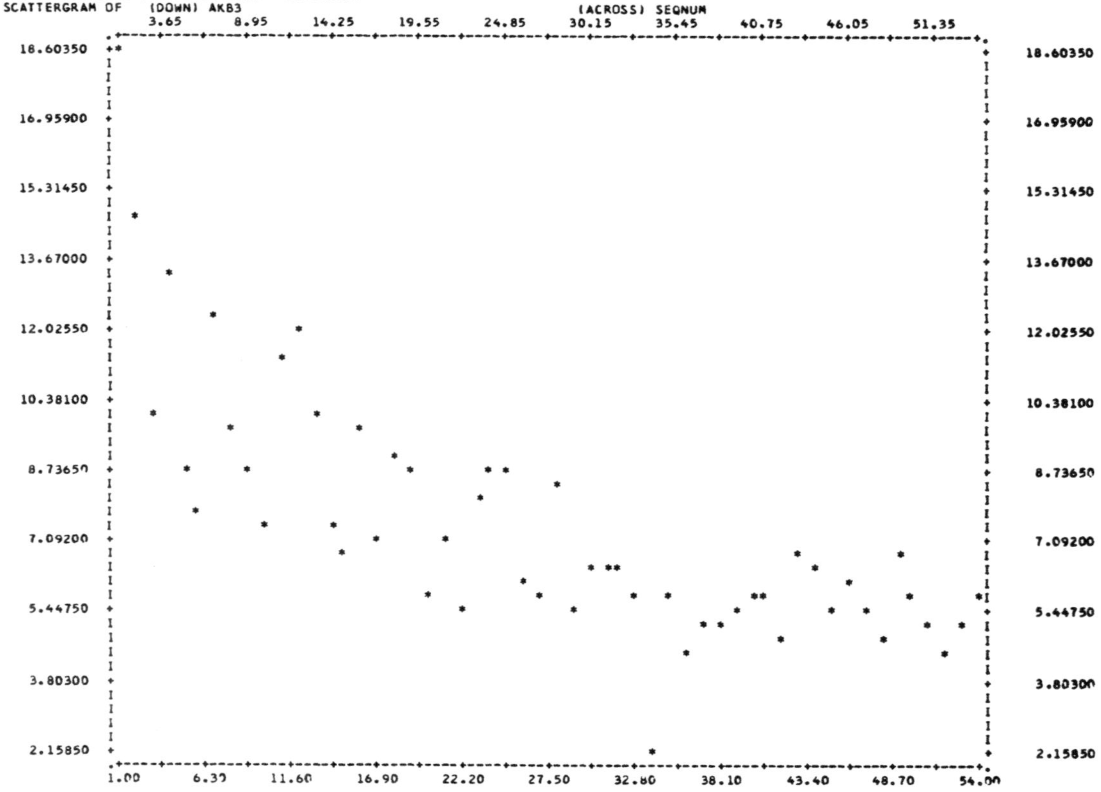

PLOTTED VALUES - 54 EXCLUDED VALUES- 0 MISSING VALUES - 0

ABB. 84: VERTEILUNG VON ATE3 ÜBER DIE NACH ES GEORDNETEN KREISE 1975

FILE KR75ESSO (CREATION DATE = 03/04/80)
SCATTERGRAM OF (DOWN) ATE3 (ACROSS) SEQNUM

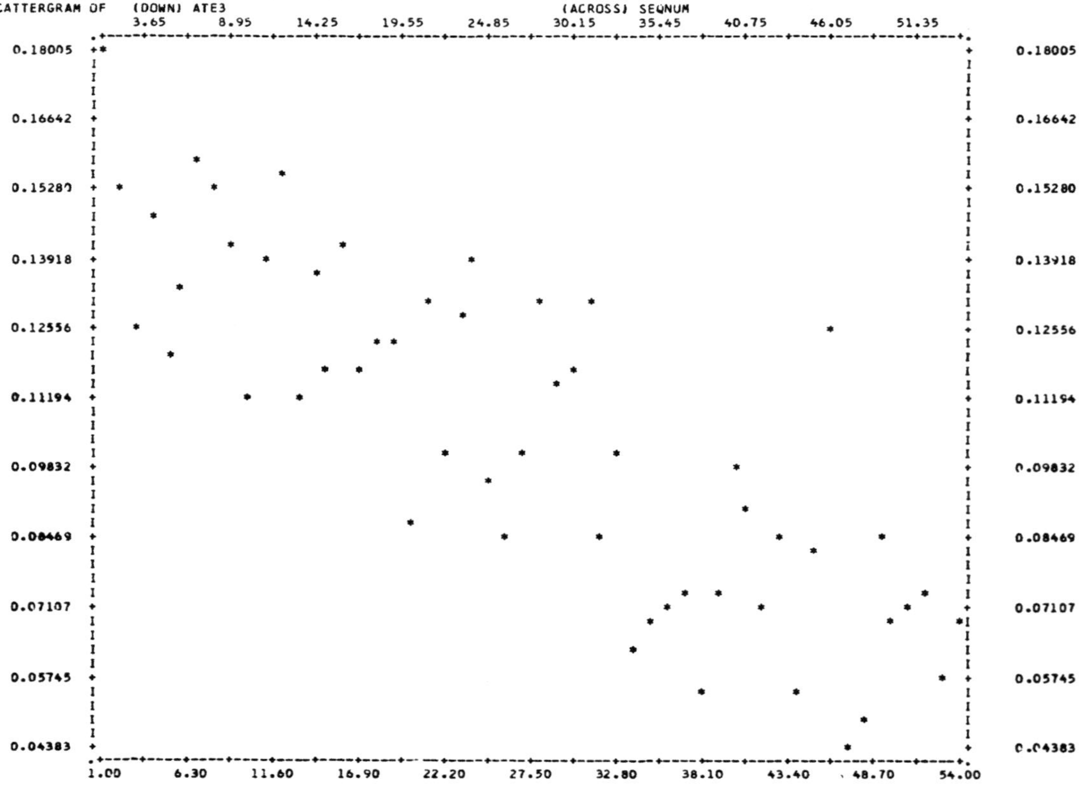

PLOTTED VALUES - 54 EXCLUDED VALUES- 0 MISSING VALUES - 0

TAB. 91: WERTE FÜR DIE INDIKATOREN AKE4, AKB4 UND ATE4 1975

CASE-N	AKE4	AKB4	ATE4
1	0.797	12.662	0.159
2	0.811	13.875	0.149
3	0.726	10.538	0.128
4	0.788	12.791	0.145
5	0.769	9.240	0.126
6	0.756	7.713	0.134
7	0.779	10.245	0.144
8	0.802	8.416	0.143
9	0.799	8.517	0.140
10	0.781	8.019	0.120
11	0.790	11.246	0.139
12	0.723	12.583	0.160
13	0.780	10.917	0.120
14	0.748	7.790	0.139
15	0.789	7.548	0.126
16	0.783	10.439	0.147
17	0.784	7.742	0.126
18	0.798	9.590	0.128
19	0.809	9.006	0.127
20	0.804	6.307	0.097
21	0.737	7.896	0.138
22	0.730	5.915	0.112
23	0.783	7.993	0.129
24	0.814	8.313	0.136
25	0.812	9.719	0.107
26	0.755	6.791	0.095
27	0.741	6.561	0.111
28	0.792	9.247	0.138
29	0.709	6.072	0.124
30	0.729	7.166	0.127
31	0.764	6.118	0.125
32	0.758	7.167	0.098
33	0.783	6.206	0.109
34	0.652	2.414	0.076
35	0.700	6.337	0.076
36	0.739	5.095	0.084
37	0.703	5.793	0.086
38	0.698	5.454	0.062
39	0.773	5.868	0.082
40	0.762	6.506	0.110
41	0.760	5.965	0.096
42	0.660	5.307	0.081
43	0.800	7.260	0.094
44	0.693	6.804	0.061
45	0.726	6.079	0.094
46	0.771	6.827	0.133
47	0.720	5.701	0.053
48	0.721	5.125	0.058
49	0.757	7.446	0.097
50	0.803	6.365	0.079
51	0.798	5.530	0.083
52	0.660	4.843	0.082
53	0.702	5.284	0.063
54	0.804	6.200	0.075

ABB. 85: VERTEILUNG VON AKE4 ÜBER DIE NACH ES GEORDNETEN KREISE 1975

FILE KR75ESSO (CREATION DATE = 03/04/80)
SCATTERGRAM OF (DOWN) AKE4 (ACROSS) SEQNUM

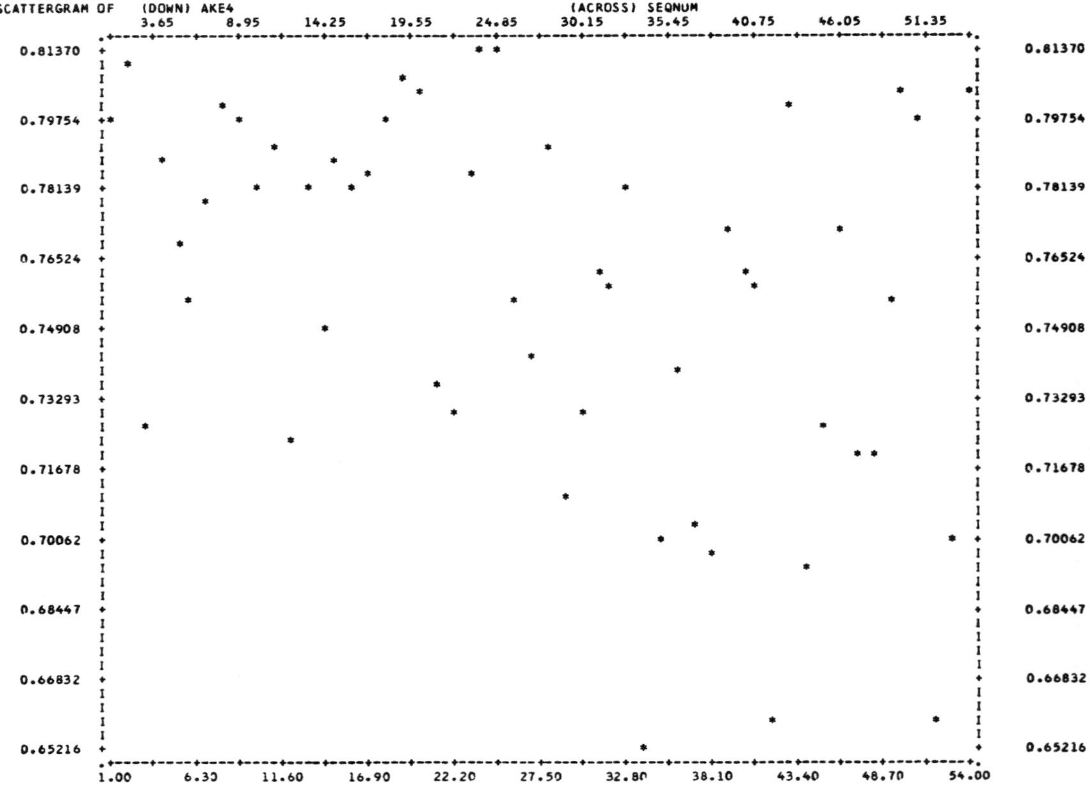

PLOTTED VALUES - 54 EXCLUDED VALUES- 0 MISSING VALUES - 0

ABB. 86: VERTEILUNG VON AKB4 ÜBER DIE NACH ES GEORDNETEN KREISE 1975

FILE KR75ESSO (CREATION DATE = 03/04/80)
SCATTERGRAM OF (DOWN) AKB4 (ACROSS) SEQNUM

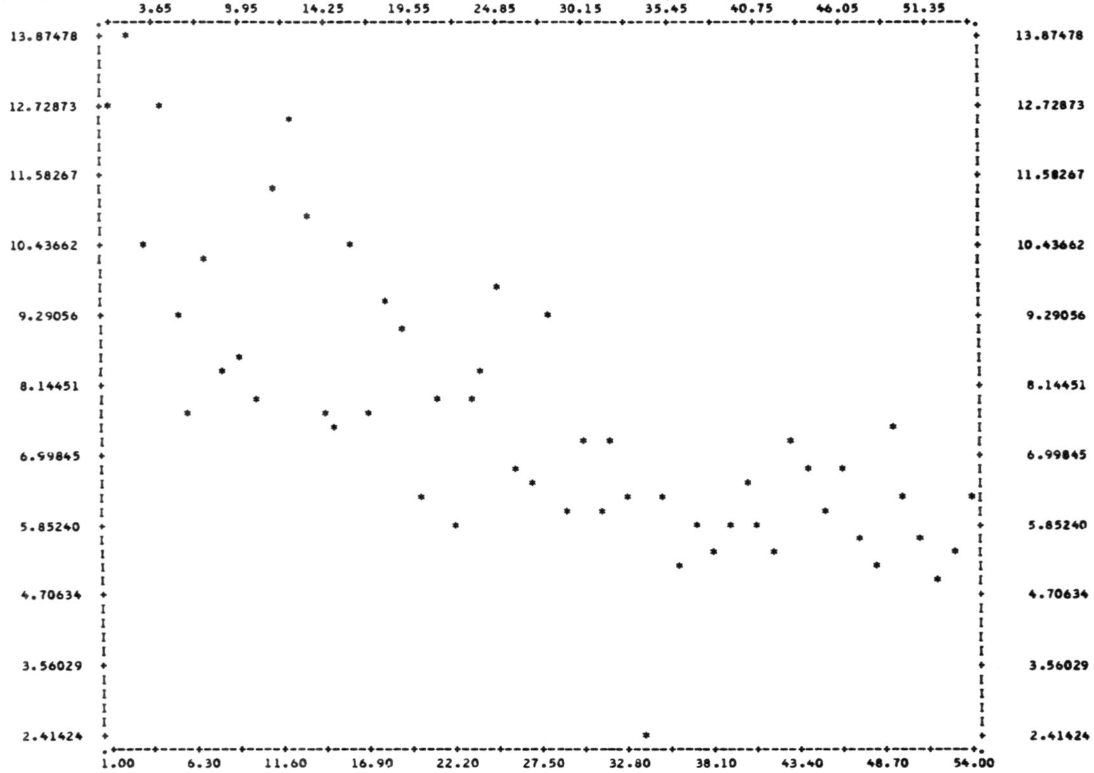

PLOTTED VALUES - 54 EXCLUDED VALUES- 0 MISSING VALUES - 0

ABB. 87: VERTEILUNG VON ATE4 ÜBER DIE NACH ES GEORDNETEN KREISE 1975

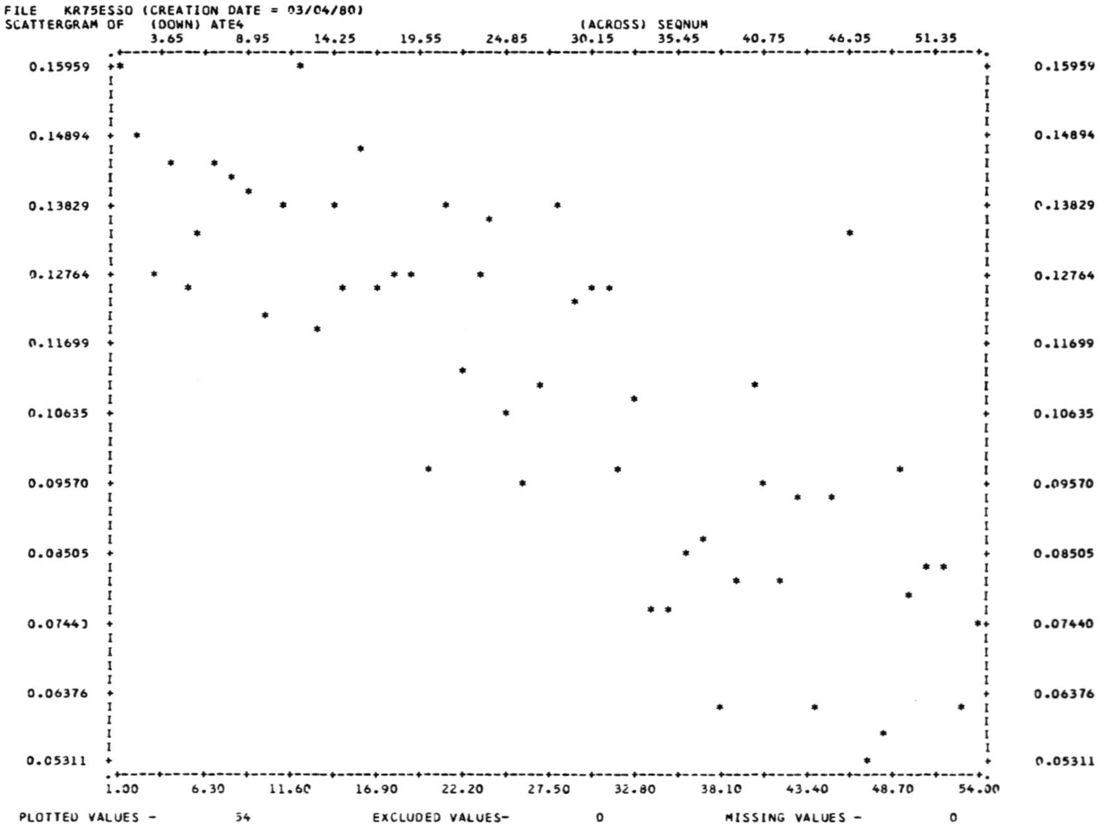

TAB. 92: WERTE FÜR DIE INDIKATOREN BKE1,BKB1,FB6 UND BB6 1976

CASE-N	BKE1	BKB1	BTE1	FB6	BB6
1	0.819	18.519	0.200	C.765	454.915
2	0.795	12.924	0.159	1.338	309.888
3	0.772	9.080	0.133	1.733	273.058
4	0.712	9.842	0.121	2.160	287.611
5	0.818	12.914	0.151	1.736	326.996
6	0.716	6.785	0.136	2.763	175.812
7	0.782	10.782	0.171	1.602	268.924
8	0.814	10.219	0.166	1.302	307.560
9	0.806	9.769	0.167	1.167	268.576
10	0.822	9.704	0.152	5.522	449.860
11	0.714	12.429	0.156	1.177	421.052
12	0.798	9.762	0.146	1.944	362.351
13	0.787	10.355	0.133	2.032	259.434
14	0.792	11.837	0.130	1.905	432.708
15	0.800	8.369	0.134	1.546	227.658
16	0.804	11.353	0.163	3.084	368.283
17	0.756	8.645	0.152	1.529	293.410
18	0.795	9.322	0.149	3.203	363.272
19	0.745	8.342	0.140	1.103	298.742
20	0.767	7.441	0.135	3.603	398.109
21	0.805	10.782	0.155	1.875	349.865
22	0.833	8.885	0.132	6.182	634.756
23	0.818	8.679	0.138	3.173	271.474
24	0.827	11.693	0.120	3.397	565.795
25	0.709	6.399	0.133	4.817	381.002
26	0.781	9.127	0.128	5.818	593.706
27	0.811	9.413	0.162	1.263	260.017
28	0.793	10.711	0.164	1.575	416.152
29	0.759	6.701	0.123	3.956	303.174
30	0.744	6.156	0.145	1.556	175.159
31	0.724	7.587	0.131	5.470	327.332
32	0.804	8.062	0.139	2.627	500.582
33	0.733	8.113	0.098	5.404	736.514
34	0.776	8.639	0.127	5.078	419.207
35	0.823	8.782	0.126	5.960	973.017
36	0.761	7.860	0.121	7.394	514.096
37	0.820	8.264	0.139	5.633	452.102
38	0.708	5.003	0.082	3.143	276.577
39	0.757	6.261	0.117	4.171	345.011
40	0.752	7.629	0.111	7.171	553.443
41	0.814	8.510	0.125	7.558	964.260
42	0.707	6.699	0.081	6.359	606.436
43	0.842	9.081	0.103	9.187	589.934
44	0.698	6.310	0.094	6.070	432.113
45	0.777	7.655	0.081	11.262	717.982
46	0.755	6.691	0.080	7.023	702.964
47	0.803	8.725	0.154	4.079	470.711
48	0.753	8.087	0.073	7.493	767.807
49	0.797	10.702	0.135	7.322	665.346
50	0.833	7.881	0.098	10.487	464.237
51	0.836	7.337	0.112	9.575	501.475
52	0.760	7.408	0.120	4.158	718.705
53	0.742	6.857	0.090	8.754	955.370
54	0.841	7.947	0.089	10.652	633.374

ABB. 88 : VERTEILUNG VON BKE1 ÜBER DIE NACH ES GEORDNETEN KREISE 1976

FILE KR76ESSO (CREATION DATE = 03/11/80)
SCATTERGRAM OF (DOWN) BKE1 (ACROSS) SEQNUM

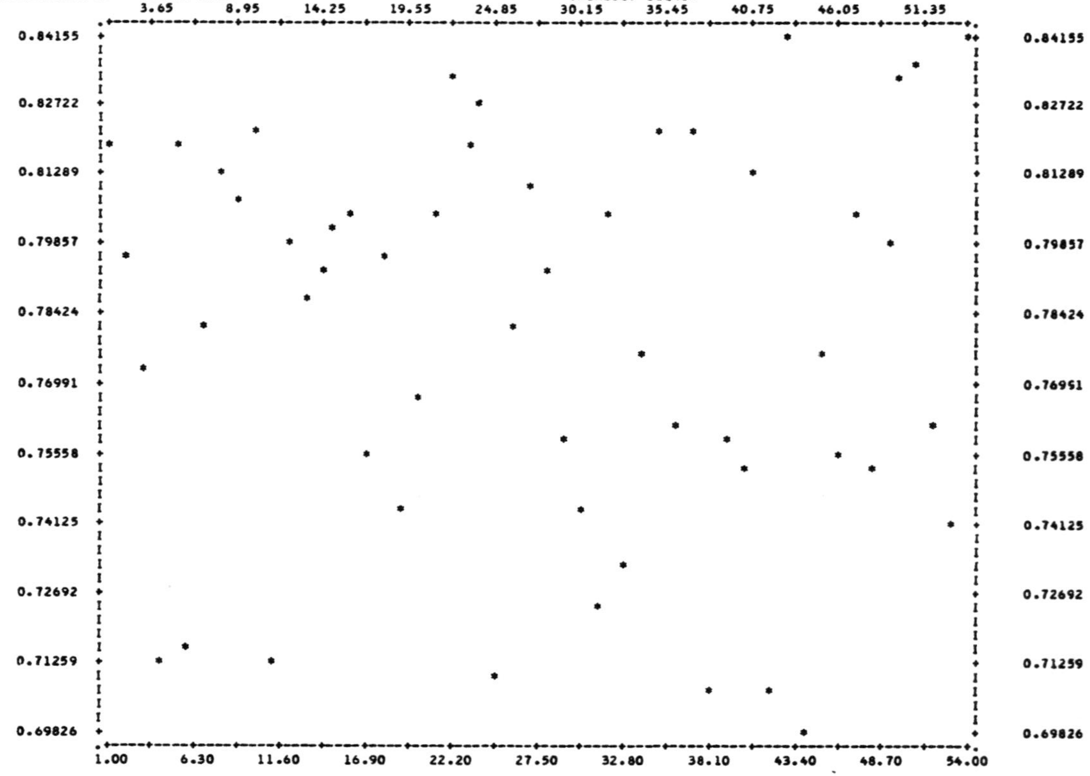

PLOTTED VALUES - 54 EXCLUDED VALUES- 0 MISSING VALUES - 0

ABB. 89: VERTEILUNG VON BKB1 ÜBER DIE NACH ES GEORDNETEN KREISE 1976

FILE KR76ESSO (CREATION DATE = 03/11/80)
SCATTERGRAM OF (DOWN) BKB1 (ACROSS) SEGNUM

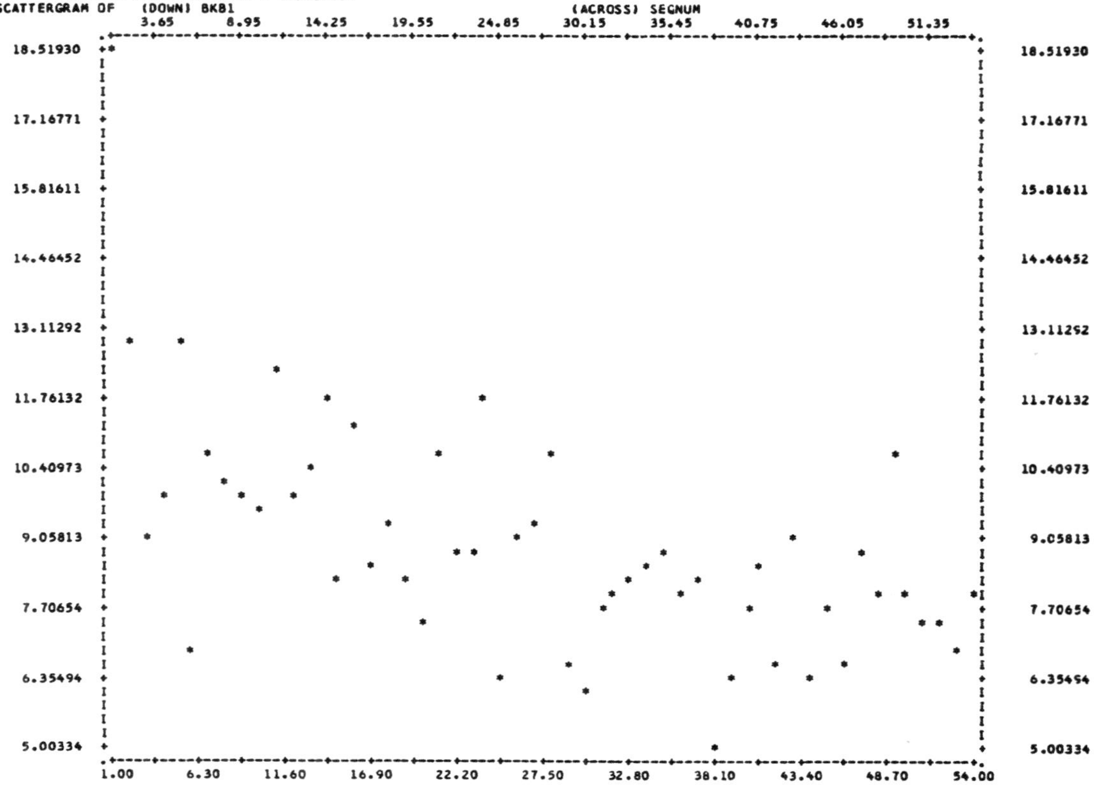

PLOTTED VALUES - 54 EXCLUDED VALUES- 0 MISSING VALUES - 0

ABB. 90 : VERTEILUNG VON BTE1 ÜBER DIE NACH ES GEORDNETEN KREISE 1976

FILE KR76ESSO (CREATION DATE = 03/11/80)
SCATTERGRAM OF (DOWN) BTE1 (ACROSS) SEQNUM

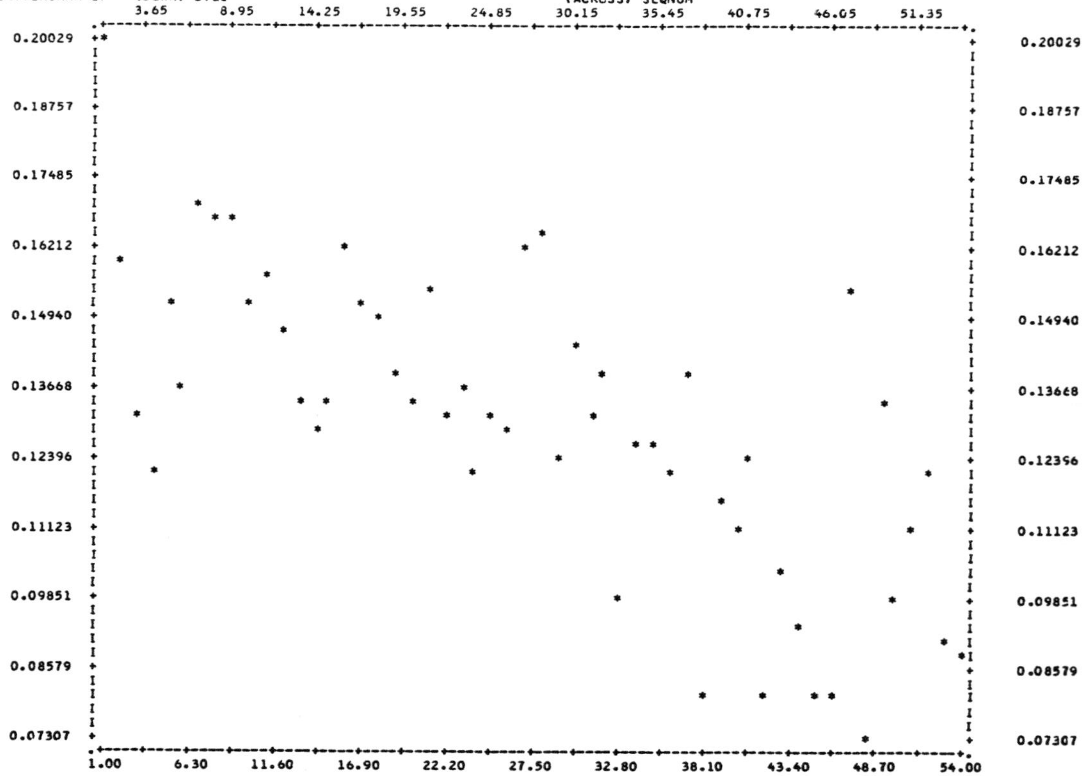

PLOTTED VALUES - 54 EXCLUDED VALUES- 0 MISSING VALUES - 0

ABB. 91: VERTEILUNG VON FB6 ÜBER DIE NACH ES GEORDNETEN KREISE 1976

FILE KR76ESSO (CREATION DATE = 03/11/80)
SCATTERGRAM OF (DOWN) FB6 (ACROSS) SEQNUM

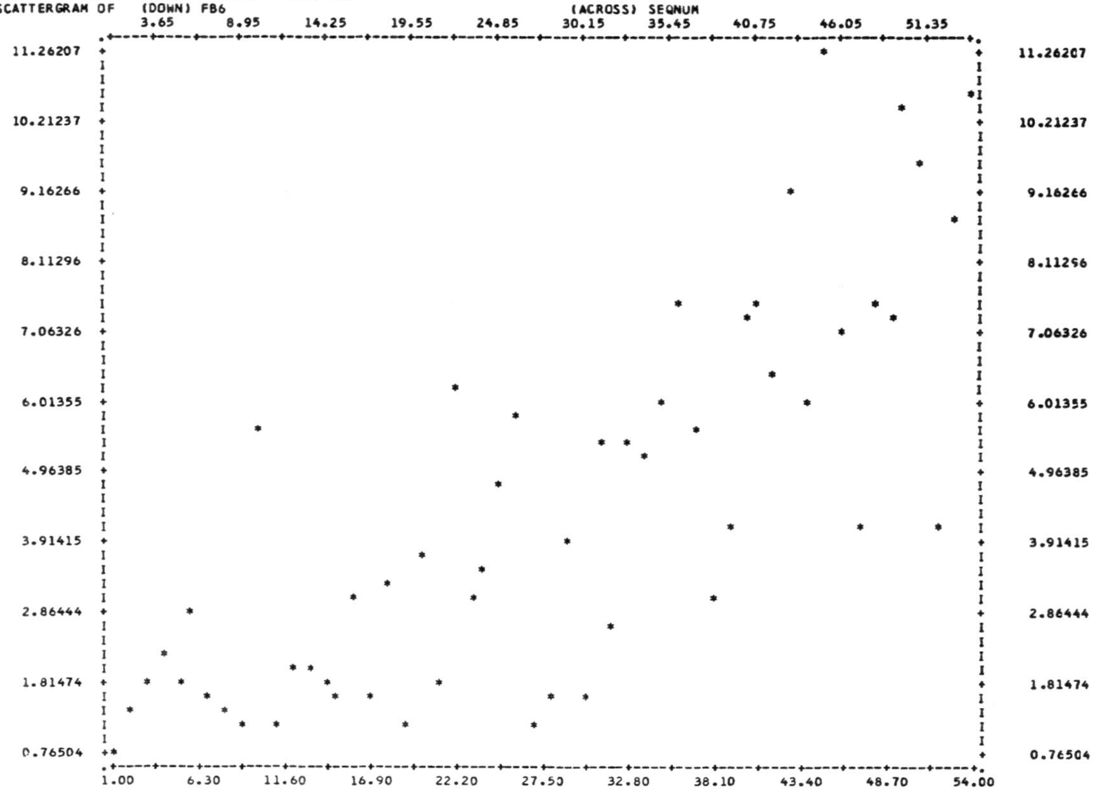

PLOTTED VALUES - 54 EXCLUDED VALUES- 0 MISSING VALUES - 0

ABB. 92: VERTEILUNG VON BB6 ÜBER DIE NACH ES GEORDNETEN KREISE 1976

FILE KR76ESSO (CREATION DATE = 03/11/80)
SCATTERGRAM OF (DOWN) BB6 (ACROSS) SEQNUM

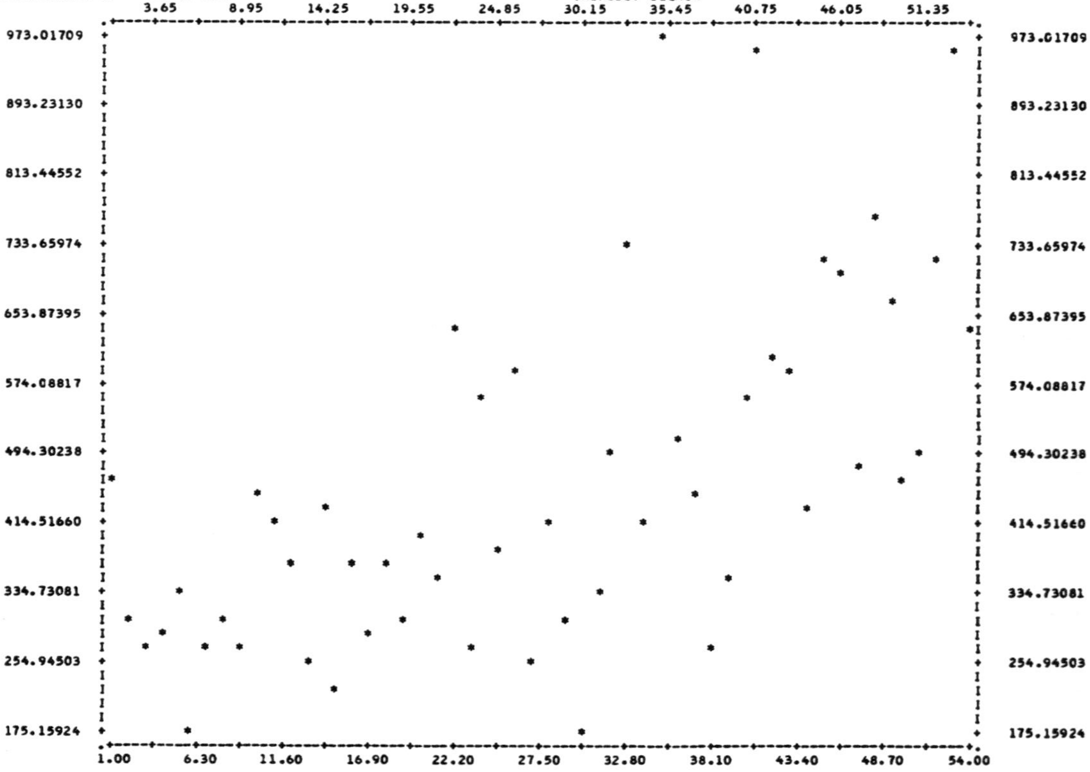

PLOTTED VALUES - 54 EXCLUDED VALUES- 0 MISSING VALUES - 0

TAB. 93: WERTE FÜR DIE INDIKATOREN BKE2,BKB 2 UND BTE2 1976

CASE-N	BKE2	BKB2	BTE2
1	0.748	9.244	0.146
2	0.789	12.144	0.154
3	0.772	9.147	0.133
4	0.719	10.337	0.127
5	0.806	11.213	0.136
6	0.724	7.157	0.141
7	0.740	7.644	0.139
8	0.783	7.337	0.133
9	0.762	6.354	0.123
10	0.824	9.956	0.155
11	0.709	12.076	0.153
12	0.785	8.565	0.131
13	0.784	10.083	0.130
14	0.796	12.257	0.134
15	0.790	7.537	0.122
16	0.805	11.451	0.163
17	0.739	7.577	0.139
18	0.790	8.859	0.143
19	0.752	8.793	0.145
20	0.777	8.121	0.144
21	0.794	9.611	0.143
22	0.837	9.441	0.139
23	0.810	7.841	0.125
24	0.838	13.660	0.140
25	0.745	8.277	0.157
26	0.794	10.414	0.143
27	0.790	7.451	0.138
28	0.785	9.918	0.157
29	0.773	7.537	0.137
30	0.713	4.954	0.122
31	0.759	9.876	0.157
32	0.823	10.132	0.162
33	0.776	11.424	0.139
34	0.779	8.880	0.131
35	0.833	10.214	0.144
36	0.780	9.334	0.141
37	0.824	8.690	0.144
38	0.748	6.648	0.119
39	0.780	7.603	0.139
40	0.770	8.896	0.130
41	0.830	10.572	0.150
42	0.767	10.385	0.136
43	0.856	11.856	0.139
44	0.750	9.040	0.137
45	0.805	10.185	0.122
46	0.794	9.545	0.129
47	0.812	9.652	0.164
48	0.801	12.566	0.134
49	0.793	10.213	0.129
50	0.847	9.935	0.130
51	0.848	8.953	0.138
52	0.781	8.923	0.142
53	0.784	9.840	0.136
54	0.857	10.924	0.135

ABB. 93: VERTEILUNG VON BKE2 ÜBER DIE NACH ES GEORDNETEN KREISE 1976

FILE KR76ESSO (CREATION DATE = 03/11/80)
SCATTERGRAM OF (DOWN) BKE2 (ACROSS) SEQNUM

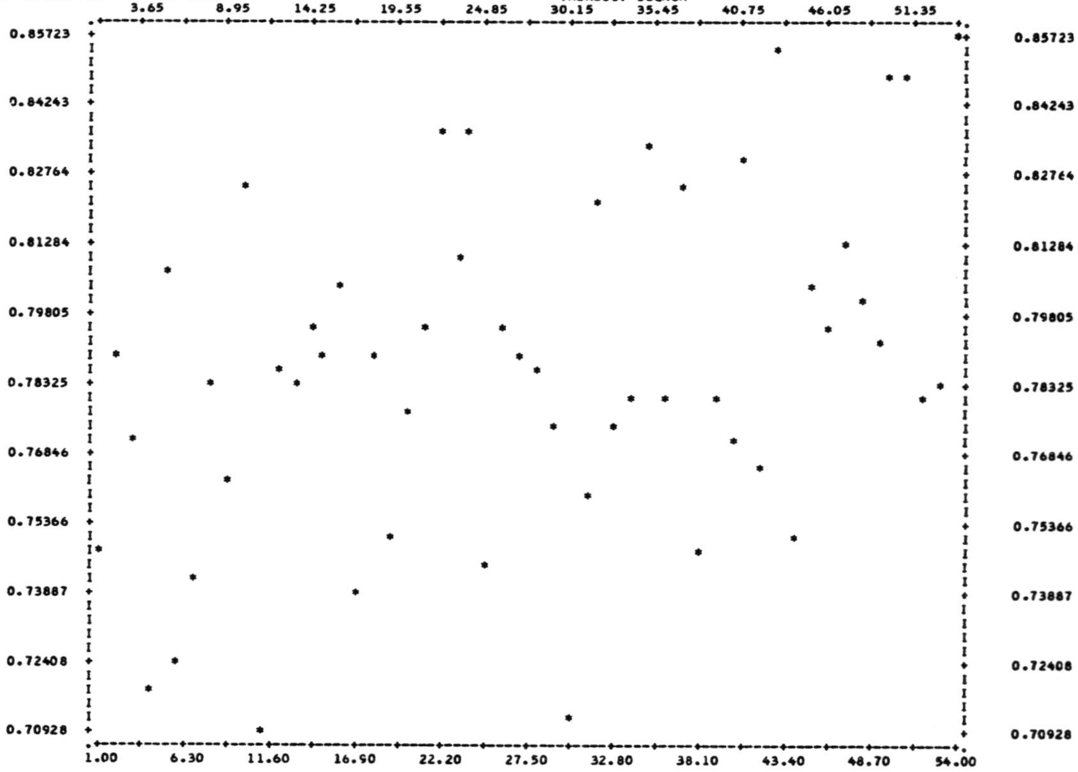

PLOTTED VALUES - 54 EXCLUDED VALUES- 0 MISSING VALUES - 0

ABB. 94: VERTEILUNG VON BKB2 ÜBER DIE NACH ES GEORDNETEN KREISE 1976

FILE KR76ESSO (CREATION DATE = 03/11/80)
SCATTERGRAM OF (DOWN) BKB2 (ACROSS) SEQNUM

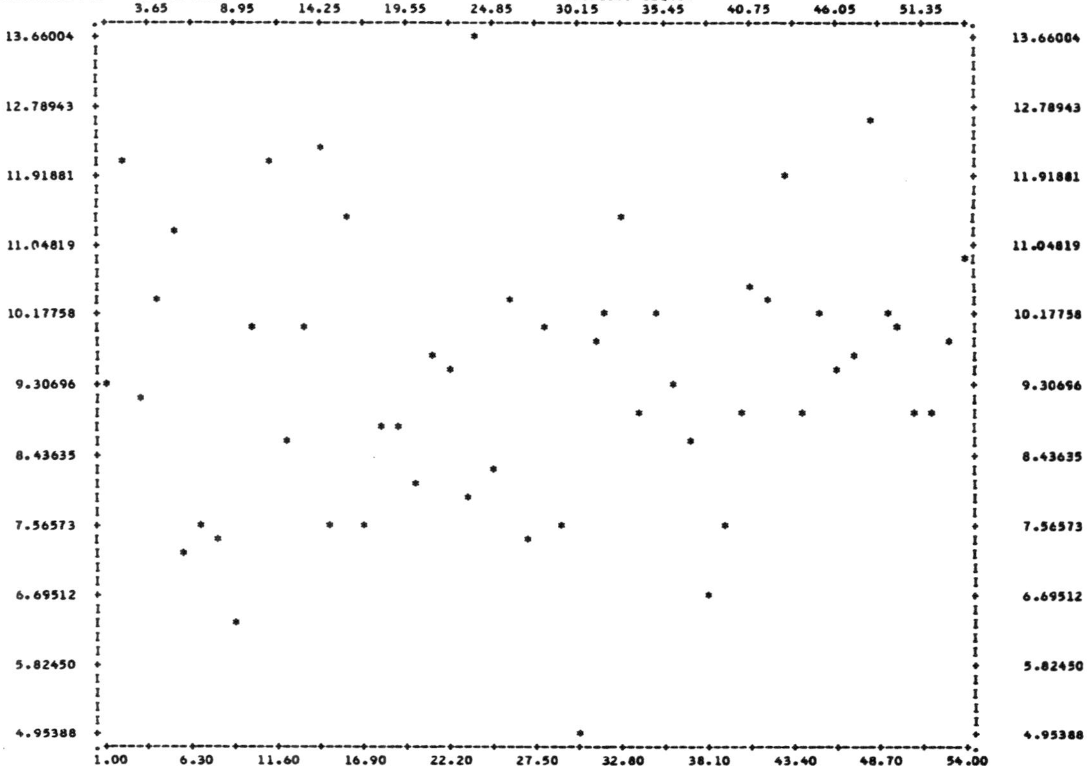

PLOTTED VALUES - 54 EXCLUDED VALUES- 0 MISSING VALUES - 0

ABB. 95: VERTEILUNG VON BTE2 ÜBER DIE NACH ES GEORDNETEN KREISE 1976

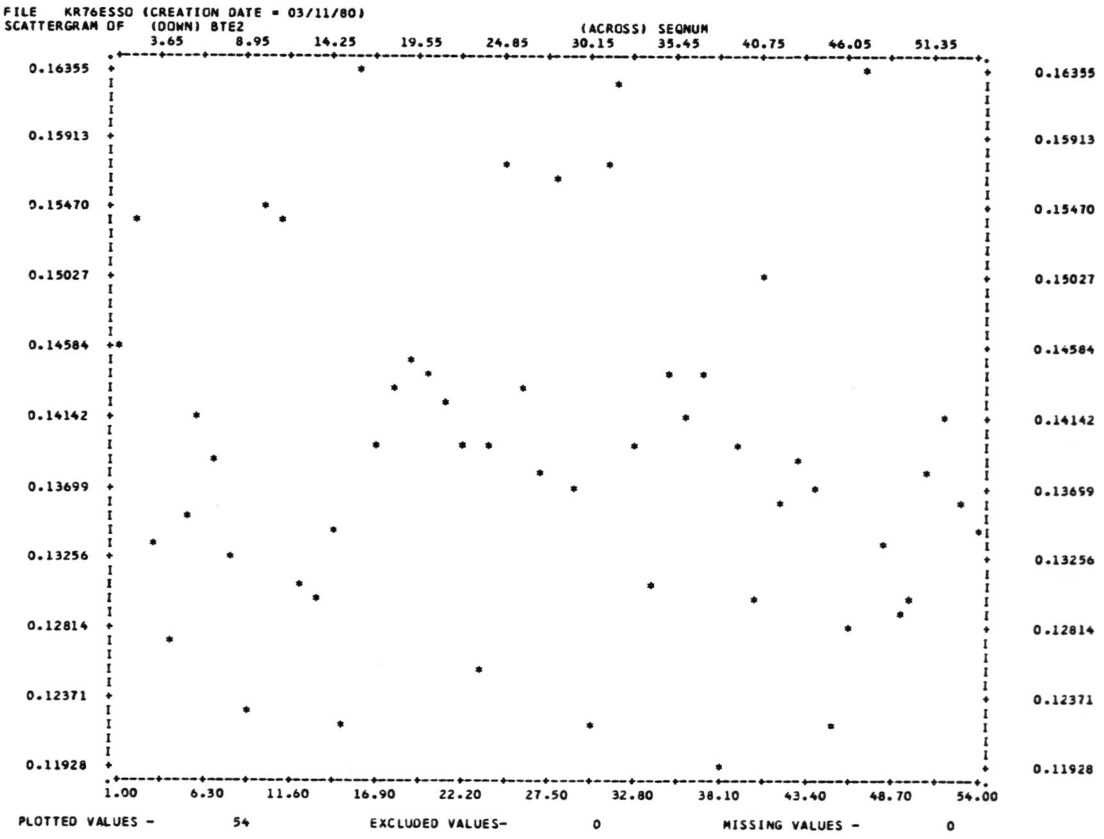

TAB. 94: WERTE FÜR DIE INDIKATOREN BKE3,BKB3 UND BTE3 1976

CASE-N	BKE3	BKB3	BTE3
1	0.839	24.521	0.215
2	0.820	17.284	0.184
3	0.783	10.057	0.144
4	0.741	12.053	0.143
5	0.833	15.901	0.171
6	0.758	9.239	0.165
7	0.812	14.925	0.194
8	0.815	10.333	0.167
9	0.817	11.055	0.178
10	0.807	8.153	0.133
11	0.725	13.385	0.162
12	0.788	8.805	0.134
13	0.810	13.279	0.159
14	0.788	11.331	0.125
15	0.814	9.791	0.151
16	0.805	11.532	0.164
17	0.757	8.711	0.153
18	0.785	8.376	0.137
19	0.746	8.406	0.141
20	0.744	6.155	0.112
21	0.805	10.720	0.154
22	0.811	6.650	0.092
23	0.819	8.791	0.139
24	0.817	10.236	0.102
25	0.687	5.570	0.117
26	0.755	7.267	0.099
27	0.821	10.652	0.173
28	0.781	9.576	0.153
29	0.746	6.013	0.110
30	0.769	7.553	0.164
31	0.719	7.324	0.127
32	0.789	6.868	0.120
33	0.708	6.840	0.073
34	0.755	7.214	0.104
35	0.797	6.475	0.083
36	0.734	6.386	0.094
37	0.802	6.617	0.111
38	0.691	4.500	0.066
39	0.738	5.400	0.097
40	0.718	5.963	0.076
41	0.790	6.567	0.089
42	0.689	5.964	0.063
43	0.833	7.871	0.080
44	0.678	5.578	0.077
45	0.753	6.272	0.047
46	0.732	5.644	0.052
47	0.785	7.215	0.134
48	0.740	7.298	0.056
49	0.763	7.755	0.093
50	0.823	6.814	0.074
51	0.823	6.057	0.082
52	0.722	5.585	0.082
53	0.714	5.631	0.060
54	0.832	6.914	0.065

ABB. 96: VERTEILUNG VON BKE3 ÜBER DIE NACH ES GEORDNETEN KREISE 1976

FILE KR76ESSU (CREATION DATE = 03/11/80)
SCATTERGRAM OF (DOWN) BKE3 (ACROSS) SEQNUM

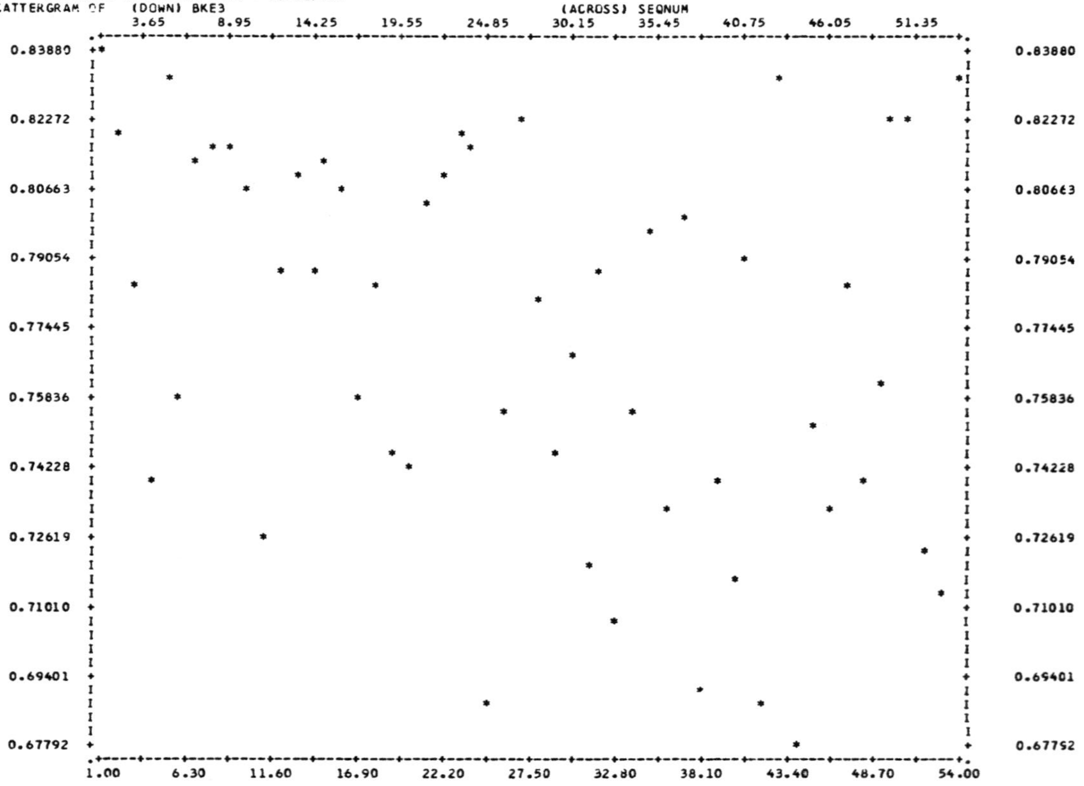

PLOTTED VALUES - 54 EXCLUDED VALUES- 0 MISSING VALUES - 0

ABB. 97 : VERTEILUNG VON BKB3 ÜBER DIE NACH ES GEORDNETEN KREISE 1976

FILE KR76ESSO (CREATION DATE = 03/11/80)
SCATTERGRAM OF (DOWN) BKB3 (ACROSS) SEQNUM

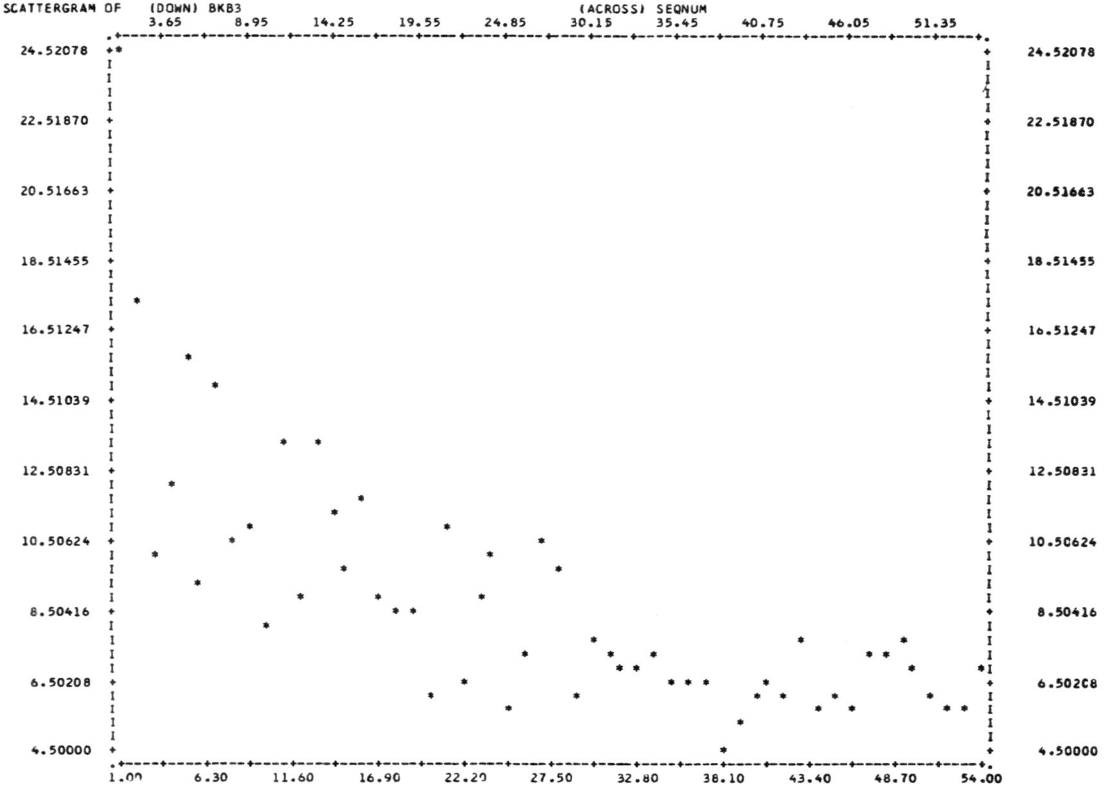

PLOTTED VALUES - 54 EXCLUDED VALUES- 0 MISSING VALUES - 0

ABB. 98 : VERTEILUNG VON BTE3 ÜBER DIE NACH ES GEORDNETEN KREISE 1976

FILE KR76ESSO (CREATION DATE = 03/11/80)
SCATTERGRAM OF (DOWN) BTE3 (ACROSS) SEQNUM

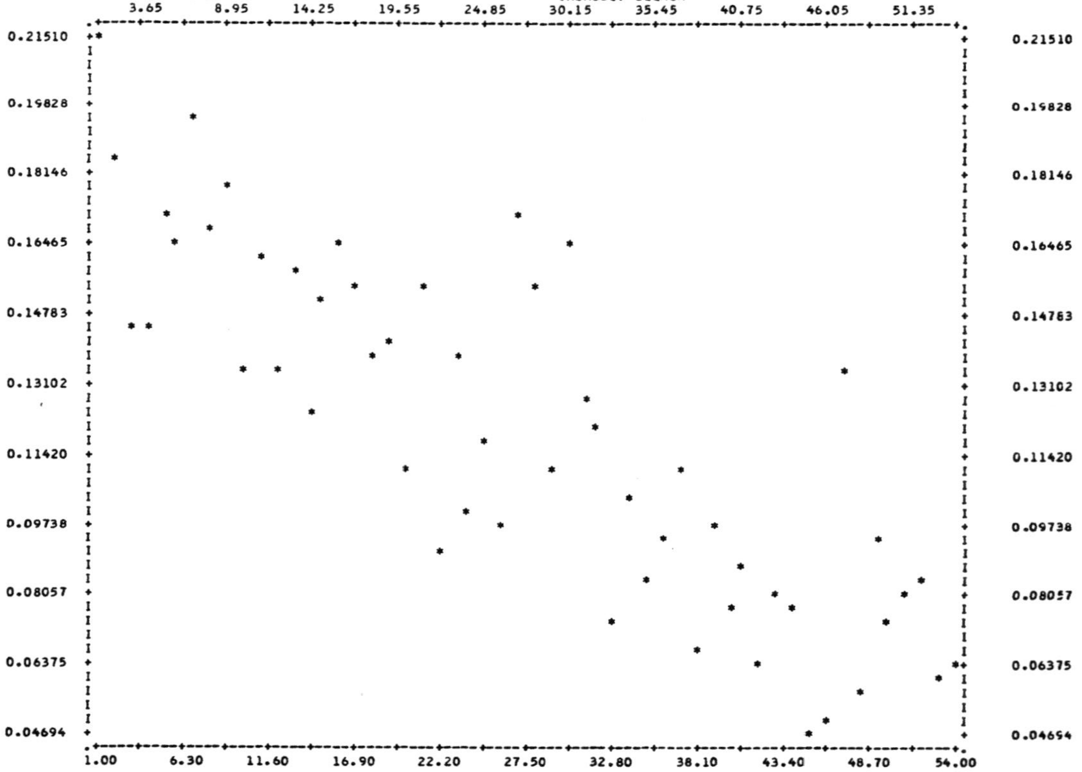

PLOTTED VALUES - 54 EXCLUDED VALUES- 0 MISSING VALUES - 0

TAB. 95: WERTE FÜR DIE INDIKATOREN BKE4,BKB4 UND BTE4 1976

CASE-N	BKE4	BKB4	BTE4
1	0.810	16.519	0.193
2	0.817	16.572	0.181
3	0.789	10.658	0.150
4	0.747	12.611	0.148
5	0.830	15.237	0.167
6	0.759	9.311	0.166
7	0.795	12.240	0.181
8	0.812	9.963	0.164
9	0.805	9.629	0.166
10	0.816	9.058	0.145
11	0.733	14.249	0.167
12	0.795	9.494	0.143
13	0.809	13.177	0.159
14	0.797	12.478	0.136
15	0.814	9.763	0.151
16	0.812	12.473	0.171
17	0.763	9.136	0.158
18	0.794	9.193	0.147
19	0.758	9.246	0.150
20	0.758	6.891	0.126
21	0.809	11.286	0.159
22	0.819	7.297	0.106
23	0.823	9.227	0.145
24	0.825	11.321	0.116
25	0.704	6.217	0.129
26	0.767	8.045	0.112
27	0.818	10.192	0.169
28	0.791	10.473	0.162
29	0.760	6.737	0.124
30	0.762	7.095	0.158
31	0.735	8.223	0.140
32	0.797	7.505	0.131
33	0.719	7.326	0.083
34	0.769	8.069	0.119
35	0.803	6.916	0.093
36	0.748	7.074	0.108
37	0.811	7.345	0.125
38	0.709	5.023	0.082
39	0.752	6.014	0.112
40	0.732	6.602	0.091
41	0.796	6.968	0.097
42	0.698	6.309	0.072
43	0.837	8.472	0.092
44	0.693	6.102	0.089
45	0.761	6.702	0.059
46	0.740	5.960	0.061
47	0.795	8.018	0.145
48	0.746	7.619	0.063
49	0.775	8.656	0.108
50	0.829	7.416	0.088
51	0.829	6.568	0.095
52	0.734	6.058	0.094
53	0.720	5.890	0.067
54	0.835	7.314	0.075

ABB. 99: VERTEILUNG VON BKE4 ÜBER DIE NACH ES GEORDNETEN KREISE 1976

FILE KR76ESSO (CREATION DATE = 03/11/80)
SCATTERGRAM OF (DOWN) BKE4 (ACROSS) SEQNUM

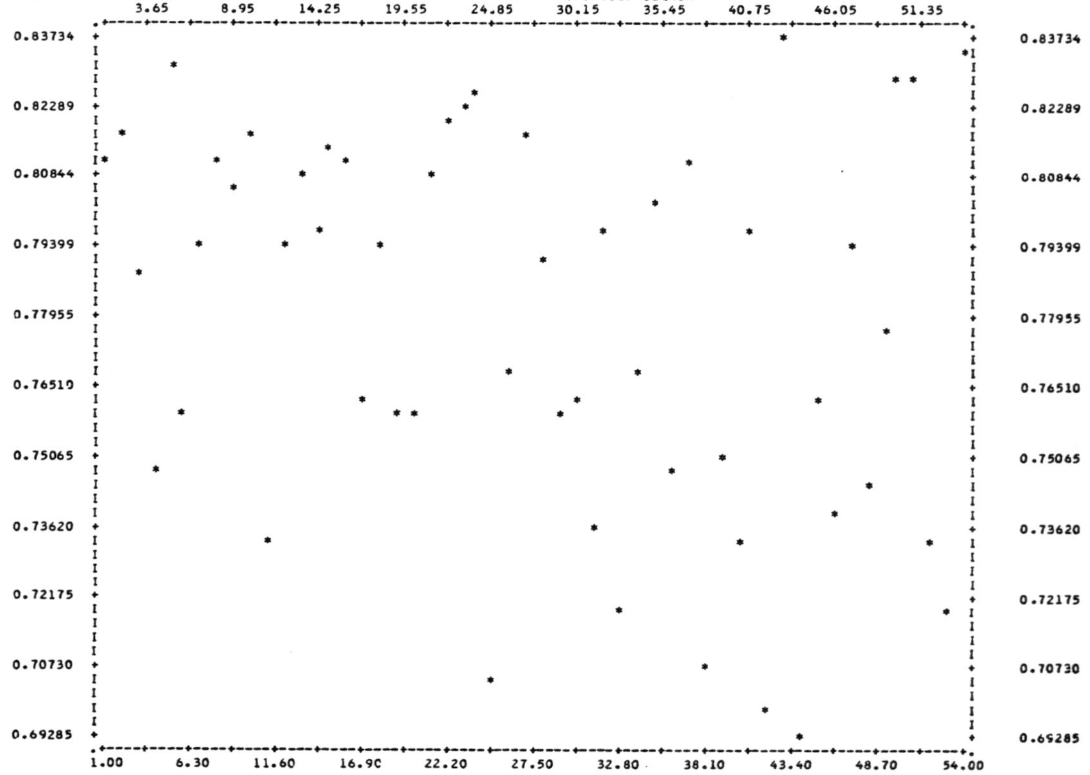

PLOTTED VALUES - 54 EXCLUDED VALUES- 0 MISSING VALUES - 0

ABB. 100: VERTEILUNG VON BKB4 ÜBER DIE NACH ES GEORDNETEN KREISE 1976

FILE KR76ESSO (CREATION DATE = 03/11/80)
SCATTERGRAM OF (DOWN) BKB4 (ACROSS) SEGNUM

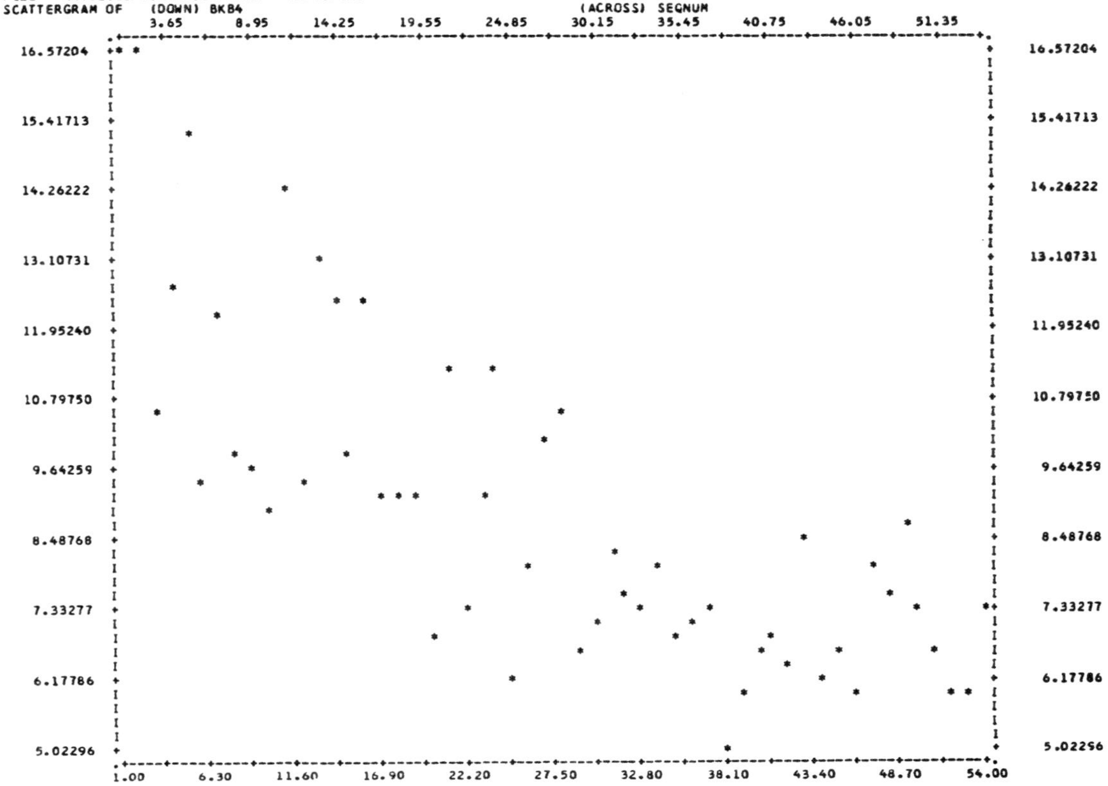

PLOTTED VALUES - 54 EXCLUDED VALUES- 0 MISSING VALUES - 0

ABB. 101: VERTEILUNG VON BTE4 ÜBER DIE NACH ES GEORDNETEN KREISE 1976

FILE KR76ESSO (CREATION DATE = 03/11/80)
SCATTERGRAM OF (DOWN) BTE4 (ACROSS) SEGNUM

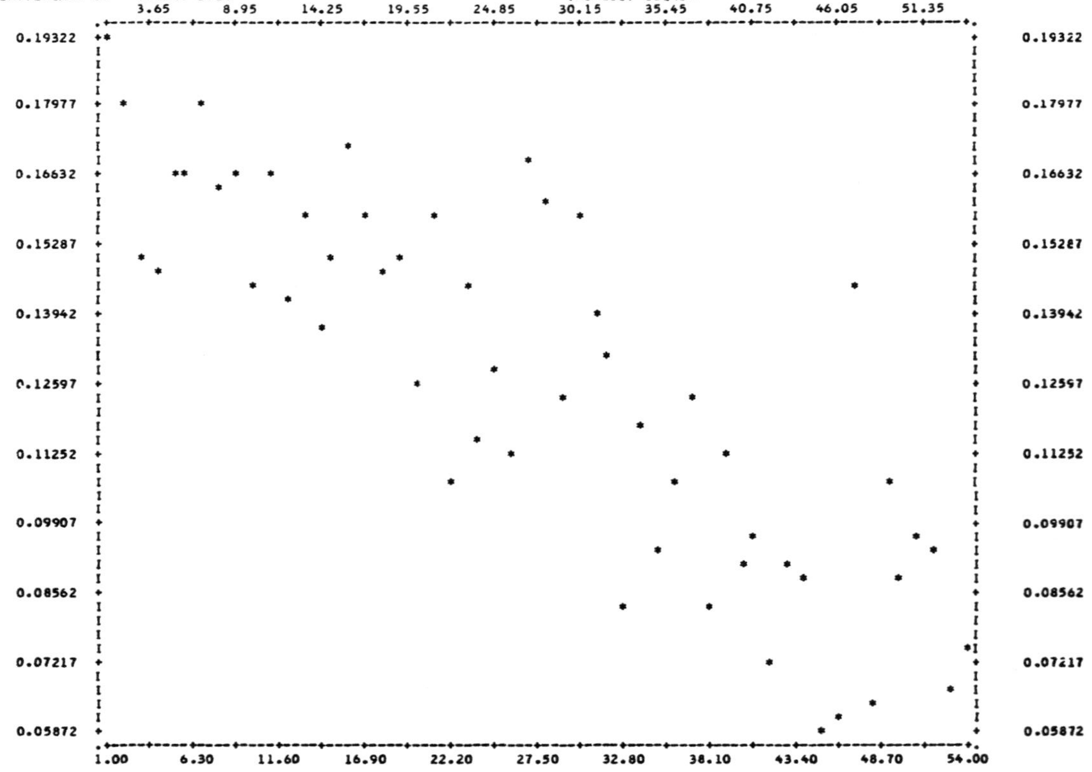

PLOTTED VALUES - 54 EXCLUDED VALUES- 0 MISSING VALUES - 0

ANHANG C: KORRELATIONSANALYSE ZWISCHEN DEM WANDERUNGSSALDO UND DEN KREDITWIRTSCHAFTLICHEN INDIKATOREN 1975 UND 1976

Im Anhang C wird der quantitative Zusammenhang zwischen dem Wanderungssaldo und den kreditwirtschaftlichen Indikatoren für 1975 und 1976 anhand des Pearson'schen Korrelationskoeffizienten untersucht. Für die Identifizierung der Abkürzungen wird auch hier auf die entsprechenden Listen verwiesen.

TAB. 96: PEARSON'SCHER KORRELATIONSKOEFFIZIENT FÜR WS MIT DEN KREDITWIRTSCHAFTLICHEN INDIKATOREN 1975 UND 1976

1975		1976	
Indikator	Korr.Koeffizient	Indikator	Korr.Koeffizient
AKE1	- 0.2963	BKE1	- 0.2697
AKB1	- 0.3612	BKB1	- 0.3632
ATE1	- 0.3139	BTE1	- 0.4277
AKE2	0.0698	BKE2	0.0981
AKB2	0.1311	BKB2	0.2560
ATE2	0.2899	BTE2	0.1880
AKE3	- 0.4671	BKE3	- 0.4393
AKB3	- 0.4747	BKB3	- 0.4614
ATE3	- 0.4244	BTE3	- 0.4807
AKE4	- 0.4083	BKE4	- 0.3756
AKB4	- 0.4190	BKB4	- 0.3918
ATE4	- 0.3730	BTE4	- 0.4410
FB5	0.4022	FB6	0.4535
BB5	0.2379	BB6	0.2834

Quelle: Eigene Berechnungen aufgrund der in Anhang A und B ausgewiesenen Daten.

ANMERKUNGEN

1) THÜNEN, Heinrich v.: Der isolierte Staat in Beziehung auf Landwirtschaft und Nationalökonomie, 4. Aufl., Stuttgart 1966 (1. Aufl., Jena 1826).

2) LÖSCH, August: Die räumliche Ordnung der Wirtschaft, 3. Aufl., Stuttgart 1963 (1. Aufl., Jena 1940).

3) CHRISTALLER, Walter: Die zentralen Orte in Süddeutschland, 2. Aufl., Darmstadt 1968 (1. Aufl., Jena 1933).

4) Raumordnungsgesetz (ROG) vom 8. April 1965 (BGBl. I.,S.306).

5) Raumordnungsprogramm für die großräumige Entwicklung des Bundesgebietes (Bundesraumordnungsprogramm), Schriftenreihe "Raumordnung" des Bundesministers für Raumordnung, Bauwesen und Städtebau, 06.002, Bonn 1975.

6) VOIGT, Fritz: Theorie der regionalen Verkehrsplanung, Verkehrswissenschaftliche Forschungen, Bd. 10, Berlin 1964.

7) Vgl. Raumordnungsprogramm, S. 1 - 3; Landesregierung Nordrhein-Westfalen: Nordrhein-Westfalen-Programm 1975, Düsseldorf 1970, S. 5 - 27; Landesentwicklungsplan I, II "Raum- und Siedlungsstruktur", in: Ministerialblatt für das Land Nordrhein-Westfalen, 32. Jg. (1979), Nr. 50, S. 1080 - 1114, insbes. S. 1097 f.

8) HARTMANN, Manfred: Raumwirtschaftliche Implikationen der Organisation der Kreditwirtschaft, Untersuchungen über das Spar-, Giro- und Kreditwesen, Abt. A: Wirtschaftswissenschaft, Bd. 92, hrsg. v. Fritz VOIGT, Berlin 1977.

9) ISARD, Walter: Regional Science, the Concept of Region and Regional Structure, in: Papers and Proceedings of the Regional Science Association, Vol. II (1956), S. 13 ff.

10) Vgl. u.a. THELEN, Peter: Abgrenzung von Regionen als Grundlage für eine raumbezogene Politik, in: Jahrbuch für Sozialwissenschaft, Bd. 23 (1972), S. 239.

11) Ministerkonferenz für Raumordnung: Entschließungen, Empfehlungen und zustimmende Kenntnisnahmen, in: Betrifft 11, Öffentlichkeitsarbeit des Bundesinnenministeriums, Bonn 1971, S. 24 f.

12) Klemmer, Paul: Die Faktorenanalyse als Instrument der empirischen Strukturforschung, in: Methoden der empirischen Regionalforschung (1. Teil), Veröffentlichungen der Akademie für Raumforschung und Landesplanung, Forschungs- und Sitzungsberichte, Bd. 87, Hannover 1973, S. 139.

13) Vgl. zum folgenden die Darstellung bei GRUNWALD, Jorg-Günther: Die Struktur der deutschen Kreditwirtschaft, in: WiSt, 8. Jg. (1979), S. 124 - 128.

14) Zur χ^2-Verteilung vgl. GRAF, Ulrich; HENNING, Hans-Joachim: Formeln und Tabellen der mathematischen Statistik, Berlin, Göttingen, Heidelberg 1958 (Berichtigter Neudruck), S. 65.

LITERATURVERZEICHNIS

1. BÜCHER UND ARTIKEL IN ZEITSCHRIFTEN:

BEUTEL, Peter; KÜFFNER, Helmuth; RÖCK, Ernst; SCHUBÖ, Werner: SPSS7, Statistik-Programm-System für die Sozialwissenschaften, 2. Aufl., Stuttgart, New York 1978

CHRISTALLER, Walter: Die zentralen Orte in Süddeutschland, 2. Aufl., Darmstadt 1968 (1. Aufl., Jena 1933)

FRERICH, Johannes: Ursachen und Wirkungen der regionalen Differenzierung der privaten Spartätigkeit in Industrieländern, Untersuchungen über das Spar-, Giro- und Kreditwesen, Bd. 45, hrsg. v. Fritz Voigt, Berlin 1969

GRAF, Ulrich; HENNING, Hans-Joachim: Formeln und Tabellen der mathematischen Statistik, Berlin, Göttingen, Heidelberg 1958 (Berichtigter Neudruck)

GRUNWALD, Jorg-Günther: Die Struktur der deutschen Kreditwirtschaft, in: WiSt, 8. Jg. (1979), S. 124 - 128

GRUNWALD, Jorg-Günther, JOKL, Stefan: Sachliche und räumliche Kriterien für die Abgrenzung von Bankleistungsmärkten, in: Österreichisches Bank-Archiv, 27. Jg. (1979), S. 237 - 244

HARTMANN, Manfred: Raumwirtschaftliche Implikationen der Organisation der Kreditwirtschaft, Untersuchungen über das Spar-, Giro- und Kreditwesen, Abt. A: Wirtschaftswissenschaft, Bd. 92, hrsg. v. Fritz Voigt, Berlin 1977

ISARD, Walter: Regional Science, the Concept of Region and Regional Structure, in: Papers and Proceedings of the Regional Science Association, Vol. II (1956), S. 13 - 26

KATH, Dietmar: Die Bedeutung des staatlichen Sparens für die Kapitalbildung und das Wirtschaftswachstum, Untersuchungen über das Spar-, Giro- und Kreditwesen, Bd. 35, hrsg. v. Fritz Voigt, Berlin 1968

KLEMMER, Paul: Die Faktorenanalyse als Instrument der empirischen Strukturforschung, in: Methoden der empirischen Regionalforschung (1. Teil), Veröffentlichungen der Akademie für Raumforschung und Landesplanung, Forschungs- und Sitzungsberichte, Bd. 87, Hannover 1973, S. 131 - 146

KÖHLER, Klaus: Die Beschränkungen des Wirkungsbereichs der kommunalen Sparkassen durch die horizontale und die vertikale Kommunalgliederung in Nordrhein-Westfalen, Untersuchungen über das Spar-, Giro- und Kreditwesen, Bd. 46, hrsg. v. Fritz VOIGT, Berlin 1969

LANDESENTWICKLUNGSBERICHT gemäß § 32 des Landesplanungsgesetzes in der Fassung der Bekanntmachung vom 28. November 1979, Düsseldorf 1979

LANDESENTWICKLUNGSPLAN I/II "Raum- und Siedlungsstruktur", in: Ministerialblatt für das Land Nordrhein-Westfalen, 32. Jg. (1979), Nr. 50, S. 1080 - 1114

LANDESREGIERUNG NORDRHEIN-WESTFALEN: Nordrhein-Westfalen-Programm 1975, Düsseldorf 1970

LÖSCH, August: Die räumliche Ordnung der Wirtschaft, 3. Aufl., Suttgart 1963 (1. Aufl., Jena 1940)

MICHEL, Franz Werner: Die Kreditinstitute in der regionalen Strukturentwicklung, in: Zeitschrift für das gesamte Kreditwesen, 14. Jg. (1961), S. 958 f.

MINISTERKONFERENZ FÜR RAUMORDNUNG: Entschließungen, Empfehlungen und zustimmende Kenntnisnahmen, in: Betrifft 11, Öffentlichkeitsarbeit des Bundesinnenministeriums, Bonn 1971

NIE, Norman H.; HULL, C. Hadlai; JENKINS, Jean G.; STEINBRENNER, Karin; BENT, Dale H.: Statistical Package for the Social Sciences (SPSS), 2nd Ed., New York u.a. 1975

Raumordnungsprogramm für die großräumige Entwicklung des Bundesgebietes (Bundesraumordnungsprogramm), Schriftenreihe "Raumordnung" des Bundesministers für Raumordnung, Bauwesen und Städtebau, 06.002, Bonn 1975

SIEBKE, Jürgen; WILLMS, Manfred: Theorie der Geldpolitik, Berlin, Heidelberg, New York 1974

SIEPMANN, Jürgen D.: Die Standortfrage bei Kreditinstituten, Untersuchungen über das Spar-, Giro- und Kreditwesen, Bd. 40, hrsg. v. Fritz VOIGT, Berlin 1968

STEINMANN, Bodo: Räumliche 'backwash'- und 'spread'-Effekte des Kreditsystems der Bundesrepublik Deutschland, in: Theorie und Praxis der Infrastrukturpolitik, hrsg. v. Reimut JOCHIMSEN; Udo E. SIMONIS, Schriften des Vereins für Socialpolitik, N.F., Bd. 54, Berlin 1970, S. 473 - 508

SPAETLING, Dieter: Die Beziehungen zwischen dem institutionellen Aufbau des Geld- und Kreditsystems und dem wirtschaftlichen Wachstum, Untersuchungen über das Spar-, Giro- und Kreditwesen, Bd. 32, hrsg. v. Fritz VOIGT, Berlin 1966

THELEN, Peter: Abgrenzung von Regionen als Grundlage für eine raumbezogene Politik, in: Jahrbuch für Sozialwissenschaft, Bd. 23 (1972), S. 227 - 249

THÜNEN, Heinrich v.: Der isolierte Staat in Beziehung auf Landwirtschaft und Nationalökonomie, 3. Aufl., Stuttgart 1966 (1. Aufl., Jena 1826)

VOIGT, Fritz: Theorie der regionalen Verkehrsplanung, Verkehrswissenschaftliche Forschungen, Bd. 10, Berlin 1964

2. STATISTIKEN

Bruttoinlandsprodukt und Bruttowertschöpfung der kreisfreien Städte und Landkreise in der Bundesrepublik Deutschland 1976, Gemeinschaftsveröffentlichung der Statistischen Landesämter, Heft 10, Düsseldorf 1979

DEUTSCHE BUNDESBANK: Monatsberichte der Deutschen Bundesbank, 28.Jg. (1976), Heft Juni; 29.Jg.(1977), Heft Juni

- Verzeichnis der Kreditinstitute und ihrer Verbände sowie der Treuhänder für Kreditinstitute in der Bundesrepublik Deutschland und in Berlin (West), Frankfurt/M. 1976 und 1978

Die Wohnbevölkerung der Gemeinden und Kreise in NRW, hrsg. v. LANDESAMT FÜR DATENVERARBEITUNG UND STATISTIK NORDRHEIN-WESTFALEN, Düsseldorf 1979

LANDESZENTRALBANK IN NORDRHEIN-WESTFALEN: Bericht über das Jahr 1975, Düsseldorf 1976

- Bericht über das Jahr 1976, Düsseldorf 1977

- Bericht über das Jahr 1977, Düsseldorf 1978

- Bericht über das Jahr 1978, Düsseldorf 1979

Statistische Angaben für kreisfreie Städte und Kreise (Kreisstandardzahlen) des Landes Nordrhein-Westfalen, hrsg. v. LANDESAMT FÜR DATENVERARBEITUNG UND STATISTIK NORDRHEIN-WESTFALEN, 26. Jg., Düsseldorf 1976; 27. Jg., Düsseldorf 1977; 28. Jg. Düsseldorf 1978; 29. Jg., Düsseldorf 1979

Statistisches Jahrbuch Nordrhein-Westfalen, hrsg. v. LANDESAMT FÜR DATENVERARBEITUNG UND STATISTIK NORDRHEIN-WESTFALEN, 18. Jg., Düsseldorf 1976; 19. Jg., Düsseldorf 1977; 20. Jg., Düsseldorf 1978; 21. Jg., Düsseldorf 1979

3. SONSTIGES MATERIAL

Geschäftsberichte überregional tätiger Kreditinstitute

Bankleitzahlverzeichnis 1979

Bankenortslexikon, Darmstadt, Loseblattsammlung, Stand 1979

Geschäftsberichte 1975 und 1976 der auf Kreisebene berichtenden Kreditinstitute im Land Nordrhein-Westfalen

Raumordnungsgesetz (ROG) vom 8. April 1965 (BGBl. I, S. 306)

Rheinisches Genossenschaftsblatt, 65. Jg. (1976) - 68. Jg. (1979)

Sparkassenkalender 1979

Statistisches Material der Regionalverbände der auf Kreisebene berichtenden Kreditinstitute im Land Nordrhein-Westfalen

SACHWORTVERZEICHNIS

GPSR Compliance

The European Union's (EU) General Product Safety Regulation (GPSR) is a set of rules that requires consumer products to be safe and our obligations to ensure this.

If you have any concerns about our products, you can contact us on ProductSafety@springernature.com

In case Publisher is established outside the EU, the EU authorized representative is:

Springer Nature Customer Service Center GmbH
Europaplatz 3
69115 Heidelberg, Germany

Batch number: 10809636

Printed by Printforce, the Netherlands